传统体育教学与训练

史　永　主编

中国纺织出版社有限公司

内 容 提 要

本书对民族传统体育的概念、分类、起源特点、价值功能进行了详细的介绍，主要包括民族式摔跤、吹枪、射弩、花炮、秋千、龙舟竞渡、陀螺运动、蹴球运动、板鞋竞速、高脚竞速、民族健身操11个民族传统体育项目。本书的项目内容选取了一些流行较广、影响较大、民族特征鲜明的体育项目，体现了本书的科学性、实用性和特色性。广大体育专业师生通过本书可以掌握民族传统体育项目的基本技术教学与训练方法、竞赛通则与裁判法，从而具备从事传统体育教学、训练、科研及组织竞赛和担任裁判工作的能力。本书适用于高等院校体育专业师生，也可供体育专业技术人员参考使用。

图书在版编目(CIP)数据

传统体育教学与训练 / 史永主编. — 北京 ：中国纺织出版社有限公司，2023.2
ISBN 978-7-5229-0350-7

Ⅰ.①传… Ⅱ.①史… Ⅲ.①传统体育项目—体育教学—教学研究 Ⅳ.①G85

中国国家版本馆 CIP 数据核字(2023)第028527号

责任编辑：张 宏 责任校对：高 涵 责任印制：储志伟

中国纺织出版社有限公司出版发行
地址：北京市朝阳区百子湾东里 A407号楼 邮政编码：100124
销售电话：010—67004422 传真：010—87155801
http://www.c－textilep.com
中国纺织出版社天猫旗舰店
官方微博 http://weibo.com/2119887771
北京虎彩文化传播有限公司印刷 各地新华书店经销
2023年2月第1版第1次印刷
开本：710×1000 1/16 印张：17.5
字数：264千字 定价：98.00元

据不完全统计，中华民族的传统体育项目共977项之多，其中少数民族有676项，汉族有301项，形式多样，历史悠久，是我国民族文化的重要组成部分。随着“健康中国”战略的实施，传统体育在提升国民素质和健康水平上已发挥重要作用。

本书首先根据《全国普通高等学校民族传统体育本科专业规范》编写了《民族体育教学训练理论与实践教学指导纲要》，然后在纲要基础上开展编写工作。全书共十一章，涉及民族式摔跤、吹枪、射弩、花炮、秋千、龙舟竞渡、陀螺运动、蹴球运动、板鞋竞速、高脚竞速、民族健身操11个项目。在项目内容选取上既包括流行较广、影响较大、竞技特征鲜明的竞赛项目，又包括一些地域性、特色型强的健身娱乐项目；既包括少数民族和民族地区开展的特色项目，又包括汉族和汉族地区广泛流传的项目，体现了科学性、实用性和特色性。

本书适用于体育专业在校学生使用，学生通过36学时的理论和实践学习可以掌握基本知识、基本理论及各项目的基本技术教学与训练方法等，具备从事民族传统体育教学、训练、科研及组织竞赛和担任裁判工作的能力。

编者在教学岗位上精心教学十余年，具有丰富的教学经验，在编写过程中贯彻理论联系实际的教学原则，反映国内外研究的热点。本教材在内容组织上每章设置了内容提要、学习目标、关键词及复习思考题，由浅入深，循序渐进，便于自学，兼顾本行业专业技术人员参考使用。

本书在编写过程中得到了晏瑞琴教授的指导和孙慧峰老师的支持。此外，编者在编写过程中还参阅了大量有关传统体育相关的资料，在此一并表示感谢。

由于传统体育的研究、教学、训练、竞赛尚处于起步阶段，加之编者水平有限，书中错误和不妥之处在所难免，恳请读者批评指正。

编　者

2022年10月

目录
CONTENTS

第一章

民族式摔跤

【内容提要】

民族式摔跤是我国古代的一种健身娱乐项目，有悠久的历史。通过对民族式摔跤的基本介绍，了解民族式摔跤的基本知识，掌握民族式摔跤的教学训练方法以及竞赛方法，更好地推广普及民族式摔跤运动。

【学习目标】

1. 了解民族式摔跤的基本知识

2. 掌握民族式摔跤的基本教学方法、训练要求及手段

3. 了解民族式摔跤的竞赛方法

【关键词】

民族式摔跤；搏克；且里西；格；北嘎；绊跤；希日木

第一节　民族式摔跤项目概述

一、起源与发展

摔跤运动是世界上最古老的体育项目之一，早在远古时代就出现了摔跤的雏形——角力。据考证，我国在黄帝时期就有了摔跤运动，摔跤在我国古代叫“角抵”，又名“角力”，后来称“相扑”，近代才叫“摔跤”。目前，搏克（蒙古族式）、且里西（维吾尔族式）、格（彝族式）、北嘎（藏族式）、绊跤（回族式）、希日木（朝鲜族式）摔跤经过国家民族事务委员会和国家体育总局的发掘与整理，被列为全国少数民族传统体育运动会的正式比赛项目，人们把这六种极具少数民族特色和区域性特点，开展得比较普及的摔跤运动统称为民族式摔跤。

蒙古族自古以来以游牧生活为主，草原生活造就了蒙古族人民热情、豪

爽、善良的性格以及勇敢、顽强的精神。与草原长期相伴的蒙古族人民天生喜爱运动，每年都会在辽阔而又美丽的大草原上举行盛大的那达慕和祭敖包大会，搏克是这两大盛会的主要活动内容之一。搏克与赛马、射箭一起被称为蒙古族“男儿三艺”。搏克在草原有悠久的历史，它以特有的民族性，在草原上兴盛不衰。中华人民共和国成立后，在党和各级政府的重视与关怀下，搏克运动得到了空前的发展，并且得到国内外越来越多的体育工作者和各族人民的喜爱。

且里西是维吾尔族式摔跤，广泛流传于喀什、和田、阿苏克、阿勒泰、吐鲁番、哈密等地。比赛时，双方运动员必须先抓好对方腰带，裁判员发令后，比赛即开始。比赛中，运动员双手均不得离开对方的腰带去抓握对方的其他部位。运动员可用扛、勾、绊脚等动作，将对方摔倒为胜。比赛按体重分级别，采取三局两胜制。

格是彝族式摔跤，流行于四川、云南、贵州等彝族地区，当地人们利用农闲、假日、节日开展摔跤活动，每逢“火把节”，随处可见不同规模的摔跤活动。“格”的比赛中，运动员双手从两侧抓住对方腰带，通过腰、脚（勾、掰、翘、挑）等技术动作，以将对方摔倒为胜。

北嘎是藏族式摔跤，是藏族人民最喜欢的运动之一。藏族由于分布的地域广阔，其运动的形式及规则略为不同，有四川阿坝式、青海式、西藏式、甘肃式等。北嘎比赛时，双方运动员必须双手抓好对方腰带，仅靠腰臂之力提起对方将其旋转摔倒以及用脚绊或蹬踹对方。运动员肩、背、腰、臀、头、体侧的任何一个部位着地即为负。

绊跤是满族、回族式摔跤，以把对手摔倒为胜，并根据动作质量得分。每场比赛三回合，每回合 3 分钟，中间休息 1 分钟。以三回合中得分多者为胜。如未到比赛终止时间，而对方已超过对手 10 分，则超过 10 分者为胜。比赛按体重分级别。

希日木是朝鲜式摔跤。其起源在学术界有两种不同说法，一种认为起源于元朝时期受到蒙古族摔跤影响而形成，另一种认为起源于古代人们与野兽进行手搏，从而发展成为一种体育游戏。据考古发现，早在三国时期朝鲜人就十分喜爱摔跤。在建于公元 4 世纪中叶的高句丽王古墓的壁画上，生动地描绘了两位大力士摔跤的情景。希日木摔跤运动的特色极强，双方运动员要在各自的右大腿和腰上系一根摔跤带，预备时双方都用左手反抓对手的腿带，右手抓腰带，跪好互抱。待裁判员喊“起”，双方队员慢慢站起，保持抓带、抵肩互抱姿势不动，等到裁判鸣哨比赛开始。双方可以手脱带，用勾腿、夹颈、抱腿等技术将对手摔倒。

二、场地

（一）搏克（蒙古族式摔跤）

1. 比赛场地

①比赛在平整的天然或人造草坪或土质地面上举行，要求表面清洁，无碎石粗砂，不得有与地面镶平的坚硬物（如砖、石、金属物等），土质场地要保持适当硬度。

②如遇特殊情况可以在室内进行，但必须用中国式摔跤或柔道场地的设备、规格代替并罩帆布盖单，或铺设一定厚度的粗绒地毯。

2. 场地规格

①团体赛、个人赛、表演赛均采用长方形或扇形场地，其边长、半径视比赛规模而定。（32 米、64 米、128 米、…）

②如有三个以上场地，则应按放射形或扇形布局；长方形场地以并列平行布局。

③推圈决胜场地：半径为 2.5 米的圆圈，由线的内沿算起。

（二）且里西（维吾尔族式摔跤）

①正式比赛场地为直径 9 米的圆形场地。

②比赛场地由 72 块海绵（棕）垫子组成，每块垫子长 2 米，宽 1 米，厚 8～10 厘米，垫子四周可用帆布包裹，用木框或绳子加以固定。比赛场地分为比赛区和保护区两大部分。

③垫子上铺一块 14 米见方的帆布盖单或人造革盖单。盖单上画出直径 7 米的圆，为中心比赛区。在中心比赛区外有 1 米宽的红色消极区，在消极区外有 1.2～1.5 米的保护区。

（三）格（彝族式摔跤）

软土坪草地（可采用中国式或国际式摔跤场地）。比赛场地分为内场和外场，内场为比赛区，外场为保护区，比赛区和保护区之间为消极区，消极区宽 1 米，区间以标线划分，线宽 10 厘米（标线归内侧区域），比赛区为直径 7 米的圆圈，保护区宽 1.2～1.5 米（可用中国式或国际式摔跤场地及其标志）。

(四) 北嘎 (藏族式摔跤)

平坦、松软的草地或摔跤垫。比赛采用方形或圆形场地均可，方形场地为边长 14 米的正方形，圆形场地半径为 7 米。比赛场地外有 1 米宽的消极区。消极区外为宽 1.2～1.5 米的保护区，场地各线宽均为 10 厘米。

第二节　民族式摔跤基本技术教学与练习方法

民族式摔跤项目多、技术丰富，根据比赛规则、技术特点和教学实践的比较与分析，民族式摔跤可以分为两大类。第一类为不固定把位跤，俗称“活手跤”，双方队员从散手摔开始进行比赛，包括回族的绊跤和蒙古族的搏克。第二类为固定把位跤，俗称“死手跤”，双方队员双手相互扳抱，抓握住对手后腰带开始进行比赛，包括维吾尔族的且里西、彝族的格、藏族的北嘎和朝鲜族的希日木。朝鲜族的希日木是以固定把位开始，摔时可以脱把摔。

一、跤架

(一) 不固定把位跤的跤架

回族的绊跤、蒙古族的搏克都属于不固定把位跤，在与对手接触之前，都要有一个常用的基本预备姿势，称为跤架。跤架是进攻和防守的最佳预备动作。跤架分左架和右架两种。以右架为例：直立站立开始，右脚向右斜前方上一步，上体左转 45 度屈膝成半蹲，两脚前后相距一步距离，左右间隔比肩略宽。右脚尖内扣约成 90 度角，右脚为先锋，称为前腿，左脚跟内转成 45 度角，称为底腿，两脚呈不“丁”不“八”之势。身体重心略偏后，前腿承重 4 成重量，后腿承重 6 成重量。两手四指并拢，掌心虚空，呈抓握状手型，右手在前，屈肘成钝角。左手在后，屈肘成锐角。扣胸、紧臂，两手前后相距适当距离，底手距离人中大约 20 厘米，护住口鼻，行话讲：手是两扇门。顶头梗脖，溜腰垂胯。左架与右架动作要领相同，但方向相反。

(二) 固定把位跤的跤架

维吾尔族的且里西、彝族的格、藏族的北嘎、朝鲜族的希日木，根据比赛规则，在比赛时，双方运动员必须用互抱的姿势在对方腰后抓握住腰带再开始比赛，双方队员身体重心都会降低，因此，固定把位跤的跤架通常采用矮跤架进行比赛。在平时练习中要多站矮架，提高下盘的力量和技术结构。

二、民族式摔跤的基本手法

（一）绊跤的把位

1. 绊跤的跤衣

绊跤采用中国式摔跤竞赛规则，因此跤衣、跤裤、跤靴都采用中国式摔跤服装。上衣为“千层布”缝制的对襟、半袖的跤衣，行话称褡裢。腰系 2.5 厘米宽的腰带，跤裤为宽裆瘦腿，跤靴为高勒软底。

2. 绊跤跤衣的基本把位

跤衣可揪、拿、抓的部位繁多，但最容易使用技术的部位有八个，行话称“八把手”。分别介绍如下：

①大领（也称上领）：跤衣衣领部位。

②小袖：跤衣的袖口部位。

③门子：

· 直门：跤衣的左右胸襟部位，面对面站立时，同侧异名手揪抓的胸襟叫直门。

· 偏门：跤衣的左右胸襟部位，面对面站立时，异侧同名手揪抓的胸襟叫偏门。

④软门（俗称葫芦门或小门）：跤衣门子的下边，对襟部位。

⑤中心带：腰带正面中间部位。

⑥底岔（俗称小岔）：跤衣左右衣襟的下角部位。

⑦后带：背后腰带部位。

⑧后契：背后跤衣的底襟部位。

3. 绊跤跤衣把位的拿法

①大领的拿法：

· 拿大领：大拇指叉在衣领里，其余四指在外，要有揪、压的力量。

· 倒扒领：大拇指在外，其余四指在里，要有钩挂的力量。

②拿小袖：抹拿的手法，大拇指在外，其余四指在内。

③门子的拿法：

· 揪直门：手法为尖拳，用力去啄直门，大拇指在里，其余四指在外，虎口朝上。

·揪偏门：抹拿的手法，大拇指在外，其余四指在里，虎口朝上。

·反挂直门：大拇指在外，其余四指在里，虎口朝下。

④软门的拿法：揪软门的方法和揪直门的方法相同。

⑤中心带的拿法：揪中心带也叫挂带，大拇指在外，其余四指在里，手心朝下。

⑥底岔的拿法：大拇指在外，其余四指在里，虎口朝上。

⑦后带的拿法：面对面对抗，右（左）手经对方左（右）肩，绕到体后，大拇指在内，其余四指在外，抓挂对方后带。

⑧后契的拿法：面对面对抗，右（左）手经对方左（右）肩，绕到体后，五指并拢，手心凹空，用盖拍的手法揪抓住对手跤衣后襟部位。

（二）搏克的把位

1. 搏克的跤衣

搏克的跤衣蒙古语称“卓得戈”。形状有点像蝴蝶翅，因此又叫蝴蝶坎肩，多用牛皮制作，上面镶有用银或铜制成的泡钉，便于对手抓握。摔跤衣用宽皮带扎系。跤裤蒙古语称“班泽勒”，用16尺以上的白布缝制而成，肥大而且多褶。在跤裤外套穿一件无裆“套裤”，蒙古语称“陶胡”。套裤能有效地保护摔跤手的腿和膝。脚下穿蒙古靴或马靴，一般要用结实的皮条绑实，用以防止在比赛中滑倒或靴子破裂。脖子上套一个五色绸穗制成的“将嘎”，将嘎的彩条越多，标志着选手曾经获得的冠军越多。

2. 搏克跤衣的基本把位（抓点）

搏克跤衣可以抓、揪、抠、挂的把位（抓点）非常多，但最容易使用技术的部位有以下几个。

①衣领：跤衣衣领部位（分为高领和低领跤衣）。

②衣袖：跤衣的衣袖部位。

③袖耳：跤衣袖子后面连接肩的部位，非常有力的抓点。

④肩：肩头上的跤衣部位。

⑤腰带：

·前带：腰带正面中间部位。

·后带：背后的腰带部位。

·前侧带：腹股沟上边的腰带部位。

·侧带：胯骨上边的腰带部位。

3. 搏克跤衣常用把位（抓点）的抓法

①衣领的抓法：

·抓衣领：大拇指叉在衣领里，其余四指在外，要有揪、压的力量。

·揭衣领：大拇指在外，其余四指在里，要有钩挂的力量。

②衣袖的抓法：

·抓袖口：大拇指在外，其余四指在内。

·楔入式抓衣袖：两只手上下用四个手指楔入一个衣袖，上手大拇指呈横状，下手大拇指呈立状，两个大拇指互压形成结状。

③袖耳的抓法：

·钩式抓袖耳：一只手钩住袖耳，另一只手抓肩部。

·翅式抓袖耳：双手抓一边袖耳并且下压。

④肩的抓法：

揭肩式抓法：从肩头上用四个手指并紧抠入跤衣。

⑤腰带的抓法：

·钩抓：用四个手指钩抓腰带要抓紧。

·扣抓：扣抓背部腰带部位。

·楔抓：手插入腰带，掌心朝外。

·绞抓：腰带系得较松，把腰带绞在手上的一种抓法。

（三）绊跤、搏克的散手拿法

1. 单推手

分为推右手和推左手，以右手为例：双方右架，顺架站立，两人间隔一臂距离，右手手腕相接，左手抬起护住门子，一方前推，另一方边撑边收，收到肩前向外化劲前推。推手时两人的手腕要有粘、撑、挂的力量。右架练完再练左架，如此反复练习。因推手所划路线为椭圆形，俗称打轮。

2. 散手抢手

行话说“手是两扇门，全凭腿赢人”，在远身摔的过程中，控制对方的手是有效抢得先机的最好方法。

①拿臂：双手通过抢手，拿握住对方一臂，可以拉拽。抢拿右臂时，先用右手抢握对手右手腕，再用左手抓握对手右肘关节处。

②倒臂：两手倒拉对手一个手臂，横于自己的胸前或拉到腹外侧，便于自己衔接下个动作。倒拿对手右臂时，先用左手向下按压对手的右腕，自己右手趁机搂握住对手的右肘关节的上位往回横拉。

③接臂：双手接拿对方一个手臂，借对方抽臂逃脱的时机向对手进攻。接拿对手右臂时，用左手按压对手的右前臂，右手向上扳对手右上臂。

④摞臂：摞臂是利用粘连粘随的柔劲，捞住对手手臂，再瞬间发力向回摞。

⑤搜臂：抢手过程中，用右手上臂扳在对手左腋窝下，可以向斜前上方用力拧对方左上臂，或是顺势将对手的左上臂往回拨，还可以向斜前上方扛起，锁死。

⑥单圈臂（死胳膊）：以右手臂窝圈住对手的左手上臂，把对手的肘关节用力卡死、拉直。

3. 拿颈

摔跤规则中严禁使用双手去圈夹对手的脖颈，但是单手是允许的。

①抱脖：从单手圈对手脖颈，用手掌圈颈，钳住下颌骨。

②夹颈：当对手从侧面或后面进招时，用肘窝夹住对手的脖颈。

③反夹颈（腋下）：面对面进攻，以肘部圈住对手的脖颈，用腋窝、小臂钳住并卡死手掌控制住对手的下巴。

④反夹颈（腹前）：面对面进攻，以右手肘部圈住对手的脖颈，用小腹压住头，右小臂卡住咽喉。

（四）手法中的跤劲

传统功夫跤的跤劲是通过站桩基本功练习，结合双人配合练习而得来，练拳讲究拳劲，练跤讲究跤劲，这里的跤劲不是一个人的绝对力量，而是一个人的整体力通过手脚传到对手重心的力量。

力主要有六个方向：上、下、左、右、前、后，以及通过人体变化运动而产生的螺旋力、三角力、杠杆力等人体力学。

1. 上下劲为主的手法

①捧抱：向上的劲为主，由下向上抱捧住对手上臂的动作叫捧抱或抱捧。

②咋：向下并且向回收紧手臂的劲，使用大拿着把位，双手和手臂要向下并且向里收紧的动作叫咋。

③拄：直臂向下按压的劲，当对低架前冲抱腰时，可以使用拄的动作。

④撤：双手向下撤压，要有抖甩的劲，如同抖衣服。用爆发力支捅对手，对手必会向前欺身顶抗，双手借对人迎抗的冲劲往自己的脚下用力掀按，把对手撤倒于地。

2. 左右劲为主的手法

①撕：左右横撕劲为主，正反把揪拿对手门子，利用步法及换手，使对手不能反抓，乘对手落步或打挺之机进攻。

②掸：左右横劲，掸手像是用手掸落衣服上的尘土一样，不是打劲，掸手可以把对手刚要拿到把位的手掸开，破坏对手进攻的把位，便于自己进攻。

3. 前后劲为主的手法

①捅：以向前的劲为主，利用抢把位的先机，用手支捅住对手，使其无法近身使用技术。

②蹬：以向前的劲为主，当对手抢先抓到把位，可以用双手卡住对手一只手，并且向前向下用力蹬手，同时自己身体用力向后倚靠，将对手的手蹬开。

③掩：以向后回劲为主，回拉要暴脆，猛然钝对手小袖或手腕，使对手打挺向后退。

④探：以回收劲为主，双手同时揪拿同一把位或部位。双手掌心向下抓拿对手中心带，称为双操中心带。

4. 螺旋力、杠杆力为主的手法

①捌：当对手用反挂直门揪拿右襟把位，可以用胸部压住对手的肘部，右手揪住对手偏门，向左侧猛转身，将对手的手捌开。

②肘：当对手向前冲劲出尖时，双手将对手向自己的侧后方拧、按、掩倒在地。

③闪：用一只手揆在对手的腋下，借助对手向下的重劲，用后闪或后撤步闪身，将对手摔倒在地。

（五）固定把位跤

民族式摔跤运动中，且里西、格、北嘎属于固定把位跤，行话称“死手跤”。比赛规则中规定双方运动员可以穿民族式跤衣、跤裤、跤鞋或民族式服装，按规定要系好摔跤用的腰带，腰带为红色和蓝色两根不同颜色的棉布带子或绸缎带子，分别标志比赛双方队员为红方和蓝方。

比赛时要求双方运动员必须抓好对方腰带，抓握方法是双手经对手体侧在对方背后抓握住腰带，单肩相互顶住。第一局右手在里，第二局左手在里，第三局抛币决定，比赛中严禁手脱把。由于固定把位跤在比赛中严禁双手脱把，因此手法的变化较少。固定把位跤手法中的跤劲，主要有提、顶、拧、抱、涮、端、闪等劲。

三、民族式摔跤的基本步法

（一）上步

右跤架预备，左脚经右脚内侧向前方迈出一步，脚尖稍内扣，右脚跟向内拧转。左脚向前迈出步子称为上步。上步分为前上步和斜前上步，对脸跤绊运用比较多。

（二）撤步

右跤架预备，右脚经左脚向后撤回一步，脚尖外展，左脚向里拧转。右脚撤回的步子称为撤步。对脸跤绊运用比较多。

（三）背步

右跤架预备，左脚向右脚外侧并步，足尖向后，称为背步。

（四）卧步

右跤架预备，左脚向右脚外侧横移，成交叉步，下蹲成蹲盘腿，左膝置于右膝里，称为卧步。

（五）盖步

右跤架预备，左脚勾脚尖屈膝上提，经右膝上方向下盖压右腿，落地在右脚右外侧，落地脚尖向内扣同时右脚向外侧钻碾，称为盖步。

（六）跳步

在掌握基本步法后，为了抓住进攻时机，加快进攻的速度，有时需要两脚同时腾空快速衔接动作，两脚同时腾跳的步法称跳步。跳步分为跳背步、跳盖步、跳上步三种。

（七）透步

右跤架预备，左脚经右脚脚跟，交叉背半步，称为透步。

（八）划步

右跤架预备，左脚经右脚内侧，由里向外迈出弧形步，同时右脚向外拧转，左脚向前迈出的弧形线路的步法称划步或划切步。

（九）败步

右跤架预备，右脚经左膝前，向右后45度角盘腿横撤一步，左脚跟向外拧转，右脚向后横撤的步法称败步。

（十）滑步

右跤架预备，右脚向前滑一步，左脚滑步紧跟，称滑步。滑距不宜过大，可向前后左右四个方向滑动，向哪个方向移动，哪个方向的脚先滑。

（十一）蹦步

右跤架预备，右脚使缠刁腿，双把向下闷按，待对手直腰后撤，底腿向右斜前方一蹦，右脚向下踏踩并且随势进攻。

（十二）咯噔步

右跤架预备，右腿前伸使撮，左脚跳步跟进，称为咯噔步或跟步。

（十三）垫步

右跤架预备，左脚向右脚内侧并步，同时推动右脚向前使撮或踢儿，称为垫步。

（十四）车轮步

右跤架预备，左脚上步前冲，重心随落左脚，以左脚为轴心，上体内动向右后转，右脚绷脚尖向右后贴地画圆圈，转动接近360度，右脚落回原地。左右架连续练习，地面上留下一个个圆圈，因此称为车轮步。

四、民族式摔跤的跤绊与踢

（一）不固定把位跤的跤绊和踢

1. 不固定把位跤的常用跤绊

①过背摔跤绊：过背摔技术主要包括揣、披、入的技术动作。

②转体跤绊：转体摔常用技术主要包括勾、别、切、捡。

③正面跤绊：正面跤绊是与对手脸对脸使用动作，主要动作有撮、耙、里刀勾、大得合、小得合等。

④手摔：在民族式摔跤的绊跤和希日木的运动中，可以使用手摔技术，运用手摔的技巧性招数很多，常用动作包括：穿腿、倒臂掏腿（掏腿）、小袖别（手别）、大拿肘（肘）、撒。

2. 不固定把位跤常用的踢的技术

踢又被称作踢儿，因为在踢的时候要包含勾、抵、挡、截、粘的脚劲。虽然叫踢，但手法要配合到位，才能使踢更到位。根据手抓握跤衣的方法，可分为双手抓握跤衣的踢、单手抓握跤衣的踢和不抓握跤衣的踢。

3. 民族式摔跤搏克的常用动作

蒙古族搏克的常用基本技巧主要包括：拉、拨打、外勾、铲、里勾、叉勾、挑、绊、侧扣、倒扣、背、阻挡。其中部分技术动作与回族绊跤的技术动作基本相同，例如，拨打同踢、里勾同大得合、叉勾同里刀、绊同别子、倒扣同入、背同揣、阻挡同过胸等。

(二) 固定把位跤的跤绊和踢

固定把位跤，俗称“死手跤”。由于手固定，其特点是手摔的技术完全受到限制。只能发挥腿脚、腰胯的技术，由于双手抱腰抓后腰带，所以重心低，转体摔的动作幅度较小。

且里西的竞赛规则中规定，可以运用腿上技术进行攻防，常用技术动作有入、勾子、别子、撮、耙、里刀勾、踢、涮拧、抱折、过胸等，且里西腿上技术全面。

格禁止使用跤绊和踢，但可以用脚勾、掰、翘、挑、缠的方法摔。还可以用入、涮拧、抱折、过胸等动作。

北嘎的竞赛规则中严禁用腿使用动作攻防，可以用入、涮、拧、抱折、过胸等动作。

希日木，固定把位摔为主，摔时根据与对手对抗的情况可采用双手不脱带和手脱带的动作攻防，手脱带使用圈颈、抱腿、手别、手豁等手摔技术。手脚配合可使用不固定把位跤的跤绊和踢的技术，因此希日木的技术更加全面。

第三节　民族式摔跤训练方法与手段

民族式摔跤有六个项目，由于竞赛规则的不同产生了不同的摔跤运动，无论哪一种摔跤运动，它们之间在技术、战术、身体素质等方面又是相通的。教练员要运用科学的训练方法和训练手段，有计划、有阶段地对运动员技术、战术、身体素质、心理素质进行培养与训练，为运动员在今后各种比赛中取得优异成绩打好基础。

一、身体素质训练

(一) 力量训练

在民族式摔跤中，力量素质是运动员获得优异成绩的基础。民族式摔跤运动员要具备两种力量素质，第一种是通过练习各种杠铃、哑铃、组合器械来提高运动员人体的肌肉力量，第二种是通过辅助器械，如推子、皮条、假人等快速重复动作而得到专项力量，通过双人配合练习、对抗练习从而不断提高跤力。

(二) 速度训练

速度一般分为反应速度和动作速度，在摔跤运动中速度的快慢是相对于对手来判断的。动作速度可以在训练中加大快摔假人、双人配合快摔练习等提高。反应速度是运动员通过多年的训练而形成的跤感、跤劲的具体表现。

(三) 耐力训练

民族式摔跤比赛对抗激烈，通常每场比赛分三局，每局 3 分钟，搏克式摔跤比赛的时间更长，因此需要运动员具备长时间、高强度、大负荷的承受能力。通常训练中安排高强度的车轮战，例如，3 分钟一局，连摔 10 局，并且每一局换一名对手。

二、技术训练

民族式摔跤技术训练包括垫下技术训练与垫上技术训练两种。垫下技术训练分两种形式，徒手练习和器械练习。徒手练习简单易行，并且练习时不受场地、器材的限制，可以有效提高技术。器械练习可以进一步发展专项力量，提高练习兴趣。通过器械重复练习，可以增加技术的掌握熟练度。

垫上技术训练包括双人练习和摔假人练习。双人练习时，根据双方配合的对抗强度可分为全配合练习、半对抗配合练习、全对抗配合练习以及教学比赛。摔假人练习，根据假人的重量分为轻、重两种假人，轻假人可用来初步学习技术动作，练习时的速度可以从慢摔到快速摔。重假人可在技术掌握较熟练后使用，可以快速重复单个技术动作摔，也可以快速串联几个技术动作摔。

三、教学比赛训练

民族式摔跤比赛对抗强度大，攻防转换快。因此运动员在掌握一定的技战术后要参加教学比赛，来检查和提高自身适应大强度对抗比赛。教学比赛可分为规定动作的教学比赛、同体重级别的教学比赛以及临近体重的比赛。通过教学比赛，教练要根据每个运动员的具体表现进行分析研究并加以指导，运动员要根据自己的临场体验做出最后总结。

四、重要比赛前的训练

民族式摔跤运动的比赛形式较多，教练在教学中要根据每年参加比赛的重要性进行判定，以重大比赛为主的训练周期通常在重大比赛前要进行为期一个月左右的赛前训练，赛前训练的宗旨是采用各种训练方法，加大运动强度、运动负荷，使运动员的技术、战术、身体素质等能力得到最大提升，从而在后面的比赛中使运动员发挥最佳水平，获得比赛胜利。

民族式摔跤运动，除了搏克式摔跤外，其他五项都要按体重分级别进行比赛，为确保运动员按规定时间进行称体重分级比赛，摔跤运动员在进行赛前大运动量训练的同时，还要科学地控体重。

控体重通常分为减2～3公斤、减4～5公斤、减6～7公斤、减8～9公斤四种情况。

①减2～3公斤，容易控。通常2周左右可控好。不控制饮水量，适当减少主食，副食的摄入量相当于平常的60%。

②减4～5公斤，比较容易控。通常3周左右可控好，不控制饮水量，主食吃几口，副食减半。

③减6～7公斤，比较难控。通常4周左右可控好，适当控制饮水量，主食不吃，副食摄入量相当平常的20%。

④减8～9公斤，非常难控。通常6～8周左右可控好，如果运动员不是偏胖，减8～9公斤体重，容易伤害运动员健康。适当控制饮水量，主食不吃，副食摄入量相当于平常的5%。

在比赛前1～2周体重要达到比赛规定的重量，这样运动员可以适应在严重缺乏营养和能量的情况下进行激烈的对抗比赛。通过赛前训练，运动员各方面调整到最佳状态后，进行2～3天的赛前调整训练，随后就可以整装待发。

五、重要比赛中的训练

民族式摔跤比赛期间，运动员到达赛区后，要进行1～2次的熟悉场地的赛场训练，并且在预赛前一天下午进行称重、抽签分组。在赛中训练时，运动强度不要过大，主要是复习熟悉技术，适应场地、灯光、裁判、计分器等。在称重抽签分组之后，要注意合理的饮食，以确保尽快恢复营养摄入，为后面2～3天的大赛储备更多的能量。由于前期为减体重而使胃变小，消化系统功能会相对下降，运动员切勿暴饮暴食，要合理搭配，少吃多餐。

六、赛后恢复训练

民族式摔跤比赛后，运动员经过一周左右的激烈比赛，能否充分地恢复，直接影响运动员水平的保持与提高。由于赛前控体重，赛后运动员会出现较为明显的浮肿现象，甚至体重会超重反弹，如果恢复不好，会影响下个赛季的比赛。科学合理的恢复训练有利于快速消除运动员体力与精神上的疲劳，使体重恢复到平常的重量。

第四节 民族式摔跤竞赛通则

一、搏克（蒙古族式摔跤）

（一）竞赛定义

“搏克”是我国内蒙古地区蒙古族特有的传统体育项目之一。比赛只许抓上衣和腰带，不许抓裤子；可以用腿使绊，但不许抱腿。比赛不分体重大小，不受时间的限制，把对方摔倒一跤就算胜利。比赛结束后，按优胜者的名次，分别给予奖励。

（二）竞赛办法

1. 运动员与教练员

（1）运动员

①比赛前10分钟参加检录。

②运动员的比赛服装必须符合规定。

③比赛中运动员不准留长指甲，戴手镯、手表、戒指、耳环、发卡等装饰物及其他尖硬物品。长发必须盘扎。

④比赛前，运动员入场时的“德波”（跳跃）不得少于16步。

⑤运动员必须尊重裁判员、对方运动员和观众。

⑥团体赛中运动员必须按指定地点就座。

⑦比赛中运动员不得擅自离开比赛场地，特殊情况需经裁判员许可。

（2）比赛服装

男女运动员必须穿着按统一规格制作有金属铆钉镶边的皮制“卓得戈”（袖口宽度应是以屈臂时对方能伸入手指为限，双腋下应有抓把位）。布制“班泽勒”（用5.33米以上白布制作），三色（蓝、红、绿）“策日布格”（女子不戴），绣花“陶胡”（女子彩色袍裤），靴子“廓特勒”和皮制“布斯”。

女子比赛服装“卓得戈”内可穿半袖紧身衫或戴护胸。

（3）教练员

①教练员不得进入比赛场地，不得进行任何形式的指导。

②教练员不得干涉裁判工作。若对裁决有异议，应当场向仲裁委员会提出，如异议被否定，必须服从裁决。

③组织运动员按大会要求参加比赛。

2. 比赛礼节

比赛开始或结束时，均举行仪式。

比赛前的入场和比赛结束后的退场均进行“德波”（模仿狮舞、鹿跳、龙腾、虎跃等动作进行跳进、舞出），并向主席台和观众致意。入场后按顺时针方向绕场走动，并自然形成圆圈准备比赛。团体赛，两队入场后双方领队互赠哈达或队旗致意。无论个人赛（每轮）或团体赛开始时，运动员均随“乌日亚”乐曲入场。

两人比赛前，运动员两手掌心向上自然前伸互相鞠躬致意。比赛结束后，胜者将负者扶起，双方主动走到裁判员附近，等候裁决。

佩戴“将嘎”必须规范化，在各类比赛区中，运动员佩戴的“将嘎”必须是同级或同级以上比赛中授予的“将嘎”（表演赛除外）。

3. 比赛性质

①个人比赛：以每个人在预赛、决赛中的成绩确定个人名次的比赛。

②团体比赛：以每个队在团体赛中的成绩确定名次的比赛。

③安慰赛：以个人预赛中未能进入决赛的运动员之间的比赛成绩确定名次。

④表演赛：由主办单位按特定方式组织的比赛，以单淘汰制比赛确定名次。

4. 比赛制度与编排

（1）个人赛

个人比赛采用单败淘汰制。也可采用单循环制，或循环、淘汰混合制。编排方式如下：

①预赛：以 2 的乘方数分小组，采取单循环制比赛。

②决赛：人数必须是 2 的乘方数，可设种子选手，其他选手抽签定位。

③推圈比赛：在个人淘汰赛中采用。在一届比赛中一名运动员不允许以三次推圈方式晋级（冠亚军比赛除外）。

（2）团体赛

团体比赛采用 3 人轮赛制或点将制（不得少于 5 人，均为奇数）。

①三人轮赛制：每队每场任选 3 名运动员出场比赛。每场比赛前，双方队长抽签决定主、客队。主队运动员的位置为 A、B、C，客队运动员的位置为 X、Y、Z。运动员的位置由各队自行确定并填写位次表，位次表交裁判员后，不得更改，运动员比赛顺序为 A 位（1、5、9），B 位（2、4、7），C 位（3、6、8），X 位（1、4、8），Y 位（2、6、9），Z 位（3、5、7）。在一场比赛中双方均不得更换队员（出现受伤队员时除外）。

②点将制：在一场比赛中，采用 5 人制、7 人制或 9 人制，由竞赛规程具体规定。每场比赛前，双方队长抽签决定主、客队，第一局比赛，主队先点一名队员出场，然后在 1 分钟内客队必须点一名队员出场比赛。第二局客队从未出场队员中点一名队员出场，主队必须在 1 分钟内从未出场队员中点一名队员出场比赛，以后各队出场顺序以此类推，直至比赛结束。

（3）表演赛、安慰赛

编排方法与个人赛决赛编排方法相同，但不设种子队员。

5. 比赛时间

（1）个人赛

预赛每场比赛 9 分钟。决赛每场比赛 15 分钟。决胜局 5 分钟。推圈比赛 5 分钟，冠亚军决赛推圈 15 分钟。

（2）团体赛

每局比赛 15 分钟。决胜局 10 分钟。须停止奔跑，在站立处重新上踏镫继续比赛。

6. 犯规与罚则

（1）犯规

①侵人犯规：用非技术性动作踢对方任何部位者；使用反关节动作者；按

压推对方面部、咽喉及揪抓对方头发者；有意伤害对方者；比赛中女子运动员揪抓和推压对方胸部者。

②技术犯规：用手或臂触及对方髋关节以下任何部位者，腿脚触及对方髋关节以上任何部位者；比赛中未经裁判员许可自行停止比赛者；违反比赛着装规定者；比赛中说话、挑逗和侮辱对方者；比赛中，随队人员（包括教练员）未经裁判员允许进入场地或进场指导者；不服从大会比赛中的规定，不服从最终裁决者；在3人轮赛制中位次表确定后，更换选手和出场顺序错误者；延误出场比赛时间者。

（2）罚则

①犯有侵人犯规之一者，根据情节轻重分别给予劝告、警告或取消其比赛资格。

②犯有技术犯规之一者，裁判员应及时给予提示、劝告，不听劝告者，则取消其比赛资格。

③发生用手或臂触及对方髋关节以下任何部位者，腿脚触及对方髋关节以上任何部位犯规而摔倒对方者，判本场比赛为负。

④发生在3人轮赛制中位次表确定后，更换选手和出场顺序错误犯规者，判定本场比赛为负。

（三）胜负与名次

1. 胜负评定

（1）基本标准

①比赛均不分体重级别，一跤定胜负。

②在比赛中，先倒地或膝关节以上任何部位先着地者为负（点到为止）。

③在决胜场地内比赛时被摔倒、触击圈线或被推出圈线外者为负。

④比赛中一方运动员因身体原因或受伤不能继续参加比赛时，判对方胜。

⑤比赛中，因一方犯规致使对方受伤不能继续比赛时，判受伤者胜。

（2）个人赛

决赛中如双方同时倒地为“罕”，在规定时间内继续比赛。

（3）个人淘汰赛

一名运动员在一届比赛中如第三次以推圈方式晋级，则判其负。如双方均为第三次，则均被淘汰。

(4) 团体赛

①每场比赛，依据 5 局 3 胜制、7 局 4 胜制或 9 局 5 胜制。如局数赛完积分不到最高分时，得分多者获胜。

②优胜场：在 5 局的比赛中 3∶0 为优胜场，7 局的比赛中 4∶0 为优胜场，9 局的比赛中 5∶0 为优胜场。

③全场比赛局数赛完，如两队得分相等，增设决胜局，决胜局双方任选一名队员出场比赛，如仍不分胜负，再增设一局，直到一方得分为止。

2. 得分标准

(1) 得 2 分

①个人预赛中的胜者。

②团体循环赛中的胜队。

(2) 得 1 分

①在团体赛中一局比赛的胜者。

②个人预赛中的平跤者。

③团体循环赛中的负队。

(3) 得 0 分

①团体赛中一局比赛的负者和个人预赛中的负者。

②在团体赛一局比赛中规定时间内未决出胜负者。

③团体循环赛中弃权队和个人预赛中的弃权者。

3. 评定名次

(1) 个人赛

①预赛：以小组循环赛中的得分总和评定名次，得分多者名次列前，如 2 人得分相等，两人间比赛的胜者列前。如 3 人或 3 人以上得分相等，依 5 分、4 分、3 分、2 分、1 分钟内摔倒人数多少决定，最短时间内人数多者列前。

②决赛中排列个人前 4 名或 8 名方法：进入前 4 名被冠军淘汰者列第 3 名，被第 2 名淘汰者列第 4 名，进入前 8 名被冠军淘汰者列第 5 名，被第 2 名淘汰者列第 6 名，被第 3 名淘汰者列第 7 名，被第 4 名淘汰者列第 8 名。

(2) 团体赛

采用单循环制比赛时，以积分多少确定名次，积分多者名次列前，如两队积分相等，以两队间比赛胜负评定，胜者列前。如遇 3 队或 3 队以上积分相等时，以优胜场数评定，优胜场多者列前；如仍相等，以有关队之间比赛的净胜分多少评定，净胜分多者列前；再相等，则以无平局或平局数少者列前。

(3) 表演赛、安慰赛

名次确定与个人赛决赛确定名次办法相同。

(四) 弃权与申诉

1. 弃权及处理

(1) 弃权

①赛前检录，3 次点名（每次点名时间间隔 1 分钟）不到或不按规定入场者按弃权论。

②比赛时，一方因身体原因不能继续比赛时，则判该运动员弃权。

③比赛进行中，一方因受伤（非对方犯规）不能继续比赛时，则判该运动员弃权。

④在个人比赛中，运动员因合理动作受伤不能继续比赛时，须经大会医生检查，方可退出本轮比赛，以弃权论。

(2) 弃权的处理

①个人因伤病等原因，并经大会医生和裁判长许可而弃权，判对方本场比赛获胜，按一场比赛的最高得分计算成绩。

②个人赛及团体循环赛中，比赛队一方无故弃权，判对方获胜，并按比赛方式的最高得分记录本场比赛成绩。弃权一方全部比赛成绩无效。

2. 申诉

如对比赛成绩的判定有异议，由领队或教练员在比赛结束后 30 分钟内向仲裁委员会提出申诉，同时交纳申诉费。仲裁委员会依据仲裁委员会条例进行裁决。

二、且里西（维吾尔族式摔跤）

(一) 竞赛定义

且里西是新疆维吾尔族人民喜爱的传统体育项目。比赛开始前，先抓好腰带，裁判员宣布开始后，把对方摔倒成背着地为胜，三跤两胜，连续胜五人为优胜者。比赛时不能用腿使绊和抱腿。

(二) 竞赛办法

1. 运动员与教练员

(1) 运动员

①比赛前10分钟参加检录。

②比赛中运动员不得擅自离开比赛场地，特殊情况需经裁判员许可。

(2) 比赛服装

①运动员参加比赛应穿维吾尔族跤衣。

②摔跤鞋应是高靴、软底，而且没有金属和后跟。

③运动员要随身携带一块小手帕。

④摔跤腰带为红、蓝两色，用长2米、宽0.7米的棉布折叠而成。

(3) 教练员

①比赛进行中，教练员和助手应坐在指定的座位上进行指导，不得干涉裁判员工作。

②当运动员受伤时，经裁判员允许，教练员可协助医生进行医务处理。

2. 比赛性质

(1) 个人比赛

以个人在所属级别内竞赛所得的成绩确定个人名次。

(2) 团体比赛

以每个团体所有被录取名次的运动员的成绩总和确定团体名次。

3. 比赛制度

比赛采用循环制或淘汰制。

4. 年龄及体重级别

(1) 年龄

不受限制。

(2) 体重

分5个级别：52公斤级、62公斤级、74公斤级、87公斤级、87公斤以上级。

5. 称量体重

①全部比赛过程只称量一次体重，开赛前一天称量，称量体重工作应在1小时内完成。

②由裁判长 1 人、裁判员 2 人，记录员 1 人和医生 1 人组成称量体重组，进行称量体重工作。保存原始称量记录，不得涂改。

③运动员称量体重时，必须持有效证件，经称量体重组核对资格后，方可进行称量。称量体重时，只可穿一条短裤。

④先由体重轻的级别开始称量，每人称量一次。如称量后运动员体重超过原属级别，并在规定称量时间内不能达到原属级别，则取消该级别比赛资格。

6. 比赛礼节

比赛开始前和比赛结束后，双方运动员互相握手，并与主裁判员握手致意。

7. 比赛时间

①每场比赛为 3 局 2 胜制，每局 3 分钟（净时间）。每局中间休息 30 秒，比赛中胜一跤即为该局比赛结束。

②如运动员需连续比赛，场与场之间至少休息 10 分钟。

③在比赛进行中因特殊情况由主裁判员发令暂停比赛时，双方的比分和已用时间，均予保留，以便继续进行该场比赛。

8. 比赛要求

双方运动员必须抓好对方腰带，裁判员发令后，比赛即开始，在比赛中，运动员双手均不得离开对方的腰带去抓握对方的其他部位。

9. 比赛中的信号

①每局比赛，均由主裁判员发令开始。

②每局或每场比赛结束，均由计时员鸣哨或鸣锣。

③在比赛进行中，主裁判员发出停止口令时，双方运动员应立即停止比赛。

10. 比赛中的规定

①比赛开始前，以抛币方式决定抓握方式，获选择权方可优先选择第一局右手（或左手）在里，第二局交换抓握方式。如平局则进行第三局，抓握方式由抛币决定。

②全场比赛结束，运动员须待主裁判员宣布该场比赛结果后，方可离场。

③比赛中进攻有效与无效的判定：

·进攻有效：在比赛区内使用的动作，将对手摔倒在保护区；在比赛区内将对手摔倒后，自己踏入保护区；对方倒地与进攻方踏入保护区同时发生；动作结束与口令或锣声同时发生。

·进攻无效：踩对方脚；将对手摔倒前，自己踏入或摔入保护区；主裁判员叫停后、锣声响时，开始的动作；锣声和口令之间完成的动作。

11. 犯规、消极与罚则

（1）犯规

①侵人犯规：用手、肘、膝、头击对方或抓对方生殖器者。踩着对方的脚进攻，用脚尖踢对方或用脚蹬、踹对方者。用脚踢、弹对方小腿中部以上者。

②技术犯规：主裁判员发出“开始”的口令前或发出“停”的口令后，进攻对方者。比赛进行中，教练员或助手干扰比赛。比赛进行中，自行停止比赛者。比赛进行中，由于处于不利情况而要求暂停者。比赛中双手或单手离开腰带抓握其他部位者及手撑地者。

（2）消极

①比赛中故意往后退或向前推对方，无进攻意图者。

②比赛中抓住对方，但不使用方法，故意拖延时间者。

③用头顶住对方，有意拖延比赛时间者。

④仅使用假进攻动作，无真正进攻意图者。

（3）罚则

①凡手脱离腰带或手撑地者，第一次劝告，第二次警告。

②凡犯有“侵人犯规”或“技术犯规”之一者，根据情节轻重，分别给予劝告、警告、取消该场或全部比赛资格的处罚。

③比赛进行中，运动员或教练员指责裁判员，根据情节轻重给予该运动员劝告、警告、取消该场或全部比赛资格的处理。

④比赛中一方犯规，如果对犯规运动员有利，应立即停止比赛，酌情处理；如果对犯规运动员不利，则不停止比赛，等该进攻动作结束后再停止比赛，并酌情处理。

⑤故意摔假跤，一经发现，应立即停止比赛，对其队员进行劝告，仍不听者则予以警告，第三次则取消双方运动员该场或全部比赛资格。

⑥运动员不积极进攻，拖延比赛时间持续 30 秒即警告一次，在第一次警告后进行第二、三次警告之前，不再给予劝告。劝告在整场比赛中只给一次。

⑦一场比赛中，无论消极、侵人犯规或技术犯规，一方受到 3 次警告时，取消其该场比赛资格。

⑧比赛中，运动员采取消极态度，有意逃避抓握、逃出界外、故意推人出界者，可立即给予劝告或警告。

(三) 胜负与名次评定

1. 得分标准

(1) 得分

在比赛中，将对方摔倒，使对方肩、背或体侧着地则胜一跤，即一局胜利（注：进攻者头、肘、膝着地，进攻有效，反攻者亦同）。

(2) 不得分

比赛中如一方把对方摔至膝盖着地或用手撑地，则不予判分，比赛继续进行。

(3) 互不得分

比赛中，双方运动员同时倒地，分不出先后时，则判无效。

2. 运动员受伤后的成绩判定

①比赛中，一方运动员因伤病弃权，则判对方获胜。

②比赛进行中，因一方故意犯规致使对方受伤而不能继续比赛时，经大会医生确认后，则判受伤者该场获胜。

3. 评定胜负

①比赛采用 3 局 2 胜制。

②胜一局得 1 分，根据得分，确定一场比赛的胜负。

③平局的处理：如果前两局出现双方各胜一局或均为平局，则以第三局比赛判定胜负。当第三局出现平局时，则以下列方法判定胜负：

· 先得分（局）者胜；

· 受警告、劝告少者胜；

· 体重轻者胜（原始体重）；

· 抛币。

如果前两局为一胜一平，则不进行第三局的比赛，判胜局者胜。

4. 名次确定

(1) 个人名次（循环制）

①比赛以其胜负场次的积分排列名次，胜 1 场得 2 分，负 1 场或弃权得 0

分。积分多者名次列前。

②两人积分相等，则按两人在比赛中的胜负确定名次，胜者名次列前。

③两人以上积分相等而又循环互胜，则按以下程序确定名次：获 2∶0 多者名次列前；获 2∶1 多者名次列前；受罚次数少者名次列前；整场比赛中获胜时间短者名次列前；体重轻者名次列前（原始体重）；抛币。

④参赛场数不足 1/2 时，则双方所有成绩全部作废。

⑤参赛场数达到 1/2 时，则成绩有效，根据其成绩确定名次，其余未赛场次，均按弃权处理，判对方获胜一场。

（2）团体名次

按各单位运动员在各级别比赛中被录取名次得分总和确定名次，得分多者名次列前；如遇两个或两个以上的团体得分相等，则判第一名多者名次列前，如再相等，则判第二名多者名次列前，以此类推；如再相等，获名次人数多者名次列前；如再相等，参赛人数少者名次列前；如再相等，则名次并列。

（四）弃权与申诉

1. 弃权

①超过检录时间 3 分钟，不能上场比赛者，按全部弃权论，成绩作废。

②运动员因伤病而不能参加比赛或要求重新参加比赛，须经大会医生证明，因伤病而不能参加比赛，则判该运动员该场比赛弃权。

③比赛进行中，一方因受伤不能继续比赛时，裁判员可暂停比赛，但因运动员受伤治疗超过 2 分钟仍不能继续比赛时，则判受伤运动员弃权。

2. 申诉

运动员对裁判员裁决有异议时，由领队或教练员在比赛结束后 30 分钟内以书面形式向仲裁委员会提出申诉，同时交纳申诉费。仲裁委员会依据仲裁委员会条例进行裁决。

三、格（彝族式摔跤）

（一）竞赛定义

格是彝族人民喜爱的一项民间传统体育活动。比赛时，运动员赤背袒胸，穿短裤，腰上系一根带子，全身可以握抱，可以抓腰带，不许抓短裤。把对方摔倒后，可以继续翻滚，直至使对方单肩或双肩着地才算胜一跤。比赛不受时间的限制，一般采取三战两胜制，败者退下，换另一运动员上场，胜者直至无人与其较量。

（二）竞赛办法

1. 运动员与教练员

（1）运动员

①比赛前10分钟参加检录。

②比赛中运动员不得擅自离开比赛场地，特殊情况需经裁判员许可。

（2）比赛服装

①运动员参加比赛应穿彝族跤衣，平软底胶鞋。

②腰带为两根红、蓝颜色的棉布带或绸缎带，长1.2～1.4米，腰带分别标志比赛双方队员红方和蓝方。

③运动员在上场前，必须卸去随身携带的金属物品，如头帕、耳珠、肩带、佩刀、首饰等，以免妨碍比赛。

（3）教练员

①比赛中，教练员不得进入比赛场地，不得干涉裁判员工作，也不得进行任何形式的指导。

②当运动员受伤时，经裁判员允许，教练员可协助医生进行医务处理。

2. 比赛性质

（1）个人比赛

以个人在所属级别中比赛所得的成绩确定个人名次。

（2）团体比赛

以每个团体所有被录取名次的运动员的成绩总和确定团体名次。

3. 比赛制度

比赛采用循环制或淘汰制。

4. 年龄及体重级别

（1）年龄

不受限制。

（2）体重

分5个级别：52公斤级、62公斤级、74公斤级、87公斤级、87公斤以上级。

5. 称量体重

①全部比赛过程只称量一次体重，开赛前一天称量，称量体重工作应在1小时内完成。

②由裁判长1人、裁判员2人、记录员1人和医生1人组成称量体重组，进行称量体重工作。保存原始称量记录，不得涂改。

③运动员称量体重时，必须持有效证件，经称量体重组核对资格后，方可进行称量。称量体重时，只可穿一条短裤。

④先由体重轻的级别开始称量，每人称量一次。如称量后运动员体重超过原属级别，并在规定称量时间内不能达到原属级别，则取消该级别比赛资格。

6. 比赛礼节

比赛开始前和比赛结束后，双方运动员互相握手，并与主裁判员握手致意。

7. 比赛时间

①每场比赛为3局2胜制，每局3分钟（净时间）。每局中间休息30秒，比赛中胜一跤即为该局比赛结束。

②如运动员需连续比赛，场与场之间至少休息10分钟。

8. 比赛要求

①抓带方式：两手从两侧抓对方腰带。比赛过程中，如果一方运动员的手转到对方体前，裁判员提醒运动员把手转到体侧去。

②出现脱把（抓腰带的手松开）时暂停，待抓好再开始比赛。

9. 技术动作

技术方法主要表现在力、巧、腰、腿、脚等运用技术上。比赛中，用脚钩、掰、翘、挑对方均为正常动作。

10. 比赛中的信号

①每局比赛，均由主裁判员发令开始。

②每局或每场比赛结束，均由计时员鸣哨或鸣锣。

③比赛双方运动员入场后，互致礼节，抓好对方腰带后，裁判员才能发令，比赛开始。

④在比赛进行中，主裁判员发出“停止”口令时，双方运动员应立即停止比赛。

11. 比赛中的规定

①比赛开始前，以抛币方式决定抓握方式，获选择权方可优先选择第一局右手（或左手）在里，第二局交换抓握方式。如平局则进行第三局，抓握方式由抛币决定。

②比赛中，双方运动员只许抓着系在对方腰间的腰带，直到把对方摔倒为止。

③每局比赛结束后，非经裁判员同意，运动员不得擅自离场。到比赛终场结束，裁判员宣布终场获胜者后，双方运动员相互握手致意，并同主裁判员握手致敬，方可退场。

④比赛中进攻有效与无效的判定：

·进攻有效：在比赛区内使用的动作，将对手摔倒在保护区；在比赛区内将对手摔倒后，自己踏入保护区；对方倒地与进攻方踏入保护区同时发生；动作结束与口令或锣声同时发生。

·进攻无效：踩对方脚；将对手摔倒前，自己踏入或摔入保护区；主裁判员叫停后、锣声响时，开始的动作；锣声和口令之间完成的动作。

12. 犯规、消极与罚则

（1）犯规

①侵人犯规：

·以手、肘、膝、头撞击对方或抓对方裆部者。

·手脱把抱对方头、颈、腿和抓住对方头发、耳、鼻者。

·故意用脚踩对方的脚进攻者。

·用脚踢、弹对方小腿中部以上者。

·用膝撞击对方裆部者。

·将对方摔倒后，还故意压砸对方者。

·使用其他方法故意伤害对方者。

②技术犯规：

·主裁判员发出“开始”的口令前或发出“停”的口令后，进攻对方者。

·比赛进行中，教练员或助手干扰比赛。

·比赛进行中，自行停止比赛者。

·比赛进行中，由于处于不利情况而要求暂停者。

· 比赛中双手或单手离开腰带抓握其他部位者及手撑地者。

（2）消极

①比赛中故意往后退或向前推对方，无进攻意图者。

②比赛中抓握对方长时间不使用动作，故意拖延时间者。

③用头顶住对方，有意拖延比赛时间者。

④仅使用假进攻动作，无真正进攻意图者。

（3）罚则

①凡手脱离腰带或手撑地者，第一次劝告，第二次警告。

②凡运动员比赛中犯有“侵人犯规”或“技术犯规”之一者，根据情节轻重，分别给予劝告、警告、取消该场或全部比赛资格。

③比赛进行中，运动员或教练员指责裁判员，根据情节轻重给予该运动员劝告、警告、取消该场或全部比赛资格。

④比赛中一方犯规，如果对犯规运动员有利，应立即停止比赛，酌情处理；如果对犯规运动员不利，则不停止比赛，等该进攻动作结束后再停止比赛，并酌情处理。

⑤故意摔假跤，一经发现，应立即停止比赛，对其队员进行劝告，仍不听者则予以警告，第三次则取消双方运动员该场或全部比赛资格。

⑥运动员不积极进攻，拖延比赛时间持续 30 秒即警告一次，在第一次警告后进行第二、三次警告之前，不再给予劝告。劝告在整场比赛中只给一次。

⑦一场比赛中，无论消极、侵人犯规和技术犯规，一方受到 3 次警告时，取消该场比赛资格。

⑧比赛中，运动员采取消极态度，有意逃避抓握、逃出界外、故意推人出界者，可立即给予劝告或警告。

（三）胜负与名次评定

1. 得分标准

①将对方摔倒使之膝关节以上（包括膝），肘关节（包括肘）以上部位着地者为负，该局结束，胜方得 1 分。

②双方同时倒地时，判平跤，平跤无效，双方不得分。

2. 运动员受伤后的成绩判定

①比赛中，一方运动员因伤病弃权，则判对方获胜。

②比赛进行中，因一方故意犯规致使对方受伤而不能继续比赛时，经大会医生确认后，则判受伤者该场获胜。

3. 评定胜负

①比赛采用 3 局 2 胜制。

②胜一局得 1 分，根据得分，确定一场比赛的胜负。

③平局的处理：如果前两局出现双方各胜一局或均为平局，则以第三局比赛判定胜负。当第三局出现平局时，则以下列方法判定胜负：

- 先得分（局）者胜；
- 受警告、劝告少者胜；
- 体重轻者胜（原始体重）；
- 抛币。

如果前两局为一胜一平，则不进行第三局比赛，判胜局者胜。

4. 名次确定

（1）个人名次（循环制）

比赛以其胜负场次的积分排列名次，胜 1 场得 2 分，负 1 场或弃权得 0 分。积分多者名次列前。两人积分相等，则按两人在比赛中的胜负确定名次，胜者名次列前。两人以上积分相等而又循环互胜，则按以下程序确定名次：

①获 2∶0 多者名次列前。

②获 2∶1 多者名次列前。

③受罚次数少者名次列前。

④整个比赛中获胜时间短者名次列前。

⑤体重轻者名次列前（原始体重）。

⑥抛币。

参赛场数不足 1/2 时，则双方所有成绩全部作废。参赛场数达到 1/2 时，则成绩有效，根据其成绩确定名次，其余未赛场次，均按弃权处理，判对方获胜一场。

（2）团体名次

按各单位运动员在各级别比赛中被录取名次得分总和确定名次，得分多者名次列前；如遇两个或两个以上的团体得分相等，则第一名多者名次列前，如再相等，则判第二名多者名次列前，以此类推；如再相等，获名次人数多者名次列前；如再相等，参赛人数少者名次列前；如再相等，则名次并列。

（四）弃权与申诉

1. 弃权

①超过检录时间 3 分钟，不能上场比赛者，按全部弃权论，成绩作废。

②运动员因伤病而不能参加比赛或要求重新参加比赛，须经大会医生证明，因伤病而不能参加比赛，则判该运动员该场比赛弃权。

③比赛进行中，一方因受伤不能继续比赛时，裁判员可暂停比赛，但因运动员受伤治疗而超过 2 分钟时仍不能继续比赛，则判受伤运动员弃权。

2. 申诉

运动员对裁判员裁决有异议时，由领队或教练员在比赛结束后 30 分钟内以书面形式向仲裁委员会提出申诉，同时交纳申诉费。仲裁委员会依据仲裁委员会条例进行裁决。

四、北嘎（藏族式摔跤）

（一）竞赛定义

北嘎是藏族的一项传统体育活动，比赛时不能用脚绊，以被摔倒者为负，一局决胜负。

（二）竞赛办法

1. 运动员与教练员

（1）运动员

①比赛前 10 分钟参加检录。

②比赛中运动员不得擅自离开比赛场地，特殊情况需经裁判员许可。

（2）比赛服装

①运动员参加比赛应穿藏族跤衣。按规定系好腰带（红或蓝），穿着紧固踝关节的摔跤鞋。

②除规定服装外不得穿戴极有可能伤害运动员的其他服饰。

（3）教练员

①比赛中，教练员不得进入比赛场地，不得干涉裁判员工作，也不得进行任何形式的指导。

②当运动员受伤时，经裁判员允许，教练员可协助医生进行医务处理。

2. 比赛性质

（1）个人比赛

以个人在所属级别中比赛所得的成绩确定个人名次。

（2）团体比赛

以每个团体所有被录取名次的运动员的成绩总和确定团体名次。

3. 比赛制度

比赛采用循环制或淘汰制。

4. 年龄及体重级别

（1）年龄

不受限制。

（2）体重

分 5 个级别：52 公斤级、62 公斤级、74 公斤级、87 公斤级、87 公斤以上级。

5. 称量体重

①全部比赛过程只称量一次体重，开赛前一天称量，称量体重工作应在 1 小时内完成。

②由裁判长 1 人、裁判员 2 人、记录员 1 人和医生 1 人组成称量体重组，进行称量体重工作。保存原始称量记录，不得涂改。

③运动员称量体重时，必须持有效证件，经称量体重组核对资格后，方可进行称量。称量体重时，只可穿一条短裤。

④先由体重轻的级别开始称量，每人称量一次。如称量后运动员体重超过原属级别，并在规定称量时间内不能达到原属级别，则取消该级别比赛资格。

6. 比赛礼节

比赛开始前和比赛结束后，双方运动员互相握手，并与主裁判员握手致意。

7. 比赛时间

①每场比赛为 3 局 2 胜制，每局 3 分钟（净时间）。每局中间休息 30 秒，比赛中胜一跤即为该局比赛结束。

②如运动员需连续比赛，场与场之间至少休息 10 分钟。

8. 比赛要求

双方运动员必须抓好对方腰带，即双方双手在对方体侧或背后抓握。

9. 比赛中的信号

①每局比赛，均由主裁判员发令开始。

②每局或每场比赛结束，均由计时员鸣哨或鸣锣。

③比赛双方运动员入场后，互致礼节，抓好对方腰带后，裁判员才能发令，比赛开始。

④在比赛进行中，主裁判员发出停止口令时，双方运动员应立即停止比赛。

10. 比赛中的规定

①比赛开始前，以抛币方式决定抓握方式，获选择权方可优先选择第一局右手（或左手）在里，第二局交换抓握方式。如平局则进行第三局，抓握方式由抛币决定。

②每局比赛结束后，非经裁判员同意，运动员不得擅自离场。到比赛终场结束，裁判员宣布终场获胜者后，双方运动员相互握手致意，并同主裁判员握手致敬，方可退场。

③比赛中进攻有效与无效的判定：

• 进攻有效：在比赛区内使用的动作，将对手摔倒在保护区；在比赛区内将对手摔倒后，自己踏入保护区；对方倒地与进攻方踏入保护区同时发生；动作结束与口令或锣声同时发生。

• 进攻无效：踩对方脚；将对手摔倒前，自己踏入或摔入保护区；主裁判员叫停后、锣声响时，开始的动作；锣声和口令之间完成的动作。

11. 犯规、消极与罚则

（1）犯规

①侵人犯规：使用反关节动作有意伤害对方者。用手、肘、膝、头撞击对方或抓对方生殖器者。踩对方脚进攻，用脚踢对方或用脚蹬踹对方者。

②技术犯规：双方比赛时不准故意绊脚。如故意绊脚并将对方摔倒，则判对方胜一局；无意绊脚而将对方摔倒则受警告一次。比赛进行中出现故意干扰比赛、伤害对方运动员或裁判员的言行。比赛进行中自行停止比赛者。比赛进行中由于处于不利情况而要求暂停者。比赛中单手或双手脱把，手、膝着地。

（2）消极

①比赛中故意往后退或向前推对方，无进攻意图者。

②比赛中抓握对方长时间不使用动作，故意拖延时间者。

③仅使用假进攻动作，无真正进攻意图者。

（3）罚则

①凡手脱离腰带或手撑地者，第一次劝告，第二次警告。

②凡运动员比赛中犯有“侵人犯规”或“技术犯规”之一者，根据情节轻重，分别给予劝告、警告、取消该场或全部比赛资格的处理。

③比赛进行中，运动员或教练员指责裁判员，根据情节轻重给予该运动员劝告、警告、取消该场或全部比赛资格的处理。

④比赛中一方犯规，如果对犯规运动员有利，应立即停止比赛，酌情处理；如果对犯规运动员不利，则不停止比赛，等该进攻动作结束后再停止比赛，并酌情处理。

⑤故意摔假跤，一经发现，应立即停止比赛，对其队员进行劝告，仍不听者则予以警告，第三次则取消双方运动员该场或全部比赛资格。

⑥运动员不积极进攻，拖延比赛时间持续 30 秒即警告一次，在第一次警告后进行第二、第三次警告之前，不再给予劝告。劝告在整场比赛中只给一次。

⑦一场比赛中，无论消极、侵人犯规和技术犯规，一方受到 3 次警告时，取消该场比赛资格。

⑧比赛中，运动员采取消极态度，有意逃避抓握、逃出界外、故意推人出界者，可立即给予劝告或警告。

（三）胜负与名次评定

1. 得分标准

①在比赛中一方头、肩、背、腰、臀、髋、体侧任何一个部位着地即为负，对方即胜一局，胜一局得 1 分。

②比赛中双方运动员同时倒地分不出上下、先后则判平跤，互不得分。

③进攻者膝先着地，判进攻无效。

2. 运动员受伤后的成绩判定

①比赛中，一方运动员因伤病弃权，则判对方获胜。

②比赛进行中，因一方故意犯规致使对方受伤而不能继续比赛时，经大会医生确认后，判受伤者该场获胜。

3. 评定胜负

①比赛采用3局2胜制。

②根据得分多少，确定一场比赛的胜负。

③平局的处理：如果前两局出现双方各胜一局或均为平局，则以第三局比赛判定胜负。当第三局出现平局时，则以下列方法判定胜负：

- 先得分（局）者胜；
- 受警告、劝告少者胜；
- 体重轻者胜（原始体重）；
- 抛币。

如果前两局为一胜一平，则不进行第三局比赛，判胜局者胜。

4. 名次确定

（1）个人名次（循环制）

比赛以其胜负场次的积分排列名次，胜1场得2分，负1场或弃权得0分。积分多者名次列前。两人积分相等，则按两人在比赛中的胜负确定名次，胜者名次列前。两人以上积分相等而又循环互胜，则按以下程序确定名次：

①获2∶0多者名次列前。

②获2∶1多者名次列前。

③受罚次数少者名次列前。

④整个比赛中获胜时间短者名次列前。

⑤体重轻者名次列前（原始体重）。

⑥抛币。

参赛场数不足1/2时，则双方所有成绩全部作废。参赛场数达到1/2时，则成绩有效，根据其成绩确定名次，其余未赛场次，均按弃权处理，判对方获胜一场。

（2）团体名次

按各单位运动员在各级别比赛中被录取名次得分总和确定名次，得分多者名次列前；如遇两个或两个以上的团体得分相等，则判第一名多者名次列前，如再相等，则判第二名多者名次列前，以此类推；如再相等，获名次人数多者名次列前；如再相等，参赛人数少者名次列前；如再相等，则名次并列。

（四）弃权与申诉

1. 弃权

①超过检录时间 3 分钟，不能上场比赛者，按全部弃权论。成绩作废。

②运动员因伤病而不能参加比赛或要求重新参加比赛，须经大会医生证明，因伤病而不能参加比赛，则判该运动员该场比赛弃权。

③比赛进行中，一方因受伤不能继续比赛时，裁判员可暂停比赛，但因运动员受伤治疗而超过 2 分钟时仍不能继续比赛，则判受伤运动员弃权。

2. 申诉

运动员对裁判员裁决有异议时，由领队或教练员在比赛结束后 30 分钟内以书面形式向仲裁委员会提出申诉，同时交纳申诉费。仲裁委员会依据仲裁委员会条例进行裁决。

第五节　民族式摔跤裁判法

一、裁判人员及其职责

（一）裁判人员

比赛设裁判长 1 人，副裁判长 1～2 人，裁判组长、主裁判员、检录员、计时员、记录员、宣告员等若干人。

（二）裁判人员职责

1. 裁判长

①全面负责高脚竞速比赛的裁判工作，保证竞赛规则和大会规程能够顺利贯彻执行；处理发生在大会期间的以及本规则未做出明文规定的问题。

②检查所有相关的比赛成绩，处理有争议的问题。

③对有关比赛的抗议或异议做出裁决。有权对有不正当行为的运动员提出警告或取消其比赛资格。

④有权做出重赛的时间安排决定。

⑤对每日的工作进行检查和总结。

2. 副裁判长

①协助裁判长领导裁判工作，做好裁判员队伍的事务管理。

②裁判长因故缺席时，应代理其职责，或受裁判长的委托，处理有关

问题。

③根据裁判长的建议，负责编排、记录和公告工作，负责场地、器材等设施的检查管理。

3. 检查主裁判员、检录员

①根据竞赛日程安排的检录时间，召集运动员到检录处点名。

②根据规则规定，检查运动员的参赛证、服装、号码和比赛用具等是否符合规则规定。

③准时安全按预定时间和路线将运动员带入赛场，交发令员控制。

4. 发令员、助理发令员

①检查运动员所参加的比赛或组别是否有误，号码佩戴是否正确，各道次应面向跑进方向，由左至右按道次排位。

②组织运动员按道次正确地排列在起跑线后 3 米处的集合线上。

③同终点主裁判员取得联系完毕，向运动员发出“各就位”“预备”口令，以鸣枪方式发出起跑口令。

④有权对运动员违反起跑规则的行为给予警告和判罚。

5. 终点主裁判员、裁判员

①判定每组比赛运动员到达终点的名次。

②若判定不一致应由主裁判员做出最后裁定。

③遇名次与成绩不一致时，应同计时主裁判员联系并最后裁定。

6. 计时主裁判员、计时员

①各道次计时员接受主裁判员的统一领导。

②计时员使用全自动或手动电子秒表计时。

③每组计时员负责本道次的计时工作，并将成绩填写在成绩记录表格内，签字后交主裁判员，必要时，主裁判员可以核查秒表，以核实成绩。

④主裁判员判定每名运动员的最后成绩。

7. 检查主裁判员、检查员

①全面监督运动员在比赛中的行为。

②如发现运动员或其他人员犯规，应立即以书面报告形式交给主裁判员。

③出现犯规情况，应举旗示意。

④接力赛中接力区应有足够的检查员负责监督。

8. 编排员

完成编排记录和成绩公告工作。记录由裁判长提供的每个项目的全部成绩，并转交宣告员。最后将成绩表交竞赛部门。

9. 宣告员

对比赛中各种信息予以宣告，对成绩的宣告应该记录宣告时间。

二、裁判人员工作程序及要求

民族式摔跤竞赛裁判工作由裁判长、副裁判长、裁判员及助理人员共同完成。

（一）裁判长

1. 比赛前的工作与要求

①组织召开裁判组工作会议。

为了更好地完成裁判任务，裁判长应在比赛前组织召开全体裁判员工作会议。会议主要包括以下内容：

· 学习大会有关文件，加强裁判员的思想教育。

· 组织裁判员学习竞赛规则，统一判罚尺度。

· 解决各种疑难问题。

②掌握竞赛工作的全面计划，落实竞赛日程，安排裁判员和助理人员的分工。

③负责组织抽签、训练场地安排、裁判员实习等事宜。

④监督裁判组对场地和设施进行检查。

⑤由裁判长、裁判员 2 人、记录员 1 人和医生 1 人组成称量体重组，完成运动员体重称量工作。

2. 比赛中的工作与要求

①全面组织和领导裁判组的各项工作。

②根据规则的精神解决比赛中出现的各种问题。

③当裁判员的判定不一致时，召集临场裁判员以少数服从多数的原则并做最后决定。

④裁判员或运动员有不称职或发生严重错误时，可建议大会做相应处理。

3. 比赛结束后的工作与要求

①审核、签署和宣布竞赛成绩。

②比赛结束后，及时做出书面总结。

③主持召开裁判工作总结会议，认真总结经验。通过总结，帮助裁判员和工作人员提高业务水平。

（二）副裁判长

协助裁判长做好各项工作，在裁判长临时缺席的情况下代行其职责。

1. 比赛前的工作与要求

①协助裁判长组织裁判员的学习与实习。

②组织安排发放裁判员用品，检查记录台的准备工作。

③协助裁判长检查场地、器材，做好比赛裁判工作的后勤工作。

2. 比赛中的工作与要求

①根据比赛场地的分布情况，负责其中一个场地的比赛监督工作。

②对在比赛中出现的相关技术问题，协助裁判长予以解决。

3. 比赛结束后的工作与要求

①组织裁判员检查收回比赛器材和用具，如数交还大会。

②组织裁判员开好总结会议。

③协助裁判长做好善后工作。

（三）裁判员

1. 比赛前的工作与要求

（1）裁判员着装要求

①可穿着礼服或运动套装。

②服装颜色、款式统一，着装整洁，仪表大方。

③鞋具应能适应比赛场地的状况。

（2）开好准备会，明确临场裁判工作中相互间的配合

裁判员之间要做到互相学习、互相尊重、互相支持、加强团结。

（3）检查比赛场地、器材

裁判员要协助裁判长检查比赛场地及比赛器材。

①检查比赛场地。检查场地是否符合规格，界线是否清晰。对危及运动员安全的物品或设施，及时清除或妥善处理。

②检查比赛器材，包括比赛用海绵（棕）垫子、帆布盖单（或人造革盖单）、跤衣和腰带。

③检查记录台准备工作：电子计时钟（表）、秒表、犯规次数示意牌、广播器材等。

（4）到达比赛场地

裁判员要提前30分钟到达比赛场地，并做好比赛开始前的各项工作。

（5）组织双方运动员入场

①比赛前5分钟，主裁判员与宣告员配合，当宣告员宣布比赛开始时，主裁判员带领双方运动员入场。到达比赛场后，比赛双方运动员成一列横队面向记录台，宣告员将双方运动员、教练员以及临场裁判员介绍给观众，双方运动员和裁判员向观众招手致意。

②在比赛开始和比赛结束后，双方运动员互相握手，并与主裁判员握手致意。

③比赛前1分钟，主裁判员召集比赛双方运动员以抛币方式决定抓握方式。

④检查场上运动员的服装。

（6）示意比赛开始

主裁判员两手扶在双方运动员背上，示意双方运动员抓好对方腰带，并喊“预备”口令，然后做出“两手斜上举交叉”的手势，并喊“开始”口令。

2. 比赛中的工作与要求

（1）主裁判员

①依据规则与裁判法履行临场职责，在规则规定的职权范围内，准确判罚。

②判定运动员胜负、犯规、消极、逃避情况，有权做出处罚。

（2）副裁判员

①对比赛中每一跤的胜负情况，表明自己的意见。

②观察运动员在场上的行动，如出现消极和犯规情况应及时向主裁判员示意。

③必要时，有责任为裁判长提供真实情况，由裁判长做出最终判罚。

3. 比赛结束后的工作与要求

（1）主裁判员

①当听到比赛结束的信号时，主裁判员应对发出信号时瞬间发生的各种情况做出最后的判定。

②认真检查核对记录表，依据记录，宣布比赛胜负，签署本场比赛的成绩表。

③比赛结束后与副裁判员一起退场。

④认真及时地总结临场工作。

（2）副裁判员

①在主裁判员、记录台人员签字后，在记录表上签字结束比赛。

②比赛结束后，与主裁判员一起退场。

③认真及时地总结临场工作。

4. 助理人员

比赛场区的记录台可设 4～6 名助理人员，包括：记录员、宣告员、计时员和检录员。

（1）助理人员的着装要求

全体人员着装整洁统一，可穿着礼服或运动套装。

（2）助理人员的工作与要求

①记录员：比赛前的工作与要求：准备好比赛需用的所有记录表，应有备用记录表；准备好临场用品，如成绩报告单、秩序册、圆珠笔、复写纸、夹板、红（黄）牌、锣等；按秩序册和各队交来的参赛运动员登记表，在记录表上预先登记好比赛队、时间、地点、级别及双方运动员的姓名、号码等；称量运动员体重时负责记录工作。比赛中的工作与要求：记录比赛中的每一次得分，同时登记得分运动员号码；记录双方运动员的每一次犯规；记录要快速准确，不得涂改；每场比赛结束后，整理好成绩表，并向主裁判员报告比赛结果；比赛结束后的工作与要求：登记比赛结果并签名，请主裁判员、副裁判员依次签名，将记录表报赛会竞赛处。

②计时员：准备好电子计时钟（表），检查计时钟（表）的工作是否正常。准确操作计时钟（表），协助记录员记录比赛时间、暂停时间，暂停、比赛开始前和结束后发出信号等。比赛结束后交裁判长核对时间。在记录表上签字。

③检录员：比赛前 10 分钟检录，指定双方运动员的服装颜色，并检查运动员的指甲与服装等情况。通知运动员入场，并指定运动员比赛的场地。向裁判长和宣告员报告出场比赛或弃权的运动员的姓名。比赛开始前，核对双方运动员是否正确，并通知主裁判员。

④宣告员：摘要介绍竞赛规程和规则，介绍民族式摔跤的相关知识。宣布比赛开始、结束、级别及场次。宣告双方队员入场，并介绍运动员、教练员、裁判员。比赛结束时宣告比赛成绩。应大会组委会的要求宣告有关事宜。

(四) 临场裁判员的区域分工与职责

1. 临场裁判员的区域分工

民族式摔跤竞赛中，每场比赛应有1名主裁判员执行裁判工作。比赛过程中始终活动于场地中心地带，同双方运动员呈三角形，保持约1～1.5米的距离，使双方运动员及周边的情况始终处于有效视线范围内。

2名副裁判员分别坐在两个对面，协助主裁判员进行工作。

3名裁判员要密切协作，集中精力观察自己的区域，选择最佳的判罚角度，将场上运动员的行动都纳入裁判员的视野，从而提高判罚准确性，有效地控制比赛。(搏克比赛仅设1名主裁判员)

2. 临场裁判员的职责

比赛中每摔一跤，场上裁判员应喊一声“停”，2名副裁判员应根据运动员倒地情况，迅速表明自己的意见，主裁判员根据2名副裁判员的意见做出最后决定，并及时用示分牌判定某方胜一跤。

2名副裁判员与主裁判员的意见有分歧或有疑问时，应请示裁判长研究后做出最后判罚。

2名副裁判员中有一人认为某运动员有消极或犯规行为时，应及时举起与该运动员腰带颜色相同的牌子，向主裁判员示意，如主裁判员同意副裁判员的意见，应进行判罚。

注意观察双方运动员是否出界。

复习思考题

1. 简述民族式摔跤的起源。

2. 简述民族式摔跤的分类。

3. 简述民族式摔跤训练方法与手段。

第二章

吹枪

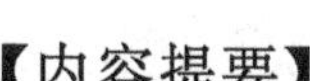

【内容提要】

本章主要介绍了吹枪运动的起源和发展，以及吹枪运动的基本技术、教学及训练方法，并简要介绍了吹枪运动的竞赛规则。

【学习目标】

1. 了解吹枪运动的概念、起源和发展

2. 掌握吹枪运动的基本技术

3. 明确吹枪运动的教学及训练方法

【关键术语】

吹枪运动；基本技术；站姿；跪姿；竞赛方法

第一节　吹枪运动项目概述

一、吹枪运动的起源及发展

吹枪是云南苗族人民喜爱的一项传统体育运动，据调查，除了文山的苗族群众外，红河地区的苗族群众也很喜爱这项运动，而且由于当地群众射准能力极强，具有广泛的群众基础。吹枪运动在苗语里叫“盏炮”，广泛流行于地处中越边境的云南省文山壮族苗族自治州麻栗坡县苗族集聚地，特别是董干镇的马林一带。

数百年来，中越边境一带的苗族同胞一直用吹枪这种古老的武器来守护庄稼，来打鸟、打老鼠、打马蜂等。近几年，随着吹枪运动在云南省的迅速发展和人们运动水平的不断提高，人们对吹枪运动的认识也不断加深。当然，吹枪运动不仅是一项运动，还可以增强体质，提高身体素质，休闲娱乐，增进民族团结，集中反映了苗族的民俗习俗、心理特点。

二、吹枪比赛场地

①室内吹枪比赛场地应平坦无遮挡物，比赛场地的边线呈直角，长度不少于 30 米，宽度可根据所设靶位数确定。

②通常同一场次的比赛所有运动员均应在同一比赛场地进行。特殊情况下，经竞赛委员会同意可在不同场地进行。

③在正常的光线和相应的距离下，靶纸的颜色和材料不得有反光，以便靶心清晰可见。靶后背景为不反光的中性颜色，不得设置其他标志物。

④箭靶后方应设置箭挡及安全地带。

⑤设置成绩公告栏。

⑥场地空旷部位设置安全警戒标志。

⑦场地标线及区域：

·场地标线线宽均为 5 厘米，所示标线包括在所在区域内。

·靶位线：为箭靶位置设立的标线，箭靶应与靶位线保持垂直状态。

·看靶线：运动员看靶限制线，距靶位线 1.5 米并与之平行。

·射位线（射程起点线）：运动员吹射限制线（具体限制距离），与靶位线平行的直线。

·米线：射位线后 1 米并与之平行的直线，混合团体淘汰赛运动员待吹射状态时的限制线。

·比赛距离：射位线至靶面之间的垂直距离，男子 15 米、女子 12 米。

·单个吹射位置应视比赛或场地情况设置宽 1.2～1.6 米，长 2.5 米的区域。每个射位应有与靶位号相应的射位号标志。

·裁判区：射位后 2.5 米为裁判区。

·观众区：裁判区后为观众区。比赛场地两侧及箭靶方向均不得设置观众区。裁判区与观众区之间应以标志物相隔，高度为 1 米。

三、吹枪比赛器材

（一）箭靶

①箭靶尺寸：长 60 厘米、宽 60 厘米，厚度以箭能插稳为准。

②箭靶中心距地面高度：立姿 1.3 米、跪姿 1 米，同一比赛场地的箭靶高度角度必须一致并直立垂直于靶位线上。每个箭靶中心点间距离为 1.2～1.6 米，并应有明显的靶位号标志。

③箭靶必须牢固，不得有明显的晃动。

(二) 靶纸

①靶纸的颜色和材料要一致，不得有反光。

②靶纸尺寸：靶纸外形最小可见尺寸26厘米×26厘米。10环至3环直径(外直径)依次为3厘米、6厘米、9.1厘米、12.2厘米、15.2厘米、18.2厘米、21.4厘米、25.1厘米。靶环最外环为3环，每2环为一种颜色，由内向外依次为黄、红、蓝、黑。

③环线清晰，圆形环线不得有明显偏差、亦形。分区环线在任何情况下都应全部划在高环区内。

④环线标准：

• 黑色环区以0.1厘米宽白色环线划分。其他色区均以0.1厘米宽黑色环线划分。

• 蓝、黑色区间环线以颜色区分。

• 3～9环的环值数码呈“十”字形，相互成直角标在记分环内。10环区不标环值数字。

• 所有环线的尺寸由环线的外沿(外径)测定。

(三) 器材

①吹枪限用赵氏弓弩吹箭系列M60×2型。不得加装任何辅助设备及装置。

②吹枪全长不得超过127.5厘米。枪管内直径1厘米。

③吹枪使用的针箭为塑胶制成的针箭尾和钢针插接而成。

第二节 吹枪运动基本技术教学与练习方法

吹枪技术是指吹枪者应用规范合理的技术动作，利用吹管，将腹腔和口腔里的气体爆发式地作用于弹丸或针，使吹射物从枪管内射出并击中靶心的吹射技术。吹枪运动技术包括持枪技术、瞄靶技术、吹气击发时的动作技术、吹气力量技术、呼吸技术。立姿持枪技术按两脚站立方法可分为左右站立式和前后站立式；按握枪手型可分为抬式握枪、提式握枪。瞄靶技术可分为单眼瞄靶技术和双眼瞄靶技术。吹气击发时的动作技术按个体习惯可分为抖动型和相对静止型。吹气力量技术按力量大小可分为最大力量型和适度力量型。呼吸技术按呼吸方式可分为胸式呼吸和腹式呼吸。

一、立姿

立姿是指身体站立，两手前后握住枪管，枪身不得接触身体其他部位。立姿吹枪技术由站立、装箭、握枪、举枪、瞄准、吹射6个部分组成。

吹枪立姿技术：面对靶面，两脚平行站立，两脚间距离与肩同宽，脚尖正对前方或用“丁”字步站立（个人可根据自己的习惯，来选择适合自己两脚支撑的位置），两手前后握住枪管，两臂悬空，枪身不得接触身体其他部位。立姿，箭靶中心距地面高度为1.3米。

（一）站立技术

立姿吹枪的站立姿势技术正确与否，关系到吹枪者能否稳定获得吹射技术，只有双脚站稳了，才谈得上吹枪技术的发挥。站立时两脚掌全部着地，站立要稳，无晃动，腿部自然伸直，腰部稍微紧张，腹部放松，便于吸气和呼气，也便于瞄准。

（二）握枪技术

握枪技术对于吹枪的准确性至关重要。正确的握枪姿势可增加枪的稳定性，能使瞄准动作放松、协调。动作要领如下：

①一手向前伸出，大拇指和弯曲放松的中指、无名指握住枪管。

②食指伸直轻轻抬着枪管。

③另一只手用大拇指和食指轻轻按住枪的吹嘴，微微用力抵住吹嘴。

（三）装箭方法

装箭的正确方法是将装箭的枪管抬平或枪尖稍高，然后将箭水平放入吹口，以箭尾刚好进入吹口小槽处为好。装箭前检查箭管内壁是否清洁干燥，如有杂物或水汽，可用装入枪管内壁大小的干棉花吹出即可。

（四）举枪方法

举枪方法有多种，可根据个人喜好来完成。可枪尖举过头顶，然后慢慢下移；也可由上而下慢慢移动，寻找瞄点；还可从侧面慢慢举起找瞄点。

（五）瞄准方法

瞄准是吹枪技术中较难掌握的一项技术，它与其他射击类运动项目有本质的区别，其他射击类运动项目枪有瞄准器，而吹枪没有瞄准器。

单眼瞄准法：采用正确的握枪姿势，先闭上一只眼睛，利用另一只眼睛的视力瞄准枪尖与靶上一点的技术方法。

双眼瞄准法：以双眼的主视力瞄准枪尖一侧和靶上一点的技术方法。

无论是单眼瞄准法还是双眼瞄准法，都要凭借训练者的本体感觉和平时训练的经验积累进行瞄准。在竞赛中，比赛距离是固定的。在平时训练中，要根据自身力量大小来决定瞄准点。

（六）吹气方法

吹枪一般采用鼻孔和嘴同时吸气，当枪尖瞄准所要射的目标后，枪的位置固定不动，用嘴慢慢地主动贴近吹嘴；也可先将嘴贴在吹嘴上，然后用枪尖进行瞄准，利用吸进的气将枪管内的针吹出。吹枪发力顺序：口鼻同时深吸气，将腹腔和口腔里的气体爆发式地吹出。

二、跪姿

跪姿是指一腿屈膝、脚掌着地与另一腿弯曲、膝盖和前脚掌或脚尖着地成三角支撑。臀部可坐在膝盖着地的脚后跟上，大腿和臀部不得接触地面。臀部和脚后跟之间及膝盖下不得放置任何垫衬物。两手前后握住枪管，一肘可放在膝盖上，枪身不得接触身体其他部分。

跪姿吹枪技术由跪立、装箭、握枪、举枪、瞄准、吹射 6 个部分组成。跪姿六大技术部分除跪姿的技术要领与站姿有区别外，其余 5 个部分的技术要领基本与立姿相同。跪姿吹射时箭靶中心距地面高度为 1 米。

第三节　吹枪运动训练方法与手段

吹枪技术教学应以立姿为主，在掌握了立姿技术的基础上，再进行跪姿的技术教学。

一、立姿技术动作训练方法

（一）掌握正确的吹枪立姿技术概念

①讲解吹枪的发展概况、吹枪项目的技术特点、裁判法、规则等姿势。

②技术示范。

③观看优秀运动员的技术图片，让学生直观了解吹枪技术。

(二) 学习握枪方法

①讲解、示范握枪技术。

②学习正确的握枪技术，集体听口令反复练习。

(三) 学习瞄准技术

1. 讲解、示范瞄准技术

瞄准技术包括单眼瞄准法和双眼瞄准法。

2. 学习瞄准技术

根据自己的喜好选择单眼或双眼瞄准技术进行训练。

(四) 学习吹射技术

①讲解、示范吹气方法。

②学习、体会吹气技术。

学习深吸气和爆发性吹气方法，注意发力的顺序。在练习过程中可使用空枪进行吹气训练。

(五) 学习装箭方法

①讲解、示范装箭的方法。

②学习装箭技术。

该项技术在吹枪技术中是较为简单的，学生只要认真听讲，自己体会1～2次后就能掌握。注意吹枪装进枪管时不能按太重，否则针容易从枪管内自动滑落。

(六) 举枪技术

①讲解、示范举枪技术。

②学习举枪技术。

- 学生可根据自己的喜好选择举枪的方法。
- 动作慢而稳健。
- 注意力要高度集中。

(七) 完整技术练习

①教师口令指挥，学生统一完成动作（统一吹射、统一拔箭）。

②吹射距离：女生 4 米、男生 7 米起吹。

③教师有针对性地指导。

④通过 3 课时的教学，可提高吹射距离：女子 10 米、男子 15 米。

⑤纠正错误动作。

二、跪姿技术动作训练方法

跪姿吹枪技术教学的步骤与方法基本和立姿一致，区别只是姿势。

(一) 跪姿姿势

跪在地上时，前脚掌必须立起撑地，形成一个支撑点。

(二) 其他技术

跪姿吹枪技术中的装箭技术、握枪技术、举枪技术、瞄准技术、吹射技术与立姿的技术教学方法相同。

三、吹枪技术的训练方法与手段

从吹枪运动成绩的决定因素调查分析来看，技术因素二级指标按其决定程度大小依次是瞄靶技术、吹气击发时的动作技术、吹气力量技术、持枪技术、腹式呼吸技术。

(一) 瞄靶技术训练方法

1. 频繁吹射法

①让运动员频繁吹射 100 发，无须修正和拿针。

②用“十”字分割法把靶纸分成 4 个区域。

③通过分析针击打在靶纸上的区域来调整运动员的瞄准点。

2. 吹射非正规靶纸法

把靶纸的 3、4 环或 5、6 环以下的环剪去，让运动员吹射。

3. 空枪瞄准法

(二) 吹气击发时的动作技术训练方法

1. 空枪瞄准吹射法

2. 录像法

通过录像来训练最大吹气力量。

(三) 吹气力量技术训练方法

1. 肺活量测试法

①让运动员用快速吹气法进行训练。

②每 5 次一组。

③分析运动员的每组测量数据是否稳定。

2. 吹哨子法

3. 水中呼吸法

①让运动员每天早晚洗脸时进行练习。

②要求运动员用嘴快速吹气。

③每次练习必须在50次以上。

4. 吹气球法

5. 吹水中乒乓球法

(四) 持枪技术训练法

1. 长时间徒手举枪瞄准法

每次让运动员举枪瞄准10分钟。

2. 长时间举枪瞄准法

每次让运动员举枪瞄准5分钟。

3. 负重长时间举枪瞄准法

4. 极限时间举枪瞄准法

每次举枪直至运动员不能承受的时候结束。

(五) 腹式呼吸技术训练法

1. 空枪腹式呼吸吹射练习法

2. 胸式呼吸与腹式呼吸区别练习法

①10次胸式呼吸吹射练习。

②10次腹式呼吸吹射练习。

四、吹枪运动身体素质训练方法

从吹枪运动成绩的决定因素调查分析看，身体素质对吹枪成绩的决定因素主要包括平衡能力、灵敏与协调素质、耐力素质和力量素质。

(一) 平衡能力的训练方法

①单脚站立法。

②闭眼单脚站立法。

③砖块站立法。

④闭眼砖块站立法。

(二) 灵敏与协调素质的训练方法

各种灵敏性训练法。

（三）耐力素质训练方法

①长距离或长时间慢跑。

②极限时间双手或双腿支撑练习。

（四）力量素质的训练方法

1. 双手体前平举练习

运动员双手体前平举和体侧平举，一般为 10 分钟。

2. 双手负重提起平举和体侧平举

双手适当负重，如双手拿哑铃进行练习。

第四节 吹枪运动竞赛通则

一、竞赛定义

吹枪比赛时运动员把弹丸放入枪管内，以嘴对枪管用气猛吹，将弹丸吹出击打目标。比赛分立姿和跪姿两种形式。射程为：男子 15 米，女子 10 米，每人每种姿势射 20 弹，按两轮中该项成绩的总和排出名次。

二、比赛办法

（一）宗旨

①互相帮助，交流经验，共同提高，促进各民族团结。

②比赛期间，仲裁委员会或裁判委员会可以对规则中未尽事宜做出决定。

③本规则适用于少数民族传统体育吹枪比赛。

（二）安全规则

①任何情况下枪、箭不得对人。

②严禁在非指定场地训练和吹射。

③未经同意不得触碰或使用他人枪、箭，也不得随意将枪、箭借给非上场比赛人员。

④运动员进入吹射位置后，只能将枪、箭按吹射方向摆放。

⑤裁判员未下达“比赛开始”口令前和下达“停放”口令后，运动员不得将枪、箭设置为待吹射状态或吹射。

⑥吹射完毕放下枪、箭并报告裁判员，经裁判员检查后，方可离开射位区。

⑦当发现比赛区域有危及安全的情况时，裁判员有权随时中断吹射，并取出针箭。

⑧运动员严重违反安全规则，可以取消其比赛资格。

（三）比赛项目

1. 团体赛

①男子全能团体。

②女子全能团体。

③男、女混合全能团体淘汰赛。

2. 个人赛

①男子 15 米双轮立姿（10 箭为一轮）。

②男子 15 米双轮跪姿（10 箭为一轮）。

③男子 15 米全能（双轮立姿＋双轮跪姿）。

④女子 12 米双轮立姿（10 箭为一轮）。

⑤女子 12 米双轮跪姿（10 箭为一轮）。

⑥女子 12 米全能（双轮立姿＋双轮跪姿）。

（四）比赛姿势

①立姿：身体站立，两手前后握住枪管，枪身不得接触身体其他部位。

②跪姿：一腿屈膝、脚掌着地与另一腿弯曲、膝盖和前脚掌或脚尖着地成三角支撑。臀部可坐在膝盖着地的脚后跟上，大腿和膝部不得接触地面。臀部和脚跟之间及膝盖下不得放置任何衬垫物。两手前后握住枪管，一肘可放于膝上，枪身不得接触身体其他部位。

③不得使用任何辅助设备及装置。

（五）比赛方法

①比赛顺序为立姿、跪姿。混合团体淘汰赛为立姿。

②每种姿势分两轮进行，每轮试射 3 支箭，时间为 120 秒。混合团体淘汰赛每队试射 4 支箭，每人交替吹射 2 支箭，时间为 16 秒。

③每种姿势分两轮进行，每轮记分射 10 支箭，分两段进行，每段 5 支箭，时间为 200 秒。混合团体淘汰赛以局分制进行，每队最多 4 局，进行一系列淘汰对抗赛，分 4 局进行，每局 4 支箭（每名运动员吹射 9 支箭），时间为 160 秒，4 支箭累计记分。获胜队进入下一轮比赛。

④全能团体赛由 3 人组成。全能团体赛成绩以 3 名队员的全能资格赛成绩计算团体成绩。混合团体淘汰赛由每队男女各 1 名运动员组成。

· 混合团体淘汰赛。以每队个人全能资格赛排名第一的男运动员和女运动员成绩之和排出团体前 16 名的队，按照混合团体淘汰赛对阵表分组同时进行一系列对抗赛。每场最多比赛 4 局，每局 4 支箭（每名运动员吹射 2 支箭），时间为 160 秒，每局 4 支箭累计记分。总环数高者得 2 分，低者得 0 分，如平局各得 1 分，先获得 5 分者获胜。如 4 局战平，则进行同分决赛。获胜队进入下一轮比赛。

· 比赛开始前，参赛队的运动员均站在 1 米线后。当发令员发出“开始比赛”的指令时，各队第 1 名运动员才能跨过 1 米线。

· 各队运动员应按各自选定的吹射顺序各吹射 2 支箭。

各运动员站到射位上时，其他运动员应等候在 1 米线后。任何时候 1 米线前都只能有 1 名运动员。只有前一名运动员完全退出 1 米线后下一名运动员才能进入 1 米线。

⑤个人赛：各项目先进行资格赛，获得该项资格赛前 8 名者再进行决赛，资格赛成绩不计入决赛。全能项目决赛立姿。资格赛成绩不计入决赛，决赛从 0 环开始。决赛靶位由计算机随机抽签分配，决赛分 2 个阶段进行。决赛试射 3 支箭，时间为 120 秒，第 1 阶段记分射吹射 5 支箭，时间为 200 秒。5 支箭的环数累计记分，报环后更换靶纸，第 2 阶段从第 6 支箭开始实行单箭淘汰，每箭限时 40 秒，即 8 名运动员 6 支箭环数之和排名最后者获得第八名、第 7 支箭产生第七名，以此类推，直至决出第一名。如出现涉及录取名次同分，即进行单箭同分决赛，环值高者名次列前，环值低者淘汰。如成绩仍相同，再进行单箭决赛，直至决出胜负。

⑥在决赛中禁止对发射箭支的环值或者数量提出抗议。

（六）比赛程序

①每场比赛前 15 分钟开始检录。运动员按规定时间带吹枪、针箭到检录处报到。

②运动员进入场地准备 2 分钟后开始比赛。

③比赛时间结束，未吹射出的针箭不得再吹射。

④每段比赛完毕，发令员宣布“看靶”口令后，裁判员到靶标处判定成

绩；运动员在看靶限制线看靶，待裁判员成绩统计、记录完毕，环值无争议，经裁判员允许运动员方可拔箭。

⑤每段比赛结束用记分牌公布成绩。

⑥每轮比赛结束后，运动员须在成绩记录表上确认签字后方可离开比赛场地。

（七）故障处理

①运动员在比赛中如发生器材故障，经裁判员允许可自行排除故障，也可更换经检查合格的枪管、针箭，但不得延长比赛时间。

②因箭靶损坏、靶纸脱落等非射手原因致使比赛须暂停进行处理时，未发射的箭支每箭补时 40 秒。

（八）犯规与处罚

①警告使用黄牌，扣环、取消比赛资格使用红牌。

②姿势犯规：第一次警告，第二次犯规从该段记分中扣除 2 环，第三次犯规取消比赛资格。

③使用未经检查或检查不合格的枪、箭比赛，每吹射一箭从总成绩中扣除 2 环。

④在比赛开始哨音发出前或比赛结束哨音停止后吹射的箭记为脱靶，并将扣除本组环值最高的一支箭。

⑤超出射位线的吹射，第一次警告，第二次计为脱靶。

⑥试射错射到他人靶上，每错射一箭，从本人该段成绩中扣除 2 环。

⑦射错射到他人靶上，错射者计为脱靶。被错射者按高环值箭支计分。

⑧出现多射箭，从本段中扣除最高环值的一支箭，这支箭记为脱靶，并警告一次。以后每多射一箭，均在本段成绩中扣除最高环值的箭并再扣除 2 环。

⑨妨碍他人比赛，第一次警告，第二次取消比赛资格。

⑩比赛中运动员在射位内可接受非语言技术指导。（禁止语言指导，违反者第一次警告，第二次从本人该组成绩中扣除 2 环。）

⑪如果一名运动员过早跨过 1 米线，裁判员举起黄牌。黄牌表明该名运动员退回 1 米线后重新开始，或由另一名准备吹射的运动员替换。该名运动员应从 1 米线后开始。

如果该队无视黄牌的警告，运动员将箭吹射出，则将扣除该队该组环值最高的一支箭。

⑫比赛中出现下列情况，取消比赛资格。

·严重违反安全规则者。

·运动员被证明故意违反任何规则和规定并有意隐瞒者，可被取消比赛资格，所获名次也将被取消。

·不服从裁判员的指挥，严重干扰比赛秩序者。

·任何人未经授权擅自更改篡改环值或故意让人更改篡改环值的。

·在比赛前或比赛中擅自改变已经检查过的装备者。

·竞赛中第二次妨碍他人比赛者。

·姿势犯规第三次不改者。

⑬所有警告、扣环、补时间及取消比赛资格事宜，必须由裁判长做出决定。

三、成绩及名次评定

（一）成绩

①以比赛现场确定的环值为最后成绩。

②全能团体赛成绩按 3 名运动员全能资格赛成绩之和计算。

③混合团体淘汰赛，资格赛总成绩前 16 名的队伍（每队男女各 1 名运动员组成）将进行一系列的对抗赛，采用局分制，每场最多 4 局，每局 4 支箭（每名运动员吹射 2 支箭），4 支箭累计记分，当一支队在 4 局比赛中得到 5 分（最高 8 分的 5 分）时，该队获胜进入下一轮比赛，直至产生金牌。

④个人赛项目成绩通过资格赛排名，进入前 8 名者，按决赛成绩计算。

⑤箭孔与环线相切按高环值计。

⑥箭命中：

·一支箭射中另一支已中靶箭并嵌进箭尾，按已中靶箭的环值计算。

·一支箭射中另一支射后，箭杆又偏离嵌进环靶，按箭杆所嵌位置计算环值。

·射中箭靶又反弹落地，中靶点可被识别，则按环靶上的标记计算环值。如未被识别将判为脱靶（射中箭靶发生反弹应及时报告裁判员处理）。

·箭射中他人的箭靶，记为脱靶。

·箭射中环靶记分区之外，记为脱靶。

(二) 名次评定

①总成绩高者名次列前。

②同分评定：

·团体赛：全能团体录取名次出现两队或两队以上成绩相同时，每队 3 人同时上场，准备 1 分钟，不进行试射，每人以立姿吹射 1 支箭进行决赛，时间为 40 秒。以 3 人次赛成绩之和评定名次，决赛成绩高者名次列前。如成绩仍相同，则每人再吹射 1 支箭，直至决出胜负。当几个名次同分时，先决赛低名次，后决赛高名次。混合团体淘汰赛出现平局将进行同分决赛，即每队进行 2 支箭同分决赛，不进行试射，每名运动员交替各吹射 1 支箭，时间为 80 秒，环数高者胜出。如成绩仍相同，则每人再吹射 1 支箭，直至决出胜负。团体赛总成绩未进入录取名次时的排位方法：全能团体赛立姿总成绩高者列前，立姿总成绩中最后一轮环数高者列前，立姿总成绩中倒数第二轮环数高者列前，以此类推，成绩高者列前；混合团体淘汰赛依照局分数排名，如果局分数相同，依照每局中最高累计环数排名，如仍然相同，依照每局中排序第二的累计环数排名，以此类推，成绩高者列前。

·个人赛：资格赛成绩未进入录取名次的排位方法，同分按最后一轮、倒数第二轮，以此类推，成绩高者列前。按资格赛总成绩第 10、第 9、第 8、第 7、…环多者名次列前。资格赛涉及录取名次的同分将进行同分决赛。决赛同分时，准备 1 分钟无试射，进行单箭同分决赛，环值高者名次列前。如成绩仍相同，再进行单箭决赛，直至决出胜负。同分决赛靶位由裁判长组织现场抽签确定。

四、弃权和申诉

(一) 弃权

发令员下达记分射“开始”口令后，运动员仍未到场，视为弃权。

(二) 申诉

①如果在拔箭前运动员发现记录表记录有误，应立即向裁判员提出，裁判员核实后即以改正。

②拔箭前，如果对靶上箭支的环值产生疑问，记分员或运动员应立即向裁判员提出，如有争议由 3 名裁判员表决，判定箭支的环值。

③对损坏严重的靶面或其他器材、场地设备有意见，运动员或教练员可向

裁判员提出。

④经裁判长签署的成绩公布 15 分钟后申诉截止，裁判长须签署该成绩申诉截止时间。超过该时间，不再受理该成绩的申诉事宜。

⑤运动员对裁判员的裁决有争议时，由领队或教练员以书面形式向仲裁委员会提出申诉，同时交纳申诉费。

⑥仲裁委员会做出的决定为最终裁决。

第五节　吹枪运动裁判法

一、裁判人员及其职责

(一) 裁判人员

吹枪比赛设裁判长 1 人，副裁判长 2～3 人，发令员、成绩统计员、执场裁判员、记分员、检录员等若干人。

(二) 裁判人员职责

1. 裁判长

①由主办单位指派，负责主持整个比赛的裁判工作，组织裁判员学习竞赛规则和裁判法。

②对比赛中发生的疑难问题进行处理。

③对严重违反规则的运动员，有权取消其比赛资格。

④有权处理在执行裁判工作中犯有严重错误和不称职的裁判员。

⑤审核并签署比赛成绩单、成绩公告。

⑥主持比赛编排抽签。

⑦召开裁判员会议，对当日比赛进行小结。

2. 副裁判长

协助裁判长进行工作，裁判长不在时，代行其职责。

3. 发令员

①负责比赛的统一口令、主持发射、按规则计时。

②记录比赛因故中断的原因和时间。

③负责比赛期间扩音器的操控使用，音响播放（有关比赛信息、资料等）。

④负责比赛期间的赛场秩序和场地安全。

4. 执场裁判员

①检查靶纸和箭靶的尺寸，检查所有箭靶的放置是否一致，检查所有必要的场地器材。

②在赛前检查所有运动员的比赛器材，并在赛中随时抽检。

③检查运动员吹射姿势。

④负责处理与比赛运行或运动员行为有关的问题，处理比赛中出现的纠纷。

5. 记分员

①应配备足够的记分员，以确保比赛中每靶位拥有一名记分员。

②运动员进入射位后核对单位、姓名、号码、组次、靶位。

③协助成绩统计员记录每箭环数，记录比赛中出现的问题及处理意见。

④记录吹射箭数，指挥运动员拔箭和负责更换靶纸。

⑤记分员无权改动成绩记录表上的环值，因记录有误经裁判员核查确实后，由裁判员改动后签字经运动员签字认可。

⑥每轮比赛结束后督促运动员在成绩记录表上签字并送交成绩统计处。

6. 成绩统计裁判员

①赛前准备比赛所需表格、裁判用具。

②准备比赛、训练靶纸。

③参与赛前训练安排、比赛编排、抽签并打印比赛秩序单。

④负责比赛成绩的判定、成绩记录表的收集、复核与整理。

⑤经裁判长确认签字后，及时公布比赛成绩。

⑥打印正式成绩公报、成绩册。

7. 检录员

①按比赛秩序单，对参赛运动员进行检录，强调比赛注意事项。

②检查运动员比赛器材。

③带领运动员进入比赛场地。

二、裁判人员工作程序及要求

（一）裁判长

比赛设裁判长 1 人，在具体工作中要抓好以下环节：

①精通规则，对规则中的每一条文都能做出准确解释和判定，及时处理比

赛中的问题。

②掌握竞赛工作的全面计划和裁判员情况，合理安排裁判员工作岗位。

③注意检查竞赛场地的安全，具体提出各岗位裁判员所要注意的安全事项。

④组织裁判员检查竞赛场地、负责编排和抽签工作。

⑤召开裁判组会议，学习规则、裁判法、总规程及竞赛规程。统一裁判工作尺度。

⑥参加组委会，报告裁判工作各方面的准备情况，特别注意说明本次竞赛的特殊规定。

⑦每项比赛结束，审核成绩公布表并签字，同时标明该项目申诉截止时间。

⑧负责裁判员的考评。

⑨宣布比赛成绩，参与发奖工作。

⑩竞赛结束，做好裁判工作总结。

（二）副裁判长

比赛设副裁判长 2～3 人。

①协助裁判长工作。

②副裁判长中，一名负责比赛裁判器材的保障、保管和与竞赛有关部门的联系工作，一名负责现场裁判工作，一名负责编排、成绩统计工作。

（三）裁判员

1. 执场裁判员

①检查靶纸和箭靶的尺寸，检查所有箭靶的放置是否一致，检查所有必要的场地器材。

②负责运动员赛前训练工作。

③在赛前检查所有运动员的比赛器材，并在赛中随时抽检。

④检查运动员比赛时的姿势，并进行监督。

⑤负责处理与比赛运行或运动员行为有关的问题，处理比赛中出现的问题和纠纷。

2. 记分员

每个靶位设 1 名记分员。

①运动员进入射位后核对单位、姓名、号码、组次、靶位。

②协助成绩统计员记录每箭环数，记录比赛中出现的问题及处理意见。

③核对成绩记录表、比赛靶纸、靶标。

④比赛中监督、记录运动员吹射的箭数，引导运动员看靶、记录经判定和计算的成绩，并负责换靶纸、挂记分牌。

⑤每轮比赛结束后督促运动员在成绩记录表上签字并送交成绩统计处。

3. 发令员

①根据比赛项目的时间安排，负责比赛的统一发令、发射、计时和安全(包括练习场地)。

②记录比赛因故中断的原因和时间。

③控制扩音器的使用，播放比赛现场有关事宜、项目介绍、各队情况等。

4. 成绩统计员（6人）

①赛前负责比赛靶纸的检查和编排。

②比赛前准备裁判用具、比赛所需表格、编排打印比赛秩序单。

③准备运动员号码布和决赛号码布。

④比赛前向记分员分发靶纸和成绩记录表。

⑤每阶段或每轮比赛结束，及时准确判定、计算比赛成绩，收取成绩记录表，及时公布经裁判长确认签字后的成绩。

⑥及时打印比赛项目成绩单和成绩册，报送相关部门。

5. 检录员

比赛设2名检录员。

①比赛前15分钟对参赛运动员进行检录。

②按规则要求，检查参赛运动员的枪、箭及其他器材。

③检录完毕，引导运动员进入比赛场地。

三、比赛开始前的工作及准备

(一) 比赛开始前的工作

①学习规则、规程及与比赛有关的规定，了解比赛队伍情况。

②检查比赛场地和设施。

• 场地检查。根据《吹枪竞赛规则》第二章场地设置和器材要求，由裁判长率裁判组对比赛场地进行检查，并填写《场地设备检查报告表》。场地检查报告由裁判长签名后交上级单位存档备查。

·检查方法：测量比赛距离应从射位线的前沿量至箭靶前沿。用钢卷尺测量3处，每处测3次求其平均值。误差为±5厘米。测量靶心高度应从靶心中央至箭靶线前沿的垂直距离。量射位与靶位的左、右偏差，应使用经纬仪在射位线位置的中心点，测量其偏差。

③检查安全措施，公布安全规则。

·根据安全规则，裁判员对比赛场区人员应严格要求。对于可能发生的事件要有预防措施。

·严格管理运动员比赛器材。在练习和比赛中，吹射和拔箭要有统一信号。

·在比赛及训练场地必须公布安全规则。

（二）比赛开始前的技术、器材准备

1. 召开裁判员工作会议

在裁判员报到后，裁判长应召开裁判员工作会议。会议主要包括以下内容：

①统一执裁尺度及有关特殊规定。

②比赛中的分工与配合。

③对裁判员的要求和管理制度、规定。

④场地、器材、设施安全的检查。

2. 比赛器材准备

①裁判区应有的设备：裁判员用桌、凳、记分板、计时钟、扩音器材等。

②裁判工作用具：秒表、哨子、处罚牌（红、黄）、2米和50米钢卷尺、标杆、备用箭靶、记分牌和卡尺等。

③文具：彩色笔、铅笔、削笔刀、图钉、笔记本、圆珠笔、双面胶纸、夹板、订书机（针）、纸张、号码布等。

④计算机、打印机。

⑤场地设备检查报告表、成绩记录表、成绩公布表、靶纸等。

⑥成绩公布栏及照明设施。

3. 着装准备

裁判员着装应整齐得体，注意仪表，服装颜色、款式统一。

4. 到场时间

裁判员要提前30分钟到达比赛场地，完成比赛前的各项准备工作。

5. 靶纸准备

①根据各项目参加的人数、使用的靶位和赛前训练的时间，确定靶纸数量。

②按照标准的靶纸样品，挑选大小规格一致、纸面颜色基本相同、环线清晰、厂家和印版统一的靶纸，作为一个项目的比赛用靶纸。

③按比赛秩序单进行靶纸序号编排。

四、裁判员的工作程序

(一) 开始比赛前的工作

①裁判员在比赛前30分钟进入比赛场地进行准备，裁判长检查各组裁判员、检录员等的就位情况，核对钟表的时间是否准确，检查比赛所用的器材是否完好等。

②检录员比赛前15分钟对参赛运动员进行检录，检录完毕，引导运动员进入比赛场地。

③比赛前2分钟，发令员发布口令“运动员注意！开始准备2分钟。现在进行的项目是××”。同时记分员应对本靶位的运动员单位、姓名、号码、成绩记录表进行核对，并检查运动员的姿势有无犯规。

(二) 比赛开始

①接近开始比赛前几秒钟，发令员发布口令“运动员注意！比赛开始（鸣哨)！试射时间2分钟”。口令要响亮、清楚、简练。比赛开始后，裁判长、副裁判长负责处理竞赛中所遇到的问题。记分员要集中精力注意运动员吹射的每一箭，并将吹射的箭支数登记在成绩记录表上。

②记分射开始后，发令员在每段比赛时间还剩1分钟时要宣布“还有1分钟”。时间到，下达“停放”口令（鸣哨)，再宣布运动员、裁判员“看靶”口令。

③混合团体淘汰赛中，比赛开始前参赛队的运动员均站在1米线后，当发令员发布“开始比赛”口令后，各队第1名运动员才能跨过1米线，按各自选定的吹射顺序交替吹射2支箭。1名运动员站到射位时，其他运动员应等候在1米线后。任何时候，1米线前都只能有1名运动员。

④成绩统计员与记分员、运动员一起前往箭靶处判环、报环、记录环值、公布成绩、更换靶纸等。

⑤比赛结束后，全体裁判员整理场地，准备下一场比赛。

（三）决赛工作

1. 团体比赛中成绩相同情况下的工作

①全能团体比赛录取名次中如出现成绩相同，则进行同分决赛。

②全能团体比赛中的同分决赛只进行立姿单箭决赛，并且无试射。

③同分决赛靶位由裁判长组织现场抽签决定。

④成绩相同的两个或两个以上的队（每队 3 人）同时上场参加决赛。

⑤每人只吹射 1 支箭。如成绩仍相同，再进行单箭决赛，直至决出胜负。

⑥混合团体淘汰赛出现平局的队将进行附加赛，每队进行 2 支箭同分决赛，每名运动员各吹射 1 支箭，环数高者胜出。如成绩仍相同，则每人再吹射 1 支箭，直至决出胜负。

⑦当几个名次同分时，先决赛低名次，后决赛高名次。

2. 个人项目决赛

①根据资格赛录取名次，进入决赛的运动员，决赛靶位由计算机自动随机抽签分配。

②参加决赛的运动员后背号码布的内容包括：单位、姓名、靶位号（资格赛名次）。

③决赛箭靶下方设有 3 位数的成绩公布牌，用于公布成绩。

④资格赛成绩公布的申诉截止时间为决赛检录开始时间。

⑤检录后列队进入射位区。发令员按靶位点名后，依次发出口令：“××项目决赛开始准备，准备时间 2 分钟”“准备时间到”“试射 3 支箭 2 分钟，开始”“试射时间到，停放！”“看靶”。

⑥执场裁判员、记分员、运动员到箭靶处看靶、拔箭、更换靶纸。

⑦运动员、记分员、裁判员返回射位区后，发令员发出口令“运动员注意，准备决赛，决赛分两阶段进行，第一阶段 5 支箭，时间为 200 秒。第一阶段装箭，注意，准备 3—2—1 开始”“时间到，停放，裁判员看靶，报靶。”运动员不离开射位，可用观察镜看靶。3 名成绩裁判员前往箭靶处，裁判员从 1 号靶位开始判定环值并报靶，大声报出“1 号××环、2 号××环……”。记分

员登记环值，成绩公布完毕，裁判员、记分员、运动员一起到箭靶处看靶、拔箭，记分员更换靶纸，运动员取箭返回原射位后，第二阶段开始进行单箭淘汰。发令员发出口令：“运动员注意，准备决赛，每箭（立姿或跪姿）40 秒。第六箭装箭”“注意，准备 3—2—1 开始”“时间到，停放，裁判员看靶，报靶。”裁判员从 1 号靶位开始判定环值并报靶，根据 6 支箭的累计环值大声报出“1 号××环、2 号××环”。用 8 名运动员每人 6 支箭的累计环值进行排名，淘汰末位运动员，即每名运动员 6 箭之和排名最后者获得第八名、第 7 箭产生第七名、第 8 箭产生第六名，以此类推，直至决出第一名。第 6 箭报环完毕，宣布获得第八名的运动员，“第七箭装箭……”按以上程序直至产生金牌。

⑧如出现淘汰同分情况，即进行单箭同分决赛，环值高者名次列前，环值低者淘汰。如成绩仍相同，再进行单箭决赛，直至决出胜负与名次。

⑨决赛中出现同分决赛，裁判长宣布“第×靶位，第×靶位……总成绩相同，进行单箭决赛，不进行试射，在原靶位进行。注意，准备—3—2—1 开始”。如成绩仍相同，再进行单箭决赛，直至决出胜负与名次。

⑩决赛结束后，运动员同裁判员一起到箭靶处看靶，运动员在成绩记录表上签字。裁判长宣布“××项目，第一名××，××环，第二名××，××环，第三名××，××环”。

（四）裁判工作中应注意的问题

①裁判员应做到“四勤”：腿勤、眼勤、耳勤、嘴勤。处理问题时，应先记时间，令运动员放下枪、箭，再查明原因。处理后，在成绩记录表上记录。

②注意安全，维持赛场秩序。比赛开始后，新闻记者不得进入比赛和裁判区，不得使用闪光灯摄影。

③记分员在比赛前的准备时间里，要核对靶纸的编号、靶位号及成绩记录表是否相符，清点靶纸无误后，放在指定位置上，靶面向上。

④记分员发现错射等情况，要及时报告裁判员，查明原因，及时处理。

⑤裁判长和成绩统计员要及时处理疑难问题，并将 3 人表决处理结果签署在靶纸及记录表上。

五、有关问题处理和犯规处罚

（一）遇到一般问题的处理

①比赛中箭靶出现损坏或靶纸脱落，首先开表计时，通知运动员暂停吹

射，令其取出针箭。待其他运动员本段比赛完毕，及时进行修理或更换后让其继续比赛。未吹射的箭，每 1 支箭补时 40 秒。

②比赛中，枪、箭发生故障，可自行排除，经裁判长允许可更换经检查合格的器材，但不补时间。

③凡呈吹射姿势，箭已脱离枪管，均记为有效吹射。

④吹射的箭不中环均记为脱靶。箭孔与环线相切按高环值记。

⑤执裁中遇到本地区代表队运动员出场，裁判员应主动提出回避执裁，并由裁判长重新调换执裁靶位，不参与有关疑难环值的表决。

⑥所有警告、扣环及取消比赛资格的处分均由裁判长判决。

（二）警告、扣环的处罚

按《吹枪竞赛规则》中第四章比赛通则犯规与罚则执行。

（三）比赛中出现下列情况，取消比赛资格

按《吹枪竞赛规则》中第四章比赛通则犯规与处罚执行。

复习思考题

1. 什么是吹枪运动？
2. 吹枪运动的基本技术有哪些？
3. 试述吹枪运动的专项体能训练的练习方法与手段。

第三章

射弩

【内容提要】

本章主要介绍了射弩的起源和发展，射弩的基本技术与练习方法，有助于学习者掌握射弩的基本内容，明确射弩的教学重点和难点及注意事项。

【学习目标】

1. 了解射弩运动的起源和发展

2. 掌握射弩运动的基本技术及训练方法

3. 明确射弩运动的竞赛规则

【关键词】

射弩运动；基本技术；训练方法；竞赛规则

第一节　射弩运动项目概述

一、起源与发展

多数人对于奥运会中的射击、射箭等项目并不陌生，但却不清楚什么是射弩。射弩在我国西南少数民族地区有着悠久的历史，使用者以苗族居多。

民族弩起源于战国时期的楚国，也叫作土弩，是用木头和竹竿手工制作而成的，当时的人们将它作为狩猎的工具。因为弩击发无声，射击的精确度高，并且可以就地取材、制作简单，既可以用它来射鱼，也可以作为防身的武器，苗族的男子几乎人人都会备弩箭，自幼习射，还常常进行比试，后期广泛用于军队征战。苗族男子一般在 10 岁左右练“娃娃弩”，可射 10 米远的目标。他们托石块或用绳子捆上砖头等重物吊在手腕上，以增强臂力。他们还瞄准从山上滚下来的圆木轱辘进行移动目标射击，待掌握一定技术后，就参加射野兔、野猪等活动。现在的苗族地区在春节期间还会举行射弩比赛，射得最准的人会得到奖励，与此同时也会受到苗族姑娘的青睐。相传海南苗族的箭弩是由大陆先人作为作战武器传入的，在箭上涂抹毒药，射中即死，所谓“见血封喉”，故在苗族地区又称“药弩”。

射弩运动不仅在苗族人民中十分盛行，傈僳族、拉祜族苦聪人、黎族人都有射弩的传统，傈僳族还有“拉不开弓的就不算男人!”的说法。

射弩已经逐渐成为云南、贵州、海南、湖南、广西等西南少数民族地区一项喜闻乐见的民族体育活动。

随着射弩运动的发展，射弩比赛中出现了用金属制成的弩，也就是现在的民族标准弩。以前由于比赛规则滞后，民族弩和标准弩的选手同时比赛，为了使比赛更加公平，到2007年第八届全国少数民族传统体育运动会时，民族传统弩和民族标准弩分为两个组，分别竞赛。

二、场地

（一）射弩场地

射弩场地应平坦、开阔，室内、室外均可。长不少于30米，宽度可根据所设靶位数酌定。一次比赛应在同一个场地进行，特殊情况下，可经竞赛委员会批准在不同场地进行，一个项目必须在同一个场地进行。

（二）室外场地

在室外场地比赛时，发射方向应避免阳光直射。室外场地必须提供下列设施：

①设有运动员、裁判员和比赛工作人员免受日晒和雨淋的设施。

②每个箭靶上方设置示风旗，旗用轻质材料制成，矩形，尺寸为5厘米×20厘米。

③箭靶后方设置箭挡或留有安全地带。

④设有成绩公告栏。

⑤场地周围设置安全警戒标志。

（三）室内比赛场地

室内比赛场地必须达到需要的照明水平，全场光照均匀，不得低于300勒克斯，靶面光照至少1000勒克斯，靶后背景为不反光的中性颜色，不得设置其他标志物。

(四) 比赛场地附近

比赛场地附近应设置校弩场地，靶位数酌情而定。

(五) 比赛场地的显著位置

比赛场地的显著位置可设置时间显示器。

(六) 场地标线及区域

①场地标线线宽均为 5 厘米，所示标线包括在所在区域内。

②箭靶线：为箭靶设立标线，箭靶应垂直立于该线上。

③看靶线：为运动员看靶限制线，距箭靶线 1.5 米并与之平行。

④发射线：为运动员发射限制线，与箭靶线平行。

⑤比赛距离：20 米，为发射线至靶面之间的垂直距离。

⑥待射线：为运动员发射前的等候线，距发射线后 2.5 米并与之平行。

⑦发射区：发射线与待射线之间的区域为发射区。每个射击位置宽 1.2～1.6 米，并标有与靶号相同的标号。

⑧裁判区：待射线后 2.5 米内为裁判区。

⑨限制线：为裁判工作区与观众区的界线。

⑩观众区：裁判区后为观众区。比赛场地两侧及箭靶方向均不得有观众。裁判区与观众区之间应以标志物相隔，高度为 1 米。

(七) 箭靶

①同一比赛场地的箭靶高度必须一致，直立于箭靶线外沿上，每两个箭靶间距为 1.2～1.6 米，并标有明显的靶号。

②箭靶尺寸：60 厘米×60 厘米，靶面软硬适度，厚度以箭能插稳且不穿透为准。箭靶中心高度为 1.1 米。箭靶必须牢固，不能有明显摆动。

(八) 靶纸

①在正常光线和相应的距离下，靶纸的颜色和材料不得有反光。在正常的气象条件下，靶纸和环线应保持尺寸的精度，箭孔没有过分的撕裂或者变形。

②靶纸尺寸：10 环直径 4 厘米，其余环距均为 2 厘米，每 2 环为一种颜色，由内向外依次为黄、红、蓝、黑、白。环线应该清晰，圆形环线不得有明显偏差、变形。环线标准，环线宽度为 0.1 厘米，黑色区环线为白色，其他色区为黑色。环线外沿包括在内环区域内。

三、器材

（一）民族标准弩（简称标准弩）

①全弩重量不得超过 3.5 千克。

②弩身必须用竹、木或复合木等材料制成。弩身长度不得超过 80 厘米。

③弓片、弩弦、箭槽可选用任何材料。弓片拉力最大不超过 32 千克，弩弦长度不得超过 80 厘米。

④击发机可选用任何材料，扳机引力不得少于 0.5 千克。

⑤只准使用柱形准星和缺口式照门且方向高低可修正的瞄准具，瞄准基线长不得超过 60 厘米，最前点不得超过弩身前切面，不得使用水平仪和光学瞄准具。比赛使用规定器材型号时，不得对瞄准具进行改造，因损坏更换时，要使用所规定器材型号的原厂原型号配件。

⑥上弦不得使用各种助力器具。

⑦箭体材料不限，总长度 30～55 厘米。箭杆直径不超过 0.8 厘米；箭头锥体的长度不超过 3 厘米；箭尾可安装不超过 3 片的尾翼，箭尾、箭翼材料不限。

⑧弩身手托部位下沿至箭道水平面垂直高度不得超过 7 厘米，不得外加托座和把手。

（二）民族传统弩（简称传统弩）

①全弩应为手工制作，重量和弩身长度不限。

②弩身、弓片、箭槽、瞄准具等必须由竹、木材料制成。

③弩弦不得使用金属材料制作，长度不超过 1.2 米，不得影响相邻射手比赛。

④击发机的穿钉部件材料不限，其他部件只能用竹、木、骨等非金属材料制作。

⑤上弦不得使用各种助力器具。

⑥箭杆必须用竹、木材料，长度不限，直径不超过 0.8 厘米。箭翼采用天然材料制作，箭头可用金属材料制作。

⑦允许使用箭孔观察镜，可放在发射区或挂在身上，但不得设置在弩身或与之相关联的部位。

第二节　射弩运动基本技术教学与练习方法

一、射弩基本技术教学

射弩技术是指射手完成射弩运动项目需要做出的一系列技术动作的总称。它包括射弩准备、射弩姿势和射弩动作三个部分，具体由拉弦、置箭、据弩、瞄准和击发 5 个不同的技术环节组成。

（一）拉弦置箭

拉弦置箭是指运动员将弩弦拉入镶口，将箭放进箭道的方法。运动员将弩置于体前，屈膝半蹲或坐在凳上，用双脚踩住弩的弓片（标准弩是用单脚踩住踏蹬），用双手握住弩弦中部，用力将其拉入镶口。然后双手将弩拿起，面对前方，一手托握弩身下部，一手将箭置于箭道中。

（二）据弩

射弩姿势也称据弩，是指运动员准备射击之前的基本技术动作，它包括立姿和跪姿两种姿势。

1. 立姿

运动员侧身对靶面，两脚着地，分开站在发射线上，两脚距离与肩同宽，身体垂直于地面，体重平均落于两脚上。两手臂向靶心方向举起，一手握弩的下部，一手握扳机，两肘悬空，两手不得附加支撑。弩与地面垂直，弩身不得接触身体其他部位，箭呈水平状态。头部自然转向靶面，眼睛平视靶心，两肩下沉，调整呼吸。

2. 跪姿

运动员侧身对靶面，一脚脚趾和膝部以及另一脚脚掌着地成三点支撑跪在发射线上，两脚距离约与肩同宽，身体垂直于地面，体重平均落在三点上，形成稳固的支撑。握弩手姿同立姿，有时也可放在膝上，弩身不得接触身体其他部位。头部自然转向靶面，两眼平视靶心，两肩下沉，调整呼吸。

（三）瞄准

瞄准是指运动员持弩后，用视线瞄准目标的方法。以右（左）眼瞄准从瞄准具的缺口视准星，对准目标（瞄准点），使缺口、准星、瞄准点在一直线上，要保持准星与缺口上沿的平齐，要集中精力于准星与出口的平正关系上。精确瞄准时，要屏住呼吸，一般是精确瞄准前先进行几次深呼吸，然后深吸一口气再呼出一部分空气，就屏住呼吸进行精确瞄准，屏住呼吸时间不要过长，一般以 15 秒为好。

（四）击发

击发是指运动员瞄准后用手扣动扳机的方法。用右（左）手食指第一指关节均匀正直地向后扣压扳机，其余手指力量不变。当瞄准线接近瞄准点时，开始预压扳机，当瞄准线对准瞄准点时，食指用均匀、柔和的力量向正后方扣压扳机，使箭向目标射出。若瞄准线偏离瞄准点或不能继续屏住呼吸时，应既不放松，也不增加对扳机的压力，待修正或换气后，再扣压扳机。

二、射弩运动基本技术练习方法

（一）拉弦与置箭技术

①讲解拉弦、置箭技术。

②坐矮凳（椅）上做拉弦练习。

③身体半蹲做拉弦动作练习。

④坐凳（椅）上做拉弦、置箭练习。

⑤身体半蹲做拉弦、置箭练习。

（二）据弩与瞄准技术

①立姿持弩姿势练习。

②跪姿持弩姿势练习。

③立姿持弩近距离（10～15 米）瞄准练习。

④跪姿持弩近距离瞄准练习。

（三）学习击发技术

①利用依托物不瞄准的击发练习。

②利用依托物进行瞄准、击发练习。

③跪姿做瞄准、击发练习。

④立姿做瞄准、击发练习。

⑤跪姿进行带箭的瞄准、击发完整练习。

⑥立姿进行带箭的瞄准、击发完整练习。

第三节　射弩运动训练方法与手段

射弩运动的训练是射弩运动教学的延续，是继续巩固和提高射弩运动技术水平的教育过程。在这个过程中，除进一步使学生掌握合理的技、战术外，还要进一步发展学生相应的身体素质，并在此基础上加强对学生的心理训练，使射弩运动水平不断提高。

一、射弩运动技术训练

（一）瞄准训练

在射弩基础训练阶段，学生要专门进行瞄准训练。其方法是教师教授学生进行四点瞄准，以培养和检查学生瞄准的一致性、正确性，而后在实距离上进行两种姿势的瞄准，培养和检查学生瞄准的准确性。教师要引导和帮助那些掌握瞄准要领较慢的学生尽快学会瞄准的方法。

（二）射弩预习

不带实箭的射弩动作综合练习叫射弩预习。射弩预习是整个射弩技术训练中用时间最长的一个阶段，也是决定射弩成绩优劣的重要环节。学生在听取教师讲解后，做射弩准备，射弩动作都要在预习中进行认真的反复的演练，方能做到准确、迅速。教师要利用射弩预习来发现和纠正学生在射弩准备和射弩动作中存在的问题。因此，射弩预习时，学生要把射弩准备和射弩动作特别是据弩、瞄准和击发动作综合起来在实距离上进行演练。如条件不允许在实距离上进行预习，亦可缩小目标、缩短距离。预习时间的长短，视学生掌握动作要领的程度和训练计划安排而定。

（三）体验射击

体验射击要检验学生掌握射弩动作的情况，发现在射弩预习中不能发现的问题，以便在今后的训练中加以克服和纠正。教师要对体验射击的情况认真地进行分析，找出存在的主要问题，并提出解决这些问题的方法。体验射击之后，最好能有一两次射弩预习，让学生在预习中结合体验射击中发现的问题进行练习。

（四）实箭考核

实箭考核是促进学生射弩技术训练和反映训练效果的重要手段。实箭考核前，教师要把考核的方法和注意事项介绍给学生，注意不要给学生造成心理上的压力，以免考核时精神紧张而不能顺利完成动作。实箭考核后教师要及时进行分析总结。在表扬先进的同时，要鼓励成绩不好的学生，找出存在的问题，以及今后在训练中应努力的方向。

二、力量素质训练

射弩运动中肌肉用力的特点是长时间、耐久性、静力性地用力。因此，射弩运动的力量训练应以发展肌肉力量耐力为主。力量耐力分为动力性力量耐力和静力性力量耐力两种。

（一）极端用力法

负荷强度一般在50%～75%，3～5组，每组10～12次，组间间歇为3～5分钟。

（二）等动训练法

等动练习器是在一个离心制动器上连接一条尼龙绳。拉动尼龙绳时的力量越大，由于离心制动作用，器械所产生的阻力就越大。每周以训练2～4次为宜。每一种练习应保证做2～4组，每组以最大力量做8～15次（负荷较大时）或15次以上（负荷较小时）。

（三）循环训练法

根据训练的具体任务，建立若干练习站或练习点，运动员按规定顺序、路线，依次循环完成每站所规定的练习内容和要求的训练方法。设站个数要按训练的实际需要而定，一般安排10个左右；要根据训练任务确定各站的练习内容，突出重点，重点与一般互相配合；练习内容应是运动员已掌握的动作；合理安排各站的顺序，使发展不同素质和不同部位的练习交替进行；每一站的练习时间为5～20分钟，各站之间间歇15～20秒，采用适度的积极性休息方式；循环次数应按站数的多少和运动员的训练水平确定。

三、耐力素质训练

在射弩运动训练中，耐力可分为一般耐力和专项耐力。

（一）一般耐力

一般耐力是指以中等或小强度长时间从事射弩运动的能力。发展一般耐力主要采用长时间强度较小的慢跑、越野跑、球类运动等。

（二）专项耐力

专项耐力是指在一定时间内持续进行大强度射弩运动的能力。发展专项耐力主要采用反复的射弩专项练习或接近射弩比赛负荷的练习，或负荷大于射弩比赛的练习。

四、灵敏素质训练

灵敏性与协调性、力量、反应时间、速度等有关，它有助于掌握射弩运动技术，特别是瞄准与击发技术。发展灵敏性可采用游戏、武术、球类、技巧等方法。

五、心理素质训练

（一）模拟训练

模拟训练法是在与比赛条件相似的情况下进行心理训练的一种方法。经过模拟训练，学生逐渐适应比赛的特殊条件，在大脑中建立一个适宜的动力定型。

1. 超量模拟

超量模拟是一种超过射弩比赛时身心负荷的训练。根据射弩比赛的要求和特点，在完成比赛任务的时间、射击次数、场次等方面都要进行超过比赛实践和训练实践数量的模拟练习。通过超量实践模拟训练，学生从事射弩运动训练和比赛的能力和信心有所提高。

2. 减量模拟

对射弩这一精确性高、技术性强的运动项目，可以采用减少单位时间的重复次数等方法进行减量模拟训练。在运动训练中，对训练的质量提出合理的高标准，但对单位时间的训练内容、密度、训练量进行减量。实践证明，在特定的情况下，减量模拟也能提高射弩运动训练效果。

3. 气候环境条件的模拟

气候环境条件的模拟目的是使学生适应比赛气候条件和环境条件，以便在不同的气候条件和环境条件下进行训练，为参加比赛做好心理准备。

（二）生物反馈训练法

生物反馈训练法的特点是借助现代化的仪器把生理信息传递给学生，使其经过反复练习，学会调节自己的生理机能。例如，运动员在训练或比赛过程中出现了紧张情绪，必然在生理方面反映出来，特别是植物神经系统控制的机体部分会发生一系列变化，如心率加快、毛细血管扩张、血压升高等，电子仪器显示出各种视听信号，教练可告诉运动员在紧张情况下的一些主要生理机能反应，使运动员学会控制自己的生理反应，进而调节身体状态。

（三）呼吸调节法

呼吸调节法的特点是利用放慢呼吸的频率，加大呼吸量来调节有关的生理机能，从而影响心理状态，达到身心稳定的目的。呼吸调节训练法采用腹式呼吸的方式进行。呼吸的节奏是吸气—屏气—呼气。其要点如下：

①用鼻子呼吸，吸气要均匀，要吸足，要缓慢。屏气要自然，呼气时要让气慢慢地自然流出，要尽量地把气排尽。

②吸气、呼气时不能中断或停顿，最好是吸气 7 秒，屏气 1～2 秒，呼气 8 秒。

（四）肌肉渐进放松训练法

肌肉渐进放松训练法的特点是以一定的套语进行自我暗示，伴随各相应的肌肉群逐一地渐进地主动放松，以实现全身肌肉的放松。肌肉渐进放松练习通常由语言暗示、呼吸调节和肌肉放松三种活动有机组合而成。

第四节　射弩运动竞赛通则

一、竞赛定义

射弩比赛设团体项目和个人项目。团体项目包括民族传统弩混合团体和民族标准弩混合团体，个人项目包括民族传统弩和民族标准弩项目，两项目均设男子立姿、男子跪姿、女子立姿、女子跪姿 4 个比赛项目。

二、比赛办法

（一）民族传统弩

①20 米立姿 20 支箭。

②20 米跪姿 20 支箭。

③20 米全能 2×10 支箭。

④20 米团体赛 60 支箭。

（二）民族标准弩

①20 米立姿 20 支箭。

②20 米跪姿 20 支箭。

③20 米全能 2×10 支箭。

④20 米团体赛 60 支箭。

(三) 公开赛

①20 米民族传统弩公开赛 60 支箭。

②20 米民族标准弩公开赛 60 支箭。

(四) 男女混合团体赛

①20 米民族传统弩 60 支箭。

②20 米民族传统弩 80 支箭。

③20 米民族标准弩 60 支箭。

④20 米民族标准弩 80 支箭。

三、比赛姿势

①立姿：两全脚掌着地，身体站立，两臂悬空，双手托举弩身，弩身不得接触身体的其他任何部位。

②跪姿：一腿屈膝，全脚掌着地，另一腿弯曲，膝盖和前脚掌着地并与前腿成三角支撑。臀部可坐在膝盖着地之脚后跟上，脚跟和脚掌的中心垂直线左右倾斜不超过 45 度。持弩手势同立姿，托举弩身一肘可放于膝上，弩身不得接触身体任何部位。

③不得使用任何附加物。

四、比赛方法

①每种姿势试射 3 支箭，时间为 3 分钟。

②记分射每 5 支箭为一组，时间为 5 分钟。

③团体赛：每项每队出场 3 人（或相应人数）；发射顺序为先立姿 10 支箭，后跪姿 10 支箭；分资格赛和决赛两阶段，以资格赛成绩排列进入决赛的名次，以资格赛和决赛两个成绩之和确定最后名次。

④个人赛：分资格赛和决赛两阶段。每个项目资格赛 20 支箭。依据录取名次进行决赛。决赛为 5 支箭，立姿或跪姿每支箭均限时 50 秒。根据资格赛和决赛的成绩之和决定最终名次。

⑤公开赛：每项每队出场 3 人，性别不限。发射顺序为先立姿 10 支箭，后跪姿 10 支箭；分资格赛和决赛两阶段，以资格赛成绩排列进入决赛的名次，以资格赛和决赛两个成绩之和确定最后名次。

五、比赛程序

①运动员按规定时间带弩、箭到检录处报到。

②运动员集体进入场地后有 2 分钟准备时间。

③比赛结束，未射出的箭不得再发射。

④每组射完，裁判长宣布“看靶”口令后，裁判员及记分员到靶标处，由裁判员判定成绩，记分员负责记录成绩；运动员在看靶限制线等候，待裁判员及记分员成绩统计完毕，环值无争议，经裁判员允许运动员方可拔箭。

⑤每组结束用记分牌挂于靶标下公布成绩。

⑥每项比赛结束，运动员在登记表上签字后方可离开比赛场地。

六、故障处理

①运动员在比赛中如发生器材故障，经裁判员允许可以更换经检查合格的器材，也可自行排除，但不得延长比赛时间。

②因箭靶损坏、靶纸脱落等非射手原因致使比赛无法进行时，未发射的箭每支补时 1 分钟。

七、犯规与罚则

①警告使用黄牌，扣环使用白牌，取消比赛资格使用红牌。

②记分射开始口令未下达，发射的箭均按脱靶计算。

③超出发射线的发射均按脱靶计算。

④试射时错射他人靶上，从本人第一组记分射成绩中扣除 2 环。

⑤记分射错射他人靶上，错射者为脱靶，被错射者分不清错射箭时，减去 1 支或多支低环箭。从第二次错射开始，每错射 1 支，除计为脱靶外，再扣除 2 环。

⑥出现多射箭，第一次从本组中扣除最高环值的箭并警告一次，以后每多射 1 箭，均在本组成绩中扣除最高环值数的箭并再追加扣除 2 环。

⑦妨碍他人比赛的，第一次警告，第二次从该组成绩中扣 2 环。

⑧比赛中，运动员在发射区内不得接受任何方式的技术指导。违反者，第一次警告，第二次从本人该组记分射中扣 2 环。

⑨选手姿势犯规，第一次警告，第二次从记分射中扣 2 环。

⑩使用未经检查或检查不合格的弩、箭等器材，每发射一箭从总成绩中扣除 2 环。

⑪比赛中出现下列情况者，可以取消比赛资格：

· 严重违反安全规则者。

· 违反规则并刻意隐瞒者。

· 不服从裁判员的指挥，严重影响比赛秩序者。

· 弄虚作假，伪造成绩者。

· 在比赛前或者比赛中擅自改变已经检查过的装备者。

· 竞赛中第三次妨碍他人比赛者。

· 姿势犯规第三次不改者。

⑫所有警告、扣环、补时间及取消比赛资格等，必须由裁判长参与执行。

八、成绩及名次评定

（一）成绩

①个人项目的总成绩按照资格赛和决赛成绩之和计算。

②凡箭已脱离箭槽的发射，射手在发射线内用手无法捡回的箭均为有效发射。

③箭不中环区均为脱靶，箭杆碰环线按高环计（包括斜插箭）。

④箭击中靶后脱落，均以箭孔计算成绩。

⑤重箭均以被击中的箭尾有无痕迹判定，无痕迹只计一箭的环数。

（二）名次评定

①总成绩高者名次列前。

②同分评定。

· 团体赛：根据录取名次出现两队或两队以上成绩相同时，各队同时出场，每人立姿发射 1 支箭进行决赛，以各队成绩之和高者名次列前。如成绩仍相同，则再次发射 1 支箭进行决赛，直至决出胜负。

如出现多队多名次成绩相同，则先进行低名次决赛，后进行高名次决赛。

团体赛总成绩不涉及进入录取名次的排位方法：立姿总成绩高者名次列前；立姿总成绩中最后一组环值高者列前；总成绩最后一组中 10 环、9 环、8 环……数量多者列前。

· 个人赛：根据录取名次出现 2 人或 2 人以上成绩相同时，按照个人赛决赛方式发射 1 支箭进行决赛，环值高者名次列前。如成绩仍相同，则再进行单箭决赛，直至决出胜负。

决赛后总成绩相同时，在原靶位进行单支箭决赛，不进行试射，如仍相同，则再进行单支箭决赛，直至决出胜负与名次。

如出现多人多名次成绩相同，则先进行低名次决赛，后进行高名次决赛。个人赛的资格赛不涉及进入录取名次的排位方法：按倒数第一组（5 支）、倒数第二组（5 支），以此类推，成绩高者列前；按倒数第一组 10 环、9 环、8 环、…倒数第二组 10 环、9 环、8 环、…数量多者列前。

九、弃权和申诉

（一）弃权

①在第一组记分射裁判员下达“开始”口令后，运动员仍未到场，视为弃权。

②只参加了前部分比赛，后部分比赛因故没有参加为弃权。公布所发射的成绩并标明弃权理由。

（二）申诉

①如果在拔箭前，运动员发现记分表记录有误，应立即向裁判员提出抗议，裁判员核实后可以改正。

②拔箭前，如果对靶上箭支的环值产生疑问，记分员或运动员应立即向裁判员提出，由 3 名裁判员表决，判定箭支的环值。运动员在拔箭后不能再抗议。

③对损坏严重的靶面或其他器材、场地设备有意见，运动员或教练员可向裁判员提出，由裁判员决定修整或撤换。

④每项成绩公布后，裁判长签署该成绩申诉截止时间，这一时间为 15 分钟。超过该时间，不再受理该成绩申诉事宜。

⑤运动员如果对裁判员裁决有争议，由领队或教练员以书面形式向仲裁委员会提出申诉，同时交纳申诉费。

⑥仲裁委员会依据仲裁条例进行裁决。

第五节　射弩运动裁判法

一、裁判人员及其职责

（一）裁判人员

射弩比赛设裁判长 1 人，副裁判长 2～3 人，裁判员、发令员、记分员、编排记录员、检录员等若干人。

(二) 裁判人员职责

1. 裁判长

①全面负责主持整个裁判工作。

②对比赛中发生的疑难问题进行处理和裁决。

③对严重违反规则的运动员，有权取消其比赛资格。

④有权处理在执行裁判工作中犯有严重错误或不称职的裁判员。

⑤审核并签署比赛成绩单、成绩公告。

⑥主持靶位抽签。

⑦召开裁判员会议，对当日比赛进行小结。

2. 副裁判长

①协助裁判长进行工作，当裁判长不在时，代行其职务。

②比赛前，带领裁判员检查场地设施和运动员比赛器材。

③主持或协助裁判长组织决赛场次的工作。

3. 裁判员

①赛前检查场地设施、比赛器材。

②召集各组运动员按时进入比赛场地，通知比赛注意事项。

③运动员进入发射区后核对号码。

④判定运动员发射是否有效，对一般犯规者有权给予处罚。

⑤在比赛中，做好裁判工作，判定运动员比赛成绩(每支箭的环数)。

4. 发令员

①负责比赛的统一发令、计时和场地安全。

②记录比赛因故中断的原因和时间。

③负责比赛期间的音响播放(播放有关比赛通知、项目介绍、各队情况等材料)。

5. 记分员

①核实和记录每箭环数并注明竞赛中出现的问题及处理意见。

②指挥运动员拔箭和标好箭孔。

③核算个人累计环值，每项比赛结束后让运动员在记分表上签字并送交记录处。

④记分员无权改动记分表上记载每支箭环值的数字，如需改动，则必须由裁判员执笔并与运动员共同签字方为有效。

⑤对疑难箭环值及时报告裁判长，待裁决后再登记。

6. 编排记录员

①赛前准备比赛所需表格、裁判用具。

②准备比赛、训练靶纸，编写靶位号码。

③负责靶位编排工作，抽签后打印竞赛通知书。

④负责比赛的记录、成绩记分表的收集、复核与整理。

⑤填写成绩报告单，并经裁判长审核签字。

⑥打印正式成绩公报、成绩册，公布成绩。

⑦落实裁判长交给的各项任务。

7. 检录员

①根据比赛安排对参赛运动员进行检录。

②检查运动员比赛器材（弩、箭）。

③带领运动员进入比赛场地。

二、裁判人员工作程序及要求

（一）裁判长

比赛设裁判长 1 人，在具体工作中，主要做到以下几点：

①精通规则，对规则中的每一条文都能做出准确解释和判定，及时处理或裁决比赛中的问题。

②全面掌握竞赛工作的计划和裁判员情况，合理安排裁判员工作岗位。

③注意检查赛场的安全，具体提出各裁判岗位所要注意的安全事项。

④组织裁判员检查竞赛场地、靶位编排和抽签工作。

⑤召开裁判组会议，学习规则、裁判法、大会总规程及竞赛规程，统一裁判工作尺度。

⑥参加组委会，并报告裁判工作各方面的情况，特别注意说明本次竞赛的特殊规定。

⑦每项比赛结束，审核成绩公布表并签字，同时标明该项目申诉截止时间。

⑧负责裁判员的考评。

⑨参与发奖工作，宣布比赛成绩。

⑩竞赛结束，写好裁判工作总结。

（二）副裁判长

比赛设副裁判长 2～3 人。

①协助裁判长工作，负责各项裁判器材的保障保管工作。

②负责与竞赛有关部门保持密切联系。

③副裁判长中，1 名分管后勤和与竞赛有关部门的联系工作；1 名分管临场裁判工作；1 名分管编排记录组工作，做好竞赛成绩的统计与审定。

（三）裁判员

每 2 个靶位设裁判员 1 名。

①检查竞赛场地和器材。

②安排运动员赛前训练。

③检查成绩记录表和比赛靶纸是否正确，靶架是否完好。

④检查运动员比赛器材及发射姿势。

⑤在比赛现场即时判定环值，处理穿箭、重箭等事宜。

⑥负责在成绩记录表上和靶纸上记录对犯规、干扰、故障、错射、多射等情况的处理。

⑦协助编排记录组进行比赛靶纸、现场成绩表的收发。

（四）发令员

每场比赛设发令员 1～2 名。根据竞赛项目的时间安排，负责比赛的统一发令、计时和安全（包括练习场地）。记录比赛因故中断的原因和时间。控制扩音器的使用，播放比赛现场有关事宜。

（五）计分员

每 1～2 个靶位设记分员 1 名。赛前负责靶架的安装和调试。赛中监督运动员发射的箭数和记录成绩（要求字迹清楚、工整），引导运动员看靶，并负责换靶纸和记分牌。检查运动员比赛时的姿势并进行监督。竞赛中出现问题，及时报告裁判员处理。比赛结束后准确地计算出运动员的比赛成绩并督促运动员在成绩记录表上签字。

（六）编排记录员

每场比赛设编排记录员 4～6 名。比赛前准备裁判用具、比赛所需表格、制作竞赛靶位通知书等。准备训练和比赛靶纸并编写靶位序号。准备运动员号码布和决赛号码布。比赛前向各靶位裁判员、记分员分发靶纸和成绩记录表。每场比赛结束，向所负责靶位的记分员收取成绩记录表。每项比赛结束，统计最后成绩，并将最终的比赛成绩公布表交裁判长签字。每项比赛结束，及时打印成绩公告，公布成绩。

(七) 检录员

每场比赛设检录员1～2名。比赛前15分钟对参赛运动员进行检录。根据规则要求，严格检查参赛运动员的弩、箭及其他器材，填写检查表格，发放合格证。检录完毕，引导运动员进入比赛场地。

三、比赛开始前的工作及准备

(一) 比赛开始前的工作

1. 学习比赛规程及有关比赛规定，了解比赛队伍情况，检查比赛场地及设施

①场地检查。由裁判长率裁判组对比赛场地进行检查，并填写《场地设备检查报告表》，场地设备检查报告表由裁判长签名后交上级单位存档备查。

②竞赛场地及其设施要求：场地平坦、开阔。在保证安全的情况下，长不小于30米，宽度根据所设靶数酌定（不包括观众区）。

③比赛时运动员均在一个比赛场地进行。比赛如在室外进行，发射方向应避免阳光直射。

④发射线宽50厘米，应与箭靶线平行。

⑤每个发射位宽1.2～1.6米，发射位应有与靶位相应的靶号标志。发射线后2.5米与发射线平行的线为待射线，待射线后2.5米内为裁判区，裁判区后为观众区，两个区域间以标志物相隔。

⑥箭靶高度一致并设在同一直线上，箭靶面应与箭靶线前沿相垂直。每个箭靶上应有明显的号位标志，间距1.2～1.6米。

⑦比赛场地的检查方法：射弩比赛距离为20米。测量比赛距离应是从发射线的后沿至箭靶前沿的距离。用钢卷尺测量3处，每处测3次求其平均值，误差为±30厘米。靶心高度为1.1米。测量方法：靶心高度是指靶心中央至箭靶前沿的垂直距离，可制作高度为1.1米的直角尺。测量发射位置与靶位的左右偏差，应使用经纬仪在发射线位置的中心点，测量其偏差。照明度：用测

光仪测量靶面的照明度。

2. 检查安全措施，公布安全制度

①根据安全规则，裁判员对比赛场区人员应严格要求，对于可能发生的事件须有预防措施。

②严格管理运动员比赛器材，在练习和比赛中，发射和拔箭要有统一信号。

③在射弩比赛及训练场地必须公布安全制度，其主要内容是：携带弓弩出入比赛场地，箭支不得入槽或处于待发状态。只准在规定的时间、场地进行练习。当发现发射前方有人、畜或其他有碍射弩安全的情况时，应立即停止击发，并取下弩箭。

（二）比赛开始前的技术、器材准备

①召开裁判员工作会议。

②比赛器材准备：

• 裁判区应有的设备：裁判员用桌凳、记分板、计时钟、广播器材等。

• 裁判工作用具：秒表、处罚牌（红、白、黄）、50 米钢卷尺、标杆、水平仪、示风旗、经纬仪、测光仪、拉力测试器、备用箭靶、靶架、靶钉、记分牌和卡尺等。

• 文具：彩色笔、铅笔、图钉、笔记本、圆珠笔、透明胶纸、讲义夹、订书机等。

• 弩、箭器材检查用具和登记表格、合格证等。

• 计算机、打印机、软盘、纸张、号码布等。

• 成绩公布栏及照明设施。

• 场地设备检查报告表、靶纸、比赛成绩登记表等。

③裁判员着装应齐整得体，注意仪表，服装颜色、款式统一。

④裁判员要提前到达比赛场地，完成比赛开始前的各项工作。

⑤准备靶纸。

• 根据各项目参加比赛的人数、使用的靶位和赛前训练的时间，确定靶纸数量。

• 根据标准的靶纸样品，挑选大小规格一样，纸面颜色基本一致，环线清晰、厂家和印版相同的靶纸，作为一个项目的比赛用靶。

·对靶纸按项目、靶位编写序号。

四、裁判员的工作程序

（一）入场、试射中的工作

裁判员在比赛前进入比赛场地做好准备后，裁判长检查各组裁判员、记分员、记录员等就位情况，核对钟表的时间是否准确。检查比赛所用的器材是否完好。检录时，检录员对参赛运动员及运动员所使用的弩、箭进行检查后由检录员引导参赛人员进入比赛场地。

比赛前 2 分钟，发令员发布口令："现在进行的项目是××的×姿比赛。运动员注意！准备 2 分钟。"此时，记分员应核对本靶位的运动员姓名和号码是否与成绩记录表相符。同时检查运动员的射弩姿势。

（二）竞赛开始

比赛开始前几秒，发令员发布口令："准备时间到，试射 3 支箭，时间 3 分钟，开始。"同时开启倒计时设备。口令要响亮、清楚、简练。比赛开始后，裁判长、副裁判长负责处理竞赛中所遇到的问题。记分员要集中精力注意运动员发射的每一箭，并将发射的箭数及环数登记在成绩记录表上。

记分射开始，发令员发布口令："运动员注意，记分射×姿，5 支箭，5 分钟，开始。"在每组比赛时间还剩 1 分钟时要宣布："还有 1 分钟。"时间到时下达"停放"口令。再宣布运动员、裁判员"看靶"口令。

至少 1 名裁判长与裁判员、记分员、运动员一起前往箭靶处，对疑难箭环值由 2 名裁判员和 1 名裁判长以少数服从多数的原则当场裁决。在看靶期间进行报环、判环、记分、标箭孔、公布记分牌、换靶纸等。

竞赛结束后，全体裁判员整理场地，准备下一场比赛。

（三）决赛工作

1. 团体比赛中成绩相同情况下的工作

①团体比赛录取名次中如出现成绩相同，则进行决赛分出名次。

②团体比赛中的相同成绩决赛只进行立姿比赛，并且无试射。

③成绩相同的两个或两个以上的队（每队 3 人或相同人数）同时上场参加比赛。

④每人只发射 1 支箭。如成绩仍相同，再进行单箭决赛，直至决出胜负。

⑤多组名次成绩相同时，先进行低名次决赛，再进行高名次决赛。

2. 个人项目决赛

①根据录取名次以资格赛的成绩，按顺序排列靶位。

②参加决赛的选手后背号码布的内容有：单位、姓名、靶位号（资格赛名次）。

③决赛箭靶下方设有成绩公布牌，上层为试射或决赛单支箭成绩（2 位数），下层为资格赛与决赛成绩之和（3 位数）。

④资格赛成绩公布的申诉截止时间为决赛检录开始时间。

⑤检录后列队进入发射区。发令员介绍参加决赛的运动员，运动员向观众致意。发令员依次发出口令：“××的比赛开始准备，准备时间 2 分钟”“准备时间到”“试射 3 支箭，3 分钟，开始”“试射时间到，停放”“看靶”。

⑥裁判员、记分员、运动员到箭靶处报环、记分、拔箭……公布试射成绩。

⑦运动员、裁判员返回发射区后，裁判长发出口令：“准备决赛，决赛 5 支箭，每支箭立姿（或跪姿）50 秒，第 1 支箭装箭”“注意，3—2—1 开始”“停放，看靶”。运动员可不离开发射区，用箭孔观察镜看靶，由裁判员代替看靶和拔箭。3 名裁判员和记分员前往箭靶处，裁判员从 1 号靶报起，大声报出“1 号××环，2 号××环……”记分员登记环值、公布成绩、标箭孔……返回。“第二支箭装箭”……按以上程序进行。

⑧决赛第 5 支箭结束后，运动员同裁判员一起到箭靶处看靶，在成绩表上签名，取回自己的箭支回到原靶位。裁判长宣布“××项目，第一名，第×号靶位，×环，第 2 名，第×号靶位，×环……”

⑨决赛中出现总成绩相同时，裁判长宣布“第×号靶位，第×号靶位……射手注意，同分决赛第一支箭装箭。注意，3—2—1 开始……”。成绩如仍相同，则再进行单箭决赛，直至决出胜负与名次。裁判长宣布比赛最终成绩。

（四）裁判工作中应注意的问题

①裁判员应做到“四勤”：腿勤、眼勤、耳勤、嘴勤。处理问题时，应先计时间，令运动员放下弓弩，再查明原因。处理后，注意在成绩记录表上注记。若有犯规扣环，要在成绩表上注记。

②注意安全，维持赛场秩序。竞赛开始后新闻记者不得进入比赛和裁判区，不能使用闪光灯摄影。

③记分员在竞赛前的准备时间里，要核对靶纸的编号与靶位号是否相符，清点靶纸张数无误后，放在指定位置上，靶面向上。

④记分员发现脱靶、重射、错射等情况，要报告裁判员，查明原因，共同处理。处理疑难弹着点时，至少要有 1 名裁判长在场。

⑤值场裁判要及时处理疑难问题，并将处理结果签署在靶纸上。对“重箭”“脱靶”等问题，裁判长与 2 名裁判员表决后在靶纸上签字。

五、有关问题处理和犯规处罚

(一) 遇到一般问题的处理

①比赛中靶板出现损坏和靶纸脱落，首先开表计时，通知运动员暂停发射，令其将箭取出箭槽。待其他运动员本组比赛完毕，及时进行修理或更换后让其比赛，未发射的箭，每一支箭补时 1 分钟。

②比赛中，弩、箭、弦发生故障，经裁判员允许可更换经检查合格的器材，也可自行排除，但不补时间。

③凡箭已脱离箭槽的发射，射手在发射线内用手无法捡回的箭均记为有效发射。

④发射的箭不中环均算脱靶，箭杆碰环线算高环（包括斜插箭）。

⑤如箭击中靶板后脱落均以箭孔计算成绩。

⑥重箭均以被击中的箭尾有无痕迹判定，无痕迹不算重箭。

⑦执裁中遇到本单位（地区、代表队）运动员出场，裁判员应主动提出回避执裁，并由裁判长重新调换执裁靶位，不参与有关疑难环值的表决。

⑧所有警告、扣环及取消比赛资格的处分由裁判长判决。

(二) 警告、扣环的处罚

①记分射开始口令未下达而发射的箭均算脱靶，并从本人该组记分射中再扣 2 环。

②运动员站位超出发射线的发射均算脱靶。裁判员有责任在射手练习和试射中对踩线者进行纠正。

③试射错射他人靶上，从本人第一组记分射成绩中扣除 2 环。

④记分射错射到别人靶上，错射者为脱靶。被错射者分不清错射箭时，减去环值最低的一支或多支箭，从第二次错射开始，每错射 1 支，除计为脱靶外再扣除 2 环。

⑤出现多射箭，均从本组中扣除环值最高的箭并警告一次，以后每多射 1 支箭在本组中追加扣除 2 环。

⑥比赛中运动员在发射区内不得接受任何方式的技术指导，凡违反者，对其均给予警告，以后每重犯一次，从被指导者总成绩中扣除 2 环。

⑦运动员姿势犯规，第一次给予警告，第二次从本人记分射成绩中扣除 2 环，如仍不改正错误，则取消比赛资格。

⑧比赛中妨碍他人比赛，第一次警告，第二次从总成绩中扣除 2 环。

⑨使用未经检查或不合格的弩或者违反规定的箭参加比赛，每发射 1 支箭，从本人总成绩中扣除 2 环。

(三) 比赛中出现下列情况，可以取消比赛资格

①弄虚作假、伪造成绩者。

②严重违反安全规则者。

③竞赛中第三次妨碍他人比赛者，第三次姿势犯规者。

④在比赛前或者比赛中擅自改变已经检查过的弩及装备者。

⑤不服从裁判员指挥，严重影响比赛秩序者。

⑥违反规则并刻意隐瞒者。

复习思考题

1. 射弩技术射击的姿势有几种？分别是什么？
2. 试述射弩动作的基本技术。
3. 射弩技术训练常采用的方法手段有哪些。
4. 射弩比赛通常每种姿势射多少支箭？
5. 射弩比赛中的罚则有哪几大方面？

第四章

花炮

【内容提要】

本章主要介绍花炮的起源、发展概况，简述高脚竞速的竞赛方法，着重分析花炮的基本技术和教学与训练方法。

【学习目标】

1. 了解花炮运动

2. 掌握花炮运动的基本技术和教学方法

3. 掌握花炮运动的训练方法

【关键词】

花炮；竞赛规程；教学方法；训练方法

第一节　花炮运动项目概述

一、起源与发展

花炮也叫“抢花炮”，是流行在侗族、壮族、仫佬族等民族中的一项极具特色的民间传统体育活动，相传为诸葛亮当年南征时所创，在湘、鄂、渝、黔等省边境地区有雄厚的群众基础，深受这些地区少数民族同胞的欢迎。因为抢花炮的比赛过程类似大洋彼岸的橄榄球运动，这项活动也被称为“中国式橄榄球”。

抢花炮活动在农历三月初三或秋收以后最为活跃，侗乡就流行着这样的诗句：“侗乡三月风光好，天结良缘抢花炮。要得侗家姑娘爱，花炮场中称英豪。”当村寨中有抢花炮比赛时，远近侗寨的男女老少穿上节日的盛装，天刚亮就争先恐后地拥向岩坪，有的是为了给本村寨的花炮选手呐喊助威，有的姑娘却是为了寻找如意郎君。当主持人宣布抢花炮开始时，会将红炮圈放在铁炮的筒口上，然后点上火药放炮，红炮圈被射上高空中，各村寨的选手争先抢夺，全场顿时欢声雷动。红炮圈有时落地，有时也可能落到水塘里或悬崖上、屋顶上、树枝上……无论落在哪里，大家总是争先恐后地去寻找，其中一人抢到红炮圈后还必须在其他人的争抢中“过关斩将”，将其送到庙里的裁判台上才算获胜，因此这是一项勇敢者的运动。

花炮比赛成为民族运动会的比赛项目后又进行了很多改进。在规则上融合了足球、篮球、橄榄球的很多理念和规则，更具时代感，同时在时间和地域上也进行了限制。为了比赛的安全性，第六届全国民族运动会上对花炮的发射器也进行了改进，将火药发射改为电动发炮器；在花炮的设计上，将起初直径为5厘米的小铁箍改为直径为14厘米的彩色橡胶圆饼，使比赛更具公平性和观赏性。

二、比赛场地与器材

（一）比赛场地

花炮比赛场地为表面平坦的长方形草坪或土地，长60米，宽50米。长线叫边线，短线叫端线。场地边线外2米、端线外4米以内不得有任何障碍物。

1. 接炮区

以场地的中心为圆心，画一个半径为5米（从外沿量起）的圆为接炮区。

2. 炮台区和炮台区线

在距离端线中点4米处两侧各画一条与端线垂直的4米线为炮台区边线；再画一条线将其两顶点相连，与端线平行为炮台区端线，该区域为炮台区；炮台区两立柱之间与比赛场地端线重叠的线为炮台区线；在炮台区两侧架设高2米以上的网墙。每侧网墙的两根立柱分别垂直立于炮台区端线与炮台区边线的交点和炮台区线与炮台区边线的交点上。

3. 罚炮区和罚炮区线

以端线中点为圆心，以11米（从外沿量起）为半径，画一条弧线与端线相交，弧形区域为罚炮区。弧线为罚炮区线。

4. 罚点炮线

炮台区线即为罚点炮线，距离花篮架3米。

5. 端线发炮点

罚炮区线与端线交点为端线发炮点。

6. 运动队限制区

在边线中点无障碍区外记录台两侧各 10 米处，向两侧各画一个 3 米×10 米的活动区为运动队限制区。

场地的所有界线均为白色，线宽 12 厘米，线的宽度不包括在场地之内（接炮区、罚炮区除外）。

（二）器材

1. 花炮

花炮为直径 14 厘米的彩色圆形饼状，外圆呈轮胎形，厚 2.5～3 厘米，用不会伤及队员的橡胶制成，重 220～240 克。

2. 送炮

送炮即能将花炮击向前上方 10 米以上高度并落在接炮区域内，同时发出响声的发射机器。

3. 花篮架

花篮架高 80 厘米，置于炮台区内距端线中点 3 米处。

4. 花篮

花篮为高 30 厘米，篮口内沿直径 40 厘米的圆柱体，用竹或塑料制成，花篮固定在花篮架顶端。

第二节　花炮运动基本技术教学与练习方法

一、基本动作

（一）持炮

持炮是指握炮的方法与技巧，分为单手握炮和双手握炮两种。

1. 单手握炮的技术方法

五指自然张开，将花炮贴于掌心，拇指紧贴外侧，其余四指弯曲内扣握住炮的下沿。该方法的优点是握炮稳，跑动中不易掉炮；缺点是动作慢，不便于快速交手与传、接炮。

2. 双手握炮的技术方法

两手掌五指自然张开，并交叉将花炮压在两手心内。该方法的优点是相对于单手来讲握得更加牢固，不易脱落；缺点是奔跑慢。

（二）传炮

传炮是抢花炮比赛中运用最多的技术动作之一。此项运动的特点决定了抢得花炮后不能暴露，否则对方就会有几个甚至十几个人向你跑来争抢袭击，因此，传、接时要巧妙地通过假传、接或真传、接来分散对手防守的力量，从而发动进攻。根据传炮的不同方式，传炮分为肩上传炮、体侧传炮和低手传炮。

1. 肩上传炮

肩上传炮不但传炮有力、准确，而且动作符合人的生理结构，肩臂不易受伤，它是运动员最基本、用得最多的传球方法。以右手传炮为例，面对传炮目标，两腿前后开立，约同肩宽，膝部微屈，右手拇指从前往回扣，其余四指及掌心紧贴花炮。传炮时，后脚稍用力蹬地，借助转体带动肩、肩带动手臂加速前挥，身体重心前移，向传炮目标屈腕，扣指将炮传出，头部始终保持正直，目视目标。出手后炮的弧线不要太大，尽量控制炮的落点，以在接炮队员的胸部高度为宜。

2. 体侧传炮

当接住低于腰部的来炮时，传炮距离较近，此时可用体侧传炮。以右手为例，接住炮后，右手随缓冲动作持炮后引，并根据传抢方向的需要，决定伸踏的方向，重心移到屈膝的后支撑腿上，上体转动，左肩对准抢的方向，头保持正直，两眼正视目标。传炮时，后脚蹬地，重心前移，带动转腰送胯与摆臂，右臂经体侧前挥时肘应前引，前臂伸展约与地面平行，并伴以挑腕外旋将炮传出，炮在空中呈平旋飞行。由于体侧传炮横向打击时角度大，挑腕外旋务必对准目标，以免左右偏离太多而造成失误。

3. 低手传炮

以右手为例，右手将炮持于体前，先向后预摆，然后向接炮队员方向挥臂、拨腕、挑指将炮传出。炮的飞行弧度稍大，根据接炮队员的距离远近，炮的落点尽量控制在接炮队员的胸部高度。

（三）接炮

根据接炮的方式不同，可分为单手接炮和双手接炮两种。

1. 单手接炮

首先判断炮的飞行情况，确认落点，然后快速移动，面对来炮，向前上方伸出右手，以虎口迎炮，当炮接触虎口时，手指迅速向内扣握，并顺势屈臂缓冲。

2. 双手接炮

首先判断落点，然后两手自然张开迅速移动至持炮队员所持炮的位置，当炮触及手掌时，两手迅速向内扣握并顺势屈臂缓冲收至腹前，同时原持炮队员松手即可。这种接炮技术动作重心稳、伸展幅度大，接炮后转入传炮最为便捷，对于初学者或高水平运动员来讲同等重要，因此，是比赛中最基本、最常用的接炮方法。

（四）抱摔

抱摔是抢花炮比赛中堵截进攻队员的主要技术之一。通过抱摔，本方队员可阻止持炮队员进攻，从而为同伴抢炮创造时机。

1. 搂抱

防守队员可以从任何方向搂抱进攻队员的身体，搂抱时一只手握成拳，另一只手扣在握拳手的腕关节处，搂抱部位在肩以下、膝以上。

2. 摔法

根据规则规定，摔法只能采用自己先倒地的方法。因此，在使用摔法时，防守队员只能先降低重心并后移，然后用膝顶住进攻队员的膝关节，顺势后倒将进攻队员摔倒。

二、进攻的基本动作

进攻的基本动作包括：抢空中炮、抢地上炮、传炮、接炮、持炮进攻、发点炮、发界外炮、发任意炮、掩护、假动作十大基本动作。

（一）抢空中炮

抢花炮的比赛由抢空中炮开始，抢空中炮的基本动作由判断、起跳、接炮、保护炮等环节组成。

1. 判断

判断是抢到空中炮的先决条件。判断包括花炮从发炮器发出升空后的高度、方向和攻守双方运动员的站位情况，然后迅速做好抢空中炮前的一切准备。

2. 起跳

在判断的基础上，先向花炮下落点跑去，抢占有利地位，并迅速以单脚起跳的动作，尽量向上跳起，两臂微屈于胸前，当跳到最高点时收腹向花炮伸臂并吸气，百会穴向上顶。

3. 接炮

接炮分单手接炮、双手接炮和空中拨拍炮三种。

(1) 单手接炮

四指伸直并拢，拇指伸直与四指分开成锐角，虎口对准炮边，当手触及炮边时五指钳紧微向后收握紧炮，并迅速收至小腹前，另一只手协助持稳炮。

(2) 双手接炮

四指并拢伸直，拇指并拢伸直，使拇指与食指微分，小指一侧向外张开，使两掌开成锐角，并对准花炮边。当花炮边进入两掌形成的锐角或触及拇指时，两掌迅速合拢，微向后收接住花炮，并迅速收至腹前。

(3) 空中拨拍炮

当自己无法用单手或两手接住花炮时，可用拨或拍打的动作将花炮传给本方队员。

在抢接空中炮时，无论是用单手还是双手接炮，应尽量接住炮，一般不采用拨或拍打炮。

4. 保护炮

运动员接住炮后应迅速做出保护炮的动作。最好的保护炮的动作是持炮跑步攻炮台；其次是将炮传给本方已摆脱防守的队员；最后是将炮稳固守于小腹前，用身体将炮压在地上。

(二) 抢地上炮

抢地上炮是由于空中炮掉地后或传接过程中未接稳炮而掉地时的争抢。抢地上炮的动作由判断、前扑（或侧扑）、控制炮等动作组成。

1. 判断

判断是抢得地上炮的先决条件。判断包括该炮可能落在什么地方、周围双方队员的站位情况、与本人的距离等，使自己抢地上炮前，做好思想准备。

2. 前扑（或侧扑）

在判断的基础上，当炮落在身前不远的地方，便用前扑的动作跃出，将炮控制在身下胸腹前；若炮落在体侧，则用侧扑的动作，将炮控制在身下胸腹前。

3. 控制炮

抢得地上炮后，周围一定有双方队员，此时控制炮的稳当办法首先将炮传给已摆脱防守的本方队员，其次持炮进攻，再次与本方队员相配合转移炮，最后将炮控制在自己身下。

（三）传炮

当持炮在手，自己不便持炮跑步进攻，对方队员有可能抢断炮时，将炮传给本方已摆脱防守的队员。传炮一般是用单手传炮，以右手传炮为例，将炮收回左胸腹前，然后沿顺时针方向爆发用力，甩腕传出，幅度不要高，手指拨炮，并使其炮沿顺时针方向旋转飞行；如果是左手传炮，则动作相同，方向相反。

（四）接炮

接炮包括判断、接炮和控制炮等动作。

1. 判断

判断是接好炮的先决条件。必须判断来炮的方向、飞行角度与速度，估计落在什么地方、周围双方队员活动的情况等，为接炮做好准备。

2. 接炮

接炮动作和抢空中炮的动作基本相同，所不同的是移动，即接炮前的抢位。接炮的移动可用一步或两步移、直线跑、侧身跑、后退跑等。所谓一步移动，是侧跨、前跨或后退一步即可接住炮；所谓两步移动，则是异侧脚先移动一步然后同侧脚再侧跨一大步，如果是向前或向后移动，则任何一脚均可先向前或向后移动一步，然后再跨出一大步；所谓直线移动，则是需要快速移动一定距离，可采用直线跑进，然后再看准来炮方向接住炮，不要边跑边看炮；所谓侧身跑，是一边看准来炮方向，侧身跑进并接住炮。无论采用哪种移动方式，首先抢占有利位置，其次接好炮，最后用持炮进攻、传炮、控制炮动作相衔接，不能只顾接炮而忽略后续动作。

3. 控制炮

接炮后，首先是进攻，其次是传，最后是与队友转移炮，这些如都不能做，则将炮压在胸腹前的身下，以防对方队员抢夺炮。

（五）持炮进攻

持炮进攻就是攻对方炮台，将炮攻入对方花篮。其动作有直线跑进、曲线跑进等，这要视场上情况而定。无论哪种跑进，均要拿稳炮，并使炮远离防守方。

(六) 发点炮

凡在罚炮区犯规均判罚点炮。罚方可任选一名运动员站在罚点炮线后，用手将花炮投向花篮。罚中得 1 分。发点炮的动作，与近距离传炮的动作相同，左手或右手均可。

(七) 发界外炮

发界外炮包括发端线和边线的界外炮。其动作与传炮动作相同，所不同的是发界外炮时无人防守干扰，因而可充分利用全身的力量将炮发得更远、更平稳、更准确。

(八) 发任意炮

其动作与发界外炮相同。

(九) 掩护

掩护既是基本动作，又是简单的战术配合，在掩护时采用拦截、拉手、抱腰等动作，使自己的队友摆脱防守。故掩护中有固定掩护、随机掩护两种。所谓固定掩护，是某两人经常互相掩护；所谓随机掩护，是指根据场上情况的变化，随机进行掩护。

(十) 假动作

在抢得花炮后，两手捧到小腹部，做出持炮跑的动作，左右摆，急起急停，突然改变方向的跑等均属假动作。因此，有些假动作属于战术范围。

三、防守的基本动作

防守包括抢断炮、拦截、拉手、抱腰、推出界外五大防守动作。

(一) 抢断炮

抢断炮包括抢断攻方队员之间的传接炮和从对方队员手中抢夺炮两种。

1. 抢断炮

抢断炮指防守队员抢断进攻队员之间的传接炮。其动作包括判断、抢位、抢接和拍打（含拨打）。

(1) 判断

判断是抢断炮成功的先决条件，最好判断出攻方队员可能向某队员传炮，便于抢先移动而抢断成功；其次判断出攻方传出的炮飞出的方向，作“提前量”的移动，便于抢占有利位置；最后判断出自己无法抢断到的炮，但可跳起拍打炮，以破坏对方顺利进攻。

（2）抢位

抢位是抢断炮成功的关键，在攻方队员传炮，防守队员已判断出花炮飞行的轨迹后，提前移动，抢占有利位置，可利用一步、两步移动，也可以采取直线或弧线的侧身跑来抢占有利位置。

（3）抢接炮

抢接炮是断对方的传炮。其接炮动作和抢空中炮和接炮动作相同。

（4）拍打炮

拍打炮是当不可能抢断到攻方队员的传炮时，跳起后将花炮拍打给本方队员或拍打掉地，破坏攻方队员的传接，其动作是跳起后尽量拍打花炮或攻方队员接炮的手，使攻方队员接不稳花炮。

2. 抢夺炮

抢夺炮动作包括判断、抱腰、拉手、抢夺等要素。判断正确，是抢夺成功的先决条件，首先应判断出花炮在攻方某号队员手中，然后通知队友协同抢夺，即抱腰、拉手，最后将花炮硬抢夺过来。其程序是判断、抱腰、拉手、抢夺。关键是要遵守规则，在不犯规的前提下以多防少，实在抢夺不过来，也不要让进攻方将炮传出。

（二）拦截

拦截包括拦和截两个内容。拦，凡是攻方队员进入罚炮区之前必须拦住。因为，一是进入罚炮区之后可能接炮攻入炮台区而得分，二是在罚炮区内为同伴作掩护，三是可能持炮攻入炮台区而得分，在攻方队员进入罚炮区前一定要拦住。截，就是截断去路或截住炮。拦截，就是不使攻方队员进入罚炮区，或者不使其给队友进行掩护或战术配合。

（三）拉手

拉手是一个协防抢夺动作。当进攻队员持炮进攻时，队友已抱腰，此时迅速拉对方队员手臂，为队友抢夺花炮创造条件。

（四）抱腰

当拦截对方队员进攻时，只要他持炮进攻，此时可抱腰防守，为队友拉手、抢夺花炮创造条件。一旦对方队员撒手以示手中无炮时，则不能抱腰，尤其不能抱腰摔。抱腰，是防守动作中较难掌握后一个动作，凡是在拦截进攻队员时，只要他两手按其腹部，即可以用抱腰动作防守。拦腰抱住后，一手抓住自己的另一手腕，一般不做手指交叉抱腰的动作。

（五）推出界外

防持炮进攻队员的有效方法是将其推出界外，以获得本方发界外炮的权利。在推出界外的过程中，最好是协同防守，以不犯规为前提。

除以上防守动作外，大多属于战术配合，若判断不出花炮在谁手里，便可采用犯规战术，如抱腰防守时，加上抱摔而犯规，则由进攻方在持炮队员的就近处发任意炮，从而判断炮在何处。

第三节　花炮运动训练方法与手段

一、抢空中炮

抢空中炮是抢花炮比赛的开始，比赛开始时花炮是由发炮器发射升空。其教学与训练的程序为：不设防的抢空中炮和在队友配合下抢空中炮两种。

（一）不设防的抢空中炮

1. 两人对抢空中炮

教练员手抛炮后，两人争抢。主要训练运动员的观察判断、抢占有利位置、跳起抢到炮。如此反复训练。

2. 4人或6人抢空中炮

教练员手抛炮后，各人判断、抢位、跳起抢到炮。

（二）在队友配合下抢空中炮

1. 4人抢空中炮

教练员手抛炮后，由一个抢炮一个拦截或者在掩护下为队友抢到炮。两人的互相配合分固定掩护和不固定掩护两种情况，如此反复练习。

2. 6人或8人抢空中炮

其抢法与掩护法基本同上，只是抢空中炮的人数增多，增大抢空中炮的难度，使之逐步接近比赛情况。最后整队抢空中炮。

二、抢地上炮

抢地上炮也是抢花炮比赛开始后，空中炮未被运动员抢到而掉在地上后的抢炮。教学与训练的过程是两人对抢、多人不设防的抢和设防的多人抢地上炮的过程。

（一）不设防的抢地上炮

教练员任意手抛花炮，由两人用判断、抢位后的前扑或侧扑抢炮，然后多人争抢教练员手抛的地上炮。多次重复练习，以提高运动员的判断、抢位、快速前扑或侧扑抢地上炮的能力。

（二）由每组 3 人至 5 人的集体

可以拦截、可以推拉、可以掩护抢地上炮，最后抢教练员任意抛出的地上炮，不准接空中炮，如此反复练习。

三、传接炮

（一）二人原地传接炮练习

二人相距 3～5 米，共一个炮，一人传一人接，然后交换练习。接炮时可以单手和双手，其手型与动作见基本动作。传接炮的弧度可大可小，但传炮要平稳，接炮要牢，不使花炮落地。

（二）二人行进间传接炮

具体传接动作与二人原地传接炮基本相同，只是须传至行进间前面 1～2 米处，用跑步接炮。可以单手接炮，也可以双手接炮。

（三）二人相距 5 米以上的行进间传接炮

传炮的弧度可大可小，传至前进方向 3 米以外，传炮前可以跑几步，也可以加上转体，还可以传高飞炮。

四、拦截

拦住对方队员进攻时的跑动路线和为同伴作掩护的移动路线，必要时将对方拦腰抱住，破坏对方移动路线。若是本方队员抢得花炮后，对方队员前来围抢，此时除上前掩护或转移花炮外，对对方队员进行拦截也是必要的。另外，凡是攻方队员进入罚炮区前必须进行有意拦截，不使其进入罚炮区进攻炮台，或在罚炮区为同伴们掩护。

五、奔跑

奔跑分直线跑和曲线跑两种，它既是持炮攻炮台的有力手段，也是防守拦截时必备的基本素质之一，因此奔跑的训练是不可缺少的。在奔跑训练中主要是侧身跑训练，即一边跑进，一边观察周围攻防队员的情况。

（一）快速跑训练

主要是急起急停，一般以 30 米快速跑为主。

（二）曲线跑

曲线跑须以侧身跑为主。在训练中要有突起突停的变速跑。

（三）变向跑

包括直线变向跑和曲线变向跑。其目的是摆脱防守，攻炮台成功。变向跑还可以与转体结合进行。

六、抱腰

抱腰的动作简单，关键是掌握使用的时机。拦腰抱住对方为抱腰，为了抱得紧，用自己的手抓住自己的手腕而围抱对方的腰部，切忌做任何抱摔的动作而犯规。在拦截中，迅速抱其腰部不使对方跑进或掩护。

七、拉手

拉手有多种情况，一是攻方双手持炮于腹前，守方拉开一手，便可抢夺炮；二是守方抱住攻方队员的腰协同其队友抢夺炮，以拉手来解脱对方的抱腰。

八、发界外炮与发任意炮

一场抢花炮的比赛，发界外炮与发任意炮的机会有很多。其发炮的动作与传炮相同，所不同的是掩护、摆脱跑室位接炮的配合。因此在传接炮掌握得相当熟练的基础上，再练习发界外炮。每次发界外炮至少要有五点可发：近边上下交叉跑弧线和远边上下交叉跑弧线，可能有四点可发，最后一点是其他队员都作掩护、交叉跑开后，发炮者面前会空出来，这就是发界外炮一定要有五点可发，视其最好发（指摆脱对手并好接花炮）的点发出。如此反复练习，配合便会默契，发炮不但平稳而且到位。

九、抢断炮

抢断炮是积极的防守动作，即断进攻方的空中传接炮，其训练步骤如下：

①教练员传快攻时的高空炮，两人同时起动作侧身跑进以争抢高空炮。即两人一组一组地排成两路纵队，教练员不停地向前抛空中炮，2 名队员同向前跑进争抢。

②队员排成两路纵队，中间相隔 5～8 米，教练员任意向前传高炮，两路纵队中的排头队员向前跑进抢空中炮。

十、罚点炮

罚点炮可由任何一支场上进攻队执行。一般每队至少训练 2～3 名罚点炮手，不必人人都练。罚方可任选一名运动员，站在罚点炮线后，用手将花炮投向花篮。罚中得 1 分，罚不中，则由对方队员在端线外发界外炮。罚点炮的关键是动作的稳定性与心理素质训练。所以，教练员首先要挑选内向型运动员，然后进行反复训练。

第四节　花炮运动竞赛通则

一、竞赛定义

花炮比赛是由两个队参加的集体比赛项目，每场比赛双方以规定的人数，在规定的场地和时间内，以规则允许的行为，运动员手持花炮通过奔跑、传递，将花炮投入对方的花篮得分；并以阻截、抢断等技术反抢，阻止对方得分。规定时间结束时，以得分多者为胜队。

二、比赛开始

比赛开始前应以抛币的方式选定场地，选定场地后，由裁判员带领比赛队员入场，站于接炮区外等候比赛。裁判员鸣哨，比赛即开始。场上队员即可进入接炮区进行争抢。比赛开始时花炮可由司炮员操纵发炮器发射或由裁判员抛掷进行。

三、比赛方法

控制花炮的一方，可用传递、掩护、假动作和持花炮奔跑等方法摆脱防守，持花炮攻进对方炮台区并放进花篮得分；防守一方可用拦截、追赶、搂抱（合理部位）和抢截等方法争抢花炮或阻止持花炮队员前进。

四、得分

①持花炮队员将花炮投进花篮或进入对方炮台区，把花炮放入花篮即为得分。每投（放）进一次花炮得 1 分。

②持花炮队员误将花炮投入本方花篮内算对方得分。

③持花炮队员进入对方炮台区后因受伤而无法将花炮放入花篮内，应判该队员进炮得分。

五、比赛结束

当记录台发出比赛结束的信号时，某半场、决胜期或一场比赛即为结束。

①某队获得罚点炮的权利，应让该队罚完点炮。

②进攻队员手持花炮攻入对方炮台区，应允许该队员将花炮投入花篮得分，比赛方为结束。

③花炮已在空中飞行，此时花炮落入花篮内进炮有效。

六、比赛胜负

①在比赛结束时，得分多的一队为胜。

②比赛过程中，一队场上队员不足5人，判该队为负。

③当判定比分落后方为负时，场上比分即为最后得分。

④当判定比分领先方为负时，则该场比分为2∶0。

⑤当决胜期结束，双方比分相等，则以罚点炮的方式决定胜负。

⑥以罚点炮决定胜负，应按下述方法进行：

· 以抛币的方式决定两队罚点炮的先后顺序。

· 每队各出5人（必须是比赛结束时的场上队员），按排定顺序交替轮流进行，如一方的进炮数已明显超过对方时（即超过另一队罚满5次时可能罚进的炮数），则比赛结束，判该队获胜。如双方各罚完5炮后比分仍相等，则两队以一对一的方式进行，直至决出胜负。

七、换人

①换人必须由教练员向记录台提出，替补队员应做好准备。

②换人应在死炮时，经裁判员同意方可进行。

八、发炮

控制花炮一方的一名运动员应在3秒内发界外炮、任意炮，双方队员均应退出3米以外进行接炮或防守。发界外炮、任意炮不能直接得分。

（一）界外炮

持花炮的队员越出场外（包括踩线）或未能腾空（从场内起跳）将越出边线的花炮传回场内，由对方在出界地点发界外炮。如越出端线，则由对方在端线发炮点发界外炮。进攻队员持花炮冲出炮台区，由守方队员在端线发炮点发界外炮。守方队员用合理搂抱动作，将持花炮队员搂抱出边线外，由守方队员在出界处发界外炮。如搂抱出端线，则由守方队员在端线发炮点发界外炮。

（二）任意炮

当一方队员在罚炮区外违例或犯规时，由对方队员在违例或犯规地点发任意炮。在本方罚炮区内违例或攻方犯规，由对方在距离违例或犯规地点最近的罚炮区线上发任意炮。当争抢发射炮（或裁判员抛花炮）时，因多人争抢而使花炮无法在 3 秒内传出，应由实际控制花炮的一方发任意炮。

(三) 罚点炮

①守方在罚炮区内犯规均判罚点炮。

②攻方队员手持花炮触及炮台区线或触及炮台区内地面，但无法攻进炮台，判由攻方罚点炮。

③罚点炮方法：罚方可任选一名队员进行罚点炮，罚点炮的队员必须双脚平行站在罚点炮线后，任一脚不得完全离开地面，并在 3 秒内将花炮投向花篮。

④罚点炮时，双方队员均退出罚炮区。如罚中，由司炮员重新发炮；如未罚中，则由对方在端线发炮点发界外炮。

(四) 抛花炮

①双方同时违例。

②双方多名队员同时倒地争抢而无法判定炮的实际控制权时，由裁判员在原地抛花炮。

③双方队员共同持花炮越出界外（或踩线），由裁判员在对应出界点沿垂直于界线向内移 3 米的位置抛花炮。如越出罚炮区内的端线，则由裁判员在端线发炮点向内移 3 米的位置抛花炮。

④抛花炮方法：裁判员抛花炮时，双方队员必须退至距抛炮处 3 米以外，花炮垂直抛出高度不低于 5 米。

九、时间通则

(一) 比赛时间

全场比赛时间为 40 分钟，分上、下两个半场，每半场 20 分钟。如比赛结束时比分相等，则进入决胜期，决胜期以抛币方式选择场地，决胜期时间为 6 分钟，分上、下两个半场，每半场 3 分钟，两个半场中间不休息，双方交换场地。全场比赛的两个半场之间休息 10 分钟，下半场与决胜期之间休息 5 分钟。暂停、进炮至重新发炮及裁判员要求的暂停，不包括在比赛时间内。

(二) 1 分 30 秒规则

进攻方应在控制炮后的 1 分 30 秒内将炮投进对方花篮得分。

（三）2分钟处罚

运动员在比赛中有犯规行为，裁判员将对其出示黄牌，该队员将离场受罚2分钟，此时间内如需替换，则由替补队员代其受罚，受罚时间到，该队员即可上场参加比赛。

（四）3秒规则

发定位炮时，发炮队员应在3秒内将炮发出。持炮队员进入炮台区内，应在3秒内将花炮放入花篮。比赛中，如果持炮队员被对方2人或2人以上合理搂抱，应在3秒内将炮传出。如果进攻方3人或3人以上集团进攻，应在3秒内分开。

（五）暂停

比赛双方每半场可请求暂停一次，时间不超过1分钟。决胜期内无暂停。暂停应由教练员在死炮时向记录台提出请求。

十、违例、犯规及罚则

（一）违例及罚则

1. 出现下列违反规则的情况应判违例

①发界外炮及任意炮时：队员未退出3米以外；裁判员鸣哨后，发炮队员未在3秒内将花炮发出；发炮队员在花炮发出后，未触及其他队员而再次触炮。

②当2人或2人以上进行争抢时，持花炮队员在倒地前未能将花炮出手（除足以外的身体任何部位着地即视为倒地）。

③倒在地上的队员争抢花炮。

④持炮队员被对方2人或2人以上合理搂抱时，在3秒内未将炮传出。

⑤罚点炮时：主罚队员的脚踏及罚点炮线；主罚队员在3秒内没有将花炮投向花篮；主罚队员罚点炮时，双脚未平行站立或任一脚完全离开地面。

⑥持花炮队员隐藏花炮；将花炮藏在衣、裤内或夹在腋下；双手将花炮捂在胸前等有藏炮动机的行为。

⑦比赛过程中，场上队员未经裁判员允许离开场地。

⑧非持花炮队员进入炮台区。

⑨比赛过程中用脚踢、踩花炮。

⑩控制花炮的队未在1分30秒内得分。

⑪持花炮队员故意倒地，将花炮压在身下。

⑫持花炮队员进入炮台区后，未在3秒内将花炮放入花篮。

⑬借助外力增加进攻或防守的高度。

2. 罚则

①罚点炮违例、非持花炮队员进入炮台区，由对方在端线发炮点发界外炮。

②双方同时违例，由裁判员在违例地点抛花炮（罚炮区内除外）。

③其他违例行为，由对方在违例地点发任意炮（罚炮区内除外）。

（二）犯规及罚则

1. 比赛中出现下列违反规则的情况应判犯规

①非法搂抱：搂抱肩以上、膝以下部位；搂抱对方队员的单腿；搂抱未持花炮的队员；抱摔对方持花炮的队员；搂抱腾空接花炮的对方队员。

②故意蹬踏或扑压倒在地上的对方队员身体。

③比赛过程中对对方队员采用扭手臂、踢、踩、绊、打、摔、咬和抠等不道德行为。

④拉拽对方手臂以外的任何部位。

⑤故意推人、鱼跃搂抱和以肘或膝撞击对方。

⑥当一方队员拾捡花炮时，对方队员故意用脚踩、踢花炮。

⑦一方队员发炮时，另一方队员屡次进入3米以内距离干扰发炮。

2. 罚则

①发生上述犯规行为的队员，均被出示黄牌警告，并受罚离场2分钟。

②如果犯规的情节恶劣，并造成严重后果，该队员应被出示红牌，罚令出场，取消该队员该场比赛的资格。

③一场比赛中受3次黄牌处罚的队员，取消其该场比赛资格。被取消比赛资格罚令出场的队员，不能由替补队员替换。

3. 严重犯规及罚则

发生下列情况将被出示红牌，取消该场比赛资格，同时取消参加下一场比赛的资格，如有更严重的犯规行为，由赛区仲裁委员会决定取消若干场次或全部比赛资格：

①故意打人。

②辱骂他人。

③任何违背体育道德、侮辱他人的行为。

④故意伤害对方的行为并造成严重后果。

十一、赛制和名次排定

（一）赛制

花炮比赛可以采用循环赛或淘汰赛。

（二）名次排定

1. 循环赛

①每队胜一场得 2 分，平一场得 1 分，负一场得 0 分。弃权一场，取消本阶段全部成绩。以各队积分多少决定名次，积分多者名次列前。

②如两队或两队以上积分相等，依下列顺序排列名次：积分相等队之间相互比赛的积分多者；积分相等队之间相互比赛的净胜炮数多者；积分相等队之间相互比赛的进炮总和多者；整个比赛中净胜炮数多者；整个比赛中进炮总和多者；抽签优胜者。

2. 淘汰赛

如比赛结束时两队比分相等，则进行决胜期比赛，在决胜期结束时，以最后得分多的队为胜。如两队比分相等，则以罚点炮决定胜负。

十二、弃权与申诉

（一）弃权

参赛队出现下列情况将判定弃权，被判定弃权的队将取消其该阶段比赛成绩：

①无故超过比赛开始时间 15 分钟不到比赛场地。

②裁判员通知某队开始比赛，该队拒绝比赛超过 5 分钟。

③某队比赛开始时，上场队员不足 5 人。

（二）申诉

比赛结束后，如某队对比赛结果有异议，应在比赛结束后 2 小时内向仲裁委员会提出书面申诉意见，同时交纳申诉费。仲裁委员会依据仲裁委员会条例进行裁决。

第五节　花炮运动裁判法

一、裁判人员及其职责

（一）裁判人员

比赛设裁判长1人，副裁判长1～3人，裁判员、助理人员若干人。每场比赛设主裁判员1人、副裁判员2人，另设值场裁判员1人。助理人员由记录员、计时员和司炮员等组成。

（二）裁判人员职责

1. 裁判长

①比赛前，对场地器材、比赛日程及裁判员的分工等进行检查和了解。

②组织领导裁判工作。

③掌握比赛进程，根据规则精神解决比赛中的有关问题。

④负责处理比赛中提出的各种疑难问题。

2. 副裁判长

①协助裁判长领导裁判工作，当裁判长因故缺席时，应代理其职务。

②负责审核场地器材和设备。

3. 裁判员

①比赛前检查场地、器材、运动员的装备及指甲。

②比赛中应认真执行规则，使比赛按规则进行。

③裁判员有对场上队员及限制区人员行使管理的权力。

④当裁判员判定不一致时，主裁判员可根据具体情况做出最后决定。

⑤对犯有故意伤人和行为十分恶劣的队员，应出示红牌取消该队员继续参加该场比赛的资格。

⑥如遇风雨、外界干扰等其他原因而妨碍比赛进行，裁判员有权暂停、推迟比赛，并将有关情况报告主办机构。

⑦当运动员严重受伤时，裁判员应停止比赛，将受伤运动员迅速移至场外接受治疗，并立即恢复比赛。

⑧裁判员服装应与场上比赛队员服装有明显区别。

二、裁判人员工作程序及要求

（一）裁判长

1. 比赛前的工作与要求

①组织召开裁判组工作会议：学习大会有关文件，加强裁判员的思想教育；组织裁判员学习竞赛规则，统一判罚尺度。

②负责检查场地器材，安排竞赛日程和裁判员及助理人员的分工。

2. 比赛中的工作与要求

①全面组织和领导裁判的各项工作。

②根据规则的精神解决比赛中的各种问题。

3. 比赛结束后的工作与要求

主持召开裁判工作总结会议，认真总结经验，帮助裁判员和助理人员提高业务水平。

（二）副裁判长

1. 比赛前的工作与要求

①协助裁判长组织学习与实习。

②组织安排发放裁判员用品、检查记录台工作的准备。

③协助裁判长检查场地、器材，做好比赛裁判工作的后勤工作。

2. 比赛中的工作与要求

根据比赛场地的分布，负责其中一个场地的比赛监督工作，对相关技术问题予以解决。

3. 比赛后的工作与要求

总结经验，协助裁判长做好善后工作。

（三）主裁判员

1. 比赛前的工作与要求

①准备好裁判员的服装和裁判用具。

②召集 2 名副裁判员和值场裁判员召开准备会，明确裁判工作中相互间的配合。

③到达比赛场地。

④检查比赛场地、器材。

⑤比赛前 10 分钟，主裁判员召集双方队长进行挑边，并安排 2 名副裁判

员分别召集双方队员在两个半场靠近记录台一侧的边线处列队，检查双方所有参赛队员的服装、指甲、护具以及身体是否佩戴装饰物等。

⑥组织双方运动员入场：比赛前开始时，主裁判员和副裁判员带领双方运动员入场。

⑦鸣哨示意司炮员发炮或由主裁判员抛炮。

2. 比赛中的工作与要求

比赛中，主裁判员全面主持比赛场上的裁判工作，有权决定涉及比赛的一切问题，包括规则中没有涉及的问题。执裁时，应看清事实，依据规则准确判罚。

3. 比赛结束后的工作与要求

①当听到比赛结束的信号时，主裁判员立即鸣哨结束全场比赛。2 名副裁判员立即跑入场内与主裁判员一起退场。

②主裁判员认真检查计时钟、记录表，并在记录表上签字。

③认真及时地总结临场工作。

（四）副裁判员

1. 比赛前的工作与要求

①准备好裁判服装和裁判用具，其服装和用具与主裁判员相同。

②与主裁判员一起到达比赛场地，协助主裁判员检查比赛场地、器械。

③按照主裁判员的安排，做好入场前的各项工作。

④在主裁判员的带领下，组织双方运动员入场。

2. 比赛中的工作与要求

①比赛中，如果主裁判员因伤不能继续工作，第一副裁判员（靠近记录台一侧的副裁判员）替代主裁判员的工作。

②比赛中，副裁判员同主裁判员有相同的判罚权力；在规则规定的职权范围内，对所辖区域的情况看清事实，及时鸣哨，准确判罚；当同主裁判员的判罚不一致时，要服从主裁判员的判定。

3. 比赛后的工作与要求

①比赛结束后，与主裁判员一起退场。

②协助主裁判员检查记录表并签字。

③认真总结临场经验。

(五) 值场裁判员

1. 比赛前的工作与要求

①参加裁判员准备会议。

②准备好裁判用品（哨子、服装、红牌、黄牌、秒表等）。

③检查比赛场地辅助设施。

④检查两队是否已将参赛队员的名单交给记录员，比赛记录表上是否标明两队上场队员名单。

2. 比赛中的工作与要求

①如果临场裁判员因伤无法继续执裁，值场裁判员将替代第二副裁判员的工作。

②负责换人，当记录台通知裁判员换人时，待得到裁判员允许，被替换的队员出场时，值场裁判员在记录台前负责主持替补队员上场。

③负责管理运动队限制区的所有人员及场外周边的秩序。

3. 比赛结束后的工作与要求

组织记录台助理人员完成当场赛后各项工作的进行。

(六) 助理人员

1. 助理人员的设置与要求

①比赛场区的记录台共设 6～10 名助理人员，包括记录员、全场计时员、2 分钟计时员、1 分 30 秒计时员、宣告员、司炮员、翻分员等。

②助理人员的着装要求整洁统一。

2. 记录员工作与要求

(1) 比赛前的工作与要求

①准备好记录表一份，应有备用记录表。

②按秩序册和两队交来的参赛队员登记表在记录表上预先登记好比赛队、时间、地点、组别及双方运动员的姓名、号码、队长等。

③准备好临场用品，如比赛报告单、秩序册、圆珠笔、复写纸、夹板、哨子、队长标志等。

④主裁判员鸣哨比赛开始前，核对双方上场队员是否正确，并通知主裁判员。

（2）比赛中的工作与要求

①记录比赛中的每一次进炮，同时登记进炮队员号码，进炮的时间。

②记录比赛中双方教练要求的暂停次数。

③记录两队每一次换人，并记录每一次换人的时间。

④记录比赛中双方队员的红牌与黄牌，并记录裁判员每一次出示红牌和黄牌的时间。

⑤场上主裁判员宣布因某种原因中断比赛，应立即在记录表“备注”栏内记录比赛中断的原因和时间，并记清控制炮的一方。

⑥记录要准确，不能涂改，若发现裁判员判罚有争议，不要急于记录，待主裁判员做出最后判定后再记录。

（3）比赛结束后的工作与要求

①登记比赛结果及比赛结束时间并签名。

②请主副裁判员检查并签名。

③交裁判长签名，报赛会竞赛处。

3. 计时员工作与要求

（1）全场计时员的工作与要求

①检查计时钟（表）的工作是否正常。

②准确操作计时钟（表），协助记录员记录比赛时间（上、下半场）、暂停时间、决胜期时间（上、下半场）、进炮、进炮后的重新发炮等。

③暂停、换人、比赛结束时应发出信号。

④比赛结束后交主裁判员核对时间。

（2）1 分 30 秒计时员的工作与要求

当持花炮队 1 分 30 秒违例时，立即用三音哨鸣示。

（3）2 分钟计时员的工作与要求

①当被罚队员离开赛场到受罚席时，开始计时。

②要求受罚队员坐在受罚席上。

③受罚时间结束，即通知受罚队员上场。

4. 宣告员工作与要求

①宣告双方队员入场，并介绍运动员、教练员、裁判员。

②宣告暂停、换人，在半场、全场以及决胜期比赛结束信号发出后进行宣告。

③应记录台要求宣告有关事宜。

5. 司炮员工作与要求

检查送炮器，并准确地操作送炮器。

三、临场裁判员的区域分工与职责

(一) 临场裁判员的移动区域

花炮比赛中，主裁判员同2名副裁判员协调配合，始终与他们保持相对位置，同持炮队员保持一定的距离，使比赛队员始终处于视线范围内。

2名副裁判员要最大限度地帮助主裁判员，服从主裁判员的指挥。3名裁判员要合理分工，密切协作，集中精力观察自己的区域，选择合理的移动路线，最佳的观察角度，将场上所有队员的行动都纳入裁判员的视野，从而提高判罚效果，有效地控制比赛。

(二) 临场裁判员的职责

1. 主裁判员

①全面主持比赛场上的裁判工作。

②跑动中与持炮队员之间保持一定距离，使持炮队员及周边地带始终处于视线范围内。

③当持炮队员在罚炮区地带时，注意观察双方队员在炮台区线附近的行为。

④当处于罚炮区域靠近端线一带时，注意观察运动员和花炮是否出界。

2. 前场副裁判员

①前场副裁判员始终处于持炮队员进攻方向的前面，同另2名裁判员保持相对位置。

②前场副裁判员在进攻方前移动到端线时，负责观察持炮队员及周围双方队员在炮台区线附近的行为。

③负责观察靠近自己一侧边线和端线双方队员和花炮是否出界。

3. 后场副裁判员

①处于进攻方侧后方，负责观察双方无炮队员的行为。

②负责观察靠近自己一侧的边线双方队员和花炮是否出界。

(三) 临场裁判员的选位和配合

1. 争抢发射炮时的配合

主裁判员面对记录台站立于中圈附近，第一副裁判员位于主裁判员左侧前方，第二副裁判员位于主裁判员右侧前方。

2. 比赛中的配合

主裁判员位于场地中心地带，随持炮队员跑动，同时与 2 名副裁判员保持相对距离，始终将持炮队员纳入视线范围内。前场副裁判员根据持炮队员的位置，可到端线附近。后场副裁判员应跟进至半场附近。比赛中场地内执行的抛花炮、发界外炮、发任意炮等由就近裁判员主持。

3. 罚点炮时的配合

罚点炮时，主裁判员位于罚炮队员侧后方执行罚点炮。副裁判员协助管理场上其他队员。

4. 得分后的配合

由副裁判员控制花炮，主裁判员到记录台前以手势报告得分队员号码。

四、裁判员鸣哨与手势

（一）裁判员在以下情况下鸣哨

1. 主裁判员

①比赛开始和比赛结束。

②暂停。

③罚点炮。

④运动员受伤需要医护人员进场时。

2. 主副裁判员

①发任意炮。

②抛花炮。

③发界外炮。

④换人。

⑤出界。

⑥违例、犯规。

⑦进炮。

（二）裁判员哨声

①抛花炮：稍长音。

②暂停：中长音。

③进炮：音长而重。

④违例：短音。

⑤严重犯规：音重而响亮。

⑥花炮或持炮队员出界：音短促而响亮。

⑦发任意炮、界外炮：短音。

⑧比赛结束：一短音一长音。

⑨队员受伤要求医生进场：三声短音。

⑩罚点炮：中长音。

(三) 裁判员手势

一般情况下，裁判员的主要手势表示方向，一只手臂平举，五指并拢，手掌张开，手指所指的方向即发定位炮方向。对于各种违例和犯规的判罚，裁判员要以手势表示，并用语言加以说明，同时，要表示出发定位炮的方向和位置。主要手势有以下几种：

①比赛开始和要求发射花炮：单臂上举，五指并拢。

②得分：单臂上举，手掌张开，五指并拢，然后手臂伸直，食指指向花篮。

③暂停：一手臂在体前，手心向下，另一手食指点向掌心。

④换人：双臂在体前交叉，五指并拢伸直，掌心向内。

⑤违例：单臂上举，五指并拢，掌心向前。然后单臂平举，示意进攻方向。

⑥犯规：单臂握拳上举，距离犯规队员 2 米掏出黄牌直臂上举。收牌后，单臂前举，指向进攻方向。

⑦点炮：单臂握拳上举，距离犯规队员 2 米掏出黄牌直臂上举。收牌后，跑向炮台区，单臂伸直，指向罚点炮线。

⑧罚点炮：单臂伸直，五指并拢，手掌张开，指向花篮。

⑨比赛结束：两臂前伸，掌心相对，指向接炮区。

复习思考题

1. 简述抢花炮的起源与竞赛形式。

2. 简述抢花炮的基本技术。

3. 简述行进间花炮传炮和接炮技术的注意事项。

4. 简要说明抢花炮基本技术和战术配合。

第五章

秋千

【内容提要】

介绍秋千运动的起源、发展概况，简述秋千运动的竞赛规则。着重分析秋千运动的基本技术动作特点、秋千运动的教学方法和秋千运动训练的基本理论与方法。

【学习目标】

1. 了解秋千运动的比赛方式
2. 掌握秋千运动的基本技术与教学方法
3. 了解秋千运动的竞赛规则

【关键词】

秋千运动；荡摆；预摆

第一节　秋千运动项目概述

一、起源与发展

很多人都玩过秋千，对于秋千并不陌生，但如果告诉你秋千也可以竞技，是少数民族运动会上的一个参赛项目，你一定会觉得不可思议，不仅如此，这个项目也是全国少数民族运动会上唯一只限女子参加的比赛项目。

秋千，俗称荡秋千，相传为春秋时期北方的山戎民族所创，开始仅仅是双手抓着绳子而荡，后来齐桓公北征山戎族，将“秋千”带到中原。传入中原后的秋千成了宫中、闺中女子的游戏，也成了传统节日时的狂欢项目。至汉武帝时，宫中的荡秋千风气极盛，宫中以“千秋”为祝寿之词，取“千秋万寿”之意，之后为避忌讳，将“千秋”2 字倒转为“秋千”。之后逐渐演化成用两根绳加踏板的秋千。到了唐宋时期，秋千成了专供妇女娱乐的游戏，以练习轻捷、矫健。唐宋之后，荡秋千习俗普及全国，盛况空前，各少数民族荡秋千花样繁多、丰富多彩。

秋千是朝鲜族妇女最喜欢的活动之一，每逢节日聚会，朝鲜族妇女便会身穿鲜艳的民族服装，围在秋千旁，争试高低，她们时而腾空而起，时而俯冲而下，衣裙和裙带随风飞舞，在天空中划下了一道道美丽的弧线。朝鲜族姑娘比赛时，会在高空的彩带上悬挂一串金黄色的铜铃，比赛选手荡起秋千，碰到铜铃的次数越多，成绩越高。飘逸的长裙，悦耳的铃声，惊险的摆荡，令人叹为观止。

我国台湾高山族人称荡秋千为“渺绵”，是“飞天”的意思，这与汉族人对秋千的传统认识是相同的。

云南西北及川南纳西族的荡秋千习俗，俗称“秋千会”。纳西族东部的秋千会，多在每年夏历正月初一至初四举行，西部则于正月初六开始，历时4～5天不等。清代《盐源竹枝词》云：“高悬彩架接云天，共庆新年胜旧年；姊妹艳装争奇丽，倩郎抛索送秋千。”丽江白沙村一带，当年结婚的新娘常以红绳系秋千扶手，用点心、瓜子等招待荡秋千者，以求得平安吉利。永宁等地于“秋千会”的最后一天由女青年备办酒席款待前来赛秋千的男青年。席间男子用锅烟抹女子脸，互相追逐嬉戏，以抹黑为吉。

新疆柯尔克孜族的荡秋千游艺，当地人称“阿拉提巴坎谢里钦吉克”。他们在空地上选一点，用3根木头搭一座三脚架，在3～5米外的另一点搭一座同样的架子，然后在两个三脚架中间架一横梁，离地大约3米，横梁上悬挂6根“U”型牛毛绳，构成秋千。玩时一男一女面对面，两人皆双脚交错蹬在较长的两根牛毛绳上，伸开双臂各抓两根牛毛绳，背部靠在绳上，双脚蹬动，越荡越高。

青海土族荡秋千用的是轮子秋。土族称轮子秋为“卜日热”，意为“旋转、转轮”。轮子秋根据当地条件，就地取材制作。如拆下大板车柱轮，将车柱竖起，下轮压重物固定重心；上轮绑一架梯，在梯两端拴上等长皮绳（似秋千）即成，故谓之“轮子秋”。

新疆维吾尔族玩的秋千更为奇特，叫“沙哈尔地”，意为“空中转轮”，每逢春秋季节和举办婚礼时荡玩。在场地上牢固竖起一根高约10米的圆木作轴，轴顶装一木轮，轮上装两根横木，各拴上绳索，如秋千状。竖轴底部另装一根横木，以绳与顶部木轮相连接。游戏时，绳索秋千上各站一人，底部横木两边，各有数人相向而立，双方等速推动横木，带动顶部木轮旋转。站在绳索上的游戏者即随着转轮的加速慢慢升上高空，转速越快，游戏者飞得越高。

在我国西南少数民族地区还流行有磨担秋、风车秋千等秋千形式。磨担秋以云南、贵州、广西等地区的傣族、景颇族、苗族、壮族、哈尼族、布依族、仡佬族为盛，其中哈尼族最为典型。风车秋千在苗族、阿昌族、傈僳族等民族中盛行，其中傈僳族最为典型。傈僳族转风车秋千的多为女子，节日里，她们盛装前来比赛。比赛时分成若干小组，每组 4 人，依次参赛。参赛者脸朝外坐在秋千板上，裁判一声号令，秋千像纺车一样开始转动，越转越快，这时场地上如同转起一个缤纷的彩球。

秋千比赛分为高度和触铃两项，高度比赛是以在规定的试荡次数内荡达的最高点计算成绩；触铃比赛是在规定的高度和时间内，以运动员触铃的次数计算成绩。1982 年，在内蒙古呼和浩特的第二届少数民族传统体育运动会上，秋千即列入参赛项目。

1986 年，在新疆乌鲁木齐举行的第三届少数民族传统体育运动会，设有单人高度、单人触铃、双人高度表演赛。

1991 年，在广西南宁举行的第四届少数民族传统体育运动会，又增设双人触铃项目。

1995 年，在云南昆明举行的第五届少数民族传统体育运动会，出现双人、单人限极高度，双人 10.5 米，单人 10.0 米。

1999 年，在北京举行的第六届少数民族传统体育运动会，增加双人触铃金牌，双人触铃高度由 6.5 米增至 7.0 米，单人触铃从 6.0 米增至 6.2 米。

秋千被列为国家正式民运会竞赛项目后，设施和场地器材逐年改进。第六届运动会上，正式设有：团体和双人高度、双人触铃（第六届全国民运会新增金牌项）、单人触铃、单人高度四个单项。

二、场地

比赛场地为平坦的长方形土地或草地，长 20 米、宽 8 米。比赛场地上空距地面 15 米高的空间内不得有任何障碍物。

三、器材

（一）秋千架

用钢管或相应的坚固材料制成。2 根立柱下端间距不少于 3.5 米，上端间距2米，2根立柱顶端为第一横杆，距地面高度为12米；往下1米处为第二横杆。秋千架应牢固地安装在场地中央，间距均从内沿丈量。

(二) 秋千绳

使用伸缩性小的苎麻绳、棕麻绳或尼龙绳，其直径为2.5～3厘米。绳的两头分别系在第一横杆上，两绳间距为1米（从内沿丈量）；然后在第二横杆上向系铃架方向缠绕一圈垂落下来，在封闭的下端安置脚踏板，其下沿距地面0.8～0.9米。

(三) 脚踏板

脚踏板由木质或非金属材料制成。单人脚踏板长30厘米、宽10厘米；双人脚踏板长40厘米、宽10厘米，厚均为2.5～3厘米，脚踏板应能牢固地卡在秋千绳上。

(四) 起荡台

供运动员试荡开始时，上脚踏板用的台子。台面为长1米、宽1米的正方形，高1.3米（包括台子的脚轮）。起荡台一侧应设有供运动员上下的梯子。

(五) 系铃架

与秋千架平行，并可随意升降、前后移动的系有铃铛的架子，是高度和触铃比赛判定成绩的标志。系铃架2根立柱的间距应不少于4.5米，并相互平行。从系铃架顶端悬下一根3米长的横杆为系铃杆。系铃杆上用线绳系有若干铃铛。

(六) 安全带

每条安全带均应能承受100千克的拉力。两条腕部安全带的两端，分别套在秋千绳和运动员的手腕上（另两条腰部安全带，运动员可选用）。可使用大会提供的或自备的安全带。

第二节　秋千运动基本技术教学与练习方法

一、秋千运动基本技术教学方法

(一) 准备动作

1. 保护带

①保护带应套于手腕处。

②保护带结头应在虎口方向。

③下蹲时，感到保护带牵拉手腕，较舒适，不太紧，也不松，能充分发挥借力和保护作用。

④下蹲时，髋关节与踏板基本在一条直线上，以保证重心充分下沉。

2. 踏板法

(1) 单人踏板

踏板的位置以运动员的两脚外侧贴近两侧秋千绳为佳。踏板脚的踩法：以有力脚作踏板脚上秋千板，脚的前掌以大拇趾第一关节出板为准，紧扣踏板，后脚跟悬空，重心放在身体的垂直线两脚的中间，两膝同双脚站立宽度一致。

(2) 双人踏板

送秋人先将有力脚踏上秋千板边沿，紧贴秋千绳，触铃人将上板脚踏在秋板另一侧，紧贴秋绳边沿。送秋人先将有力脚踏上秋板中间，距踏板 1/2 处，触铃人将上板脚踏在紧靠送秋人脚边上，两人的踏板脚内侧相对。

(二) 单人高度

1. 预摆技术

单人高度预摆技术由出发、预摆两个技术过程组成。

(1) 出发

出发包括出发前的准备姿势和起动动作，它的作用是使身体迅速摆脱静止状态，获得向前的最大冲力，为提高前荡高度创造有利条件。出发动作包括准备、预备、起荡 3 个过程。

①准备：运动员系好安全带，双手紧握秋千绳，将秋千绳向后拖至极限处，然后一只脚用力踏上秋千踏板的一端（踏板腿的大腿尽量抬高，回收小腿），双臂扣紧，背部微弓，眼睛平视。

②预备：听到“预备”口令后，从容地将站立支撑脚脚跟上提，以前脚掌支撑，踏板脚向后勾板，重心上提。集中注意力听“哨声”。

③起荡：听到哨声后，将重心从支撑脚移向踏板脚，同时支撑脚迅速向下蹬离起荡台，踏上秋板，深吸一口气。

(2) 预摆

保持下蹲姿势，臀部后翘，双肩下压，使双臂肌肉形成适宜的伸展拉长，胸部向大腿贴近。全身力量集中在前脚掌和秋千踏板上，双手紧握绳，为随后的加速用力蹬板做好准备。充分利用荡幅，待秋千下落至距秋千柱 20～25 度角时，两腿积极快速向前有力蹬伸，大腿积极下压。待两腿充分蹬伸后，双手用力拉绳，迅速向前直膝、挺胯，同时将膝关节前送，整个上体前挺贴绳，随着身体重心上移，脚跟迅速上提，挺胸、抬头，身体直立，踝、膝、髋关节充分伸展，上体保持充分伸展的姿势向上腾起，两臂锁肩，两手用力向两侧支撑分绳。到达最高点时，胯由上挺转向后翘，迅速后蹲，胯积极后压，双臂充分伸展下压，全身力量集中在前脚掌，压在秋千踏板上，顺势回落。待落至距秋千柱 20～25 度角时，大腿、膝关节、双肩积极下压，重心下沉，双脚迅速向后勾板，双手用力向后拉绳，顶膝、立胯。身体重心上提，收腹、挺胸、抬头，后脚跟顺势上顶，双肩紧锁，双手用力向两侧支撑分绳。秋千荡至后摆最高点时，臀由向上过渡到后翘，然后塌腰为下一荡出发做好准备。

2. 碰铃技术

规则规定只要脚不离开秋千踏板，身体任何部位触铃都有效，且在同一高度上，谁的预摆次数少，谁的名次列前。在预摆过程中，达到一定高度时，心中要有抢荡念头，在高度未充分使身体部位自然触铃前，提前一次碰铃。在高度较充分的最后一次预摆时，蹬、伸、挺速度稍加快，全身力量、注意力充分集中，当髋充分向前挺伸时，重心迅速上提，两臂向身体方向回收拉绳，上体前贴，两臂保持屈肘贴绳姿势，此时不分绳。当整个身体重心全部站在踏板的一瞬间，踝、膝、髋迅速向上伸展，重心上提。身体稍向前倾，单手或双手冲出碰铃。

（三）单人触铃

1. 单人触铃预摆技术

单人预摆技术同单人高度打法技术动作相同，发力点在距秋千柱 20～25 度位置，蹬腿发力、挺胯和勾板回拖。

2. 触铃技术

在高度较充分的最后一次预摆时，蹬、伸、挺速度稍加快，当胯充分向前挺伸时，重心迅速上提，两臂向身体方向回收拉绳，上体前贴，两臂保持屈肘贴绳姿势，此时不分绳。在身体重心全部落在踏板的一瞬间，踝、膝、胯迅速向上伸展，重心上提，身体突然前腾，整个身体好似压缩的弹簧一样，猛地向前上方弹起，身体稍向前倾，单手或双手触铃。

（四）双人高度

双人高度动作由准备、预备、起荡三个技术动作组成。

1. 准备

2名运动员面对面站在起荡台上，双手套好保险带，抓住秋千绳，触铃人双手向前抓紧秋千绳，送秋人将脚用力踏上踏板，支撑脚脚跟提起，以支撑腿向后移动，将秋千绳拉至极限处，呈单人姿势，脚向后用力勾板，待送秋人站好后，触铃人靠近送秋人站立，双手抓绳支撑，保持秋千踏板的稳定，将一只脚踏上秋千踏板，同样展胯，支撑脚稍提后跟，重心前移，抓住秋千绳，做好准备，注意听预备口令。

2. 预备

听到预备声后，两人将重心上提，送秋人含胸收腹，触铃人挺胸收腹，保持好秋千的稳定，等待哨声。

3. 起荡

听到哨声后，两人同时降重心，使重心从支撑脚移向踏板脚，支撑脚迅速向下蹬离起荡台，踏上秋千踏板。这时，送秋人将臀部后翘、塌腰，两人同时将胯向下压。待秋千落至秋千柱中点时，两人迅速蹬压踏板发力，同时呼气。送秋人蹬板后，用力拉绳，快速送胯、顶膝、挺身，重心逐步上提。与此同时，触铃人双脚用力勾板，双手回拉秋千绳，先将胯向后上方挺起，顶膝、蹬板、挺身动作须配合一致。随着重心的上提，两人同时收腹、挺胸、抬头，使秋千踏板荡上前摆的最高点。此时，两人一齐吸气，为下面的后摆做好准备。

（五）双人触铃动作

1. 预摆技术

同双人高度荡法技术动作一样，需要两人有很好的默契，同时蹬压踏板发力、挺身和回拉勾板、呼吸、贴绳形同一人，这样才能更快地提高预摆高度，减少预摆次数。

2. 触铃技术

在高度较充分的最后一次预摆时，2名运动员的蹬、伸、挺速度稍加快。此时送秋人将挺身向前，紧贴对方回收拉绳至身体两侧，在秋千荡到最高点的一瞬间，快速向前推手发力，整个身体向前上方腾起，将触铃人向前推出触铃。与此同时，触铃人用力回拉绳，使身体向上拉起贴绳，到达最高点感受到对方向前推动的一瞬间，快速向前支撑绳，使两臂伸直，锁肩将身体向后上方弹出，此时身体直立，收下颌，头上顶，积极触铃。

二、秋千运动基本技术教学

(一) 单人秋千技术教学

1. 建立秋千技术概念

①演示单人秋千技术动作。

②展示直观教具，观看优秀运动员荡秋千时的连续电影画面、录像、幻灯以及图片，按技术环节边展示边讲解，建立正确的动作表象。

2. 秋千的蹬板、压肩和挺髋技术

①原地利用肋木做蹬板压肩模仿练习。

②原地利用肋木做挺髋模仿练习。

身体重心压上肋木，利用身体重心向上的起势，顺势、依次、连贯地完成蹬压板及压肩拉杠，双腿积极做跪膝、送髋动作，要有一定的节奏感。

3. 学习和掌握基本技术

①踏板的位置。

②双脚的踏板法。

③保护带的高度确定。双脚两侧小拇趾紧贴秋绳，前脚掌踏板，以大拇趾第一关节踏出板，紧扣踏板，不能超出太多，也不能后退太远，勾板容易滑板，向后挺身难度加大。

4. 学习和掌握秋千的出发和摆荡间的蹲、起着力点

①利用起荡台进行出发练习。

②掌握惯性，体会前荡和后荡的蹲、起点练习。动作自然、协调，保持身体平衡，充分体会摆荡惯性，两头顶点站立，下蹲动作不要过猛。在自然用力的情况下完成动作。

5. 学习和掌握秋千的下蹲、蹬板发力、压板、立膝、挺髋角度技术

①体会下蹲、压肩、压板练习。

②体会蹬板发力、压板、立膝、挺髋练习。每个动作积极到位，蹬压板有力，立膝、挺髋动作连贯、协调。

6. 学习和掌握回拖、压板、勾板、顶膝、挺身技术

①体会勾板的两脚用力练习。

②体会向后顶膝、挺身练习。回拖压板、积极舒展、勾板有力。

7. 学习和掌握两顶点分绳技术

①原地利用秋千绳支撑分绳练习。

②秋千上支撑分绳练习。两臂紧扣、锁肩，两手虎口向外，支撑分绳。

8. 学习和掌握单人秋千碰铃技术

上挺快、推手迅速、重心上提充分。

9. 学习和掌握单人秋千的完整技术中等或中上强度的完整技术练习

动作协调、蹬伸有力，整个动作自然舒适、富有节奏感。

10. 复习、巩固、熟练单人秋千技术

组织教学比赛，结合个人特点，改进技术细节。

(二) 双人秋千技术教学

1. 建立双人秋千技术概念

①演示双人秋千完整技术。

②展示直观教具，观看教学电影、录像、幻灯、技术图片等。

2. 学习和掌握双人秋千下蹲蹬压板、立膝、挺髋技术

①手扶肋木面对面站立，学习蹬压板、立膝、挺髋模仿练习。

②蹬压板、立膝、挺髋练习。

动作协调一致，同蹲同起，形同一人。蹬板积极富有节奏感，重心平衡。

3. 学习和掌握双人秋千蹲压板、挺、回勾板技术动作

秋千上体会后荡的蹲、压、挺、回勾板练习。回拖秋千绳有力，双脚勾板积极。

4. 学习和掌握双人秋千出发、前荡、后荡结合技术中等或中上强度的完整技术练习

双人富有默契感，重心平稳，蹬压板有力，回拖勾板迅速，顶点支撑分绳。

5. 学习和掌握双人碰铃技术

送铃人积极有力推绳，触铃人很好地配合后挺碰铃。

6. 复习、巩固、熟练双人秋千技术

组织教学比赛，针对双人弱点，改进技术细节。巩固技术，提高运动成绩。

第三节　秋千运动训练方法与手段

一、基础训练阶段

（一）训练任务与要求

①全面提高身体素质。

②进行跑、跳多种运动项目训练，重点是耐力与爆发力训练。

③学习秋千基本技术。

④初步掌握秋千的蹬压板、挺髋、拉绳、贴绳技术。

⑤培养对秋千的兴趣和爱好，使之养成良好的训练习惯。

⑥合理安排运动负荷。

⑦要把灵敏性、协调性和柔韧性始终贯穿整个训练中。

（二）训练负荷量与强度

每周训练10～12次，每次训练2～2.5小时，运动量不宜过大，密度和强度也不宜太大。其中全面身体训练占40%，专项身体训练占30%，技术训练占30%，强度在85%～95%，柔韧性、协调性、灵敏性占全部训练的15%。

二、专项提高训练阶段

（一）训练任务与要求

①进一步进行全面身体素质训练，有针对性地提高身体素质和专项能力，充分挖掘运动潜能。

②强化身体素质，完善秋千技术，使其达到较高水平。

③逐渐增加负荷量，加大运动强度。

④加强完整技术训练，形成个人独特技术风格，提高专项技术水平。

⑤改进和提高秋千的完整技术。

⑥加强心理素质训练，培养运动员顽强拼搏和沉着应战的心理准备，养成吃苦耐劳的精神。

⑦进一步培养良好的比赛意识和能力。

（二）训练内容与运动负荷

专项训练同基础训练阶段基本相同，但逐渐加大运动量和强度，要保证一定比例的大强度训练，但以技术训练为主。

三、高级训练阶段

（一）训练任务与要求

①进一步完善与巩固专项技术，达到熟练程度。

②强化专项素质训练和专项力量训练，接近生理极限水平。

③不断完善专项技术和战术。

④形成稳定的心理状态，善于发挥自己的最好运动水平，使其达到赛中最佳心理状态。

（二）训练内容与训练负荷

每周训练10～12次，每次训练2.5～3小时，强度在本人最大强度的80%以上。其中全面身体训练占10%，专项身体训练占20%，专项技术训练占50%，专项力量训练占20%。

第四节　秋千运动竞赛通则

一、竞赛定义

秋千为女子项目。运动员在秋千架上试荡，以尽可能少的预摆次数达到领先其他人的高度或触铃次数，即为胜者。

二、比赛办法

①以体重分级别或不分级别进行比赛。

②以体重分级的比赛分55公斤以下（含55公斤）和55公斤以上两个级别。

③称量体重。

·以体重分级别的比赛，在全部比赛过程中只称量一次体重，开赛前一天早上称量，称量体重工作应在1小时内完成。

·由裁判长1人、裁判员2人、记录员1人和医生1人组成称量体重组，进行称量体重工作。保存原始称量记录，不得涂改。

·运动员称量体重时，必须持有效证件，经称量体重组核对资格后，方可进行称量。称量体重时，只可穿运动短裤和短袖运动衣。

·先由体重轻的级别开始称量，每人称量一次。如称量后运动员体重超过原属级别，并在规定称量时间内不能达到原属级别，则不能参加所属级别比赛。

④准备比赛：检录员点到参赛运动员后，教练员可以进入场地帮助运动员做 2 分钟赛前准备，系好安全绳。裁判员发出“准备比赛”口令后，教练员退出比赛场地，运动员方可进入比赛场地，上起荡台，系好安全带，双手握住秋千绳，一只脚踏在脚踏板上，另一只脚站在起荡台上，并向裁判员报告“准备完毕”，等待比赛开始信号。自裁判员发出“准备比赛”口令至运动员报告“准备完毕”的时限为 3 分钟。

⑤开始比赛：裁判员在听到运动员报告“准备完毕”后鸣哨，运动员方可开始试荡。

⑥结束比赛：当出现下列情况时，则鸣锣表示该次试荡结束。

·触铃比赛：预摆次数达 30 次时仍未触铃，裁判员则鸣锣结束比赛。

·高度比赛：预摆次数达到《系铃架与秋千架的距离和不同高度的预摆次数表》中所规定的预摆次数时，仍未触铃，裁判员则鸣锣结束比赛。

·在试荡过程中，运动员或教练员可以提出终止该次试荡的要求，裁判员则鸣锣结束比赛。

⑦1 名运动员在连续 2 次试荡之间，可以休息 5 分钟。

⑧有效成绩：运动员双手握住秋千绳，双脚站在脚踏板上，秋千绳或该运动员身体的任何部位触到铃或铃杆均为有效成绩。

⑨系铃架的移动：裁判员根据运动员或教练员的要求，每次试荡前可移动一次系铃架，向前或向后移动的距离不得超过 30 厘米。系铃架与秋千架的距离见《系铃架与秋千架的距离和不同高度的预摆次数表》。

⑩因系铃架或电子计时系统发生故障而停止比赛，待故障排除后可重新开始比赛。因器械故障受影响的运动员可在本单元比赛最后一名运动员之后重新试荡，如运动员放弃重新试荡，则故障发生前的成绩有效。

三、高度比赛

①单人比赛为 4 次试荡。

②双人比赛为 3 次试荡。

③铃杆高度是指从铃杆（包括铃铛）的最低点至地面的垂直距离。比赛中，铃杆的高度只升不降。

·铃杆的起荡高度均为6米。

·铃杆升高幅度：6～9米（含9米）。每次升高30厘米或30厘米的倍数。9米以上：每次升高20厘米或20厘米的倍数。10米以上：每次升高10厘米或10厘米的倍数。极限高度：双人11米；单人不限。

④单人或双人应在每次试荡结束后的3分钟内，向裁判员报下一次试荡高度。

⑤允许单人或双人在某一高度失败后，在同一高度或更高的高度上进行试荡。

四、触铃比赛

①单人或双人比赛均为1次试荡，限时10分钟。

②铃杆高度：单人6.3米，双人7.2米。

五、犯规与处罚

①抢摆：抢摆是指运动员在裁判员发出哨声前开始试荡。

·高度比赛：第一次应给予劝告，并增加1次预摆次数；第二次给予警告并再增加1次预摆次数；第三次则判定该次试荡失败。

·触铃比赛：第一次应给予劝告；第二次给予警告并扣除1次触铃次数；第三次则取消比赛资格。

②在试荡过程中，如出现运动员的手离开秋千绳或脚离开脚踏板时：

·高度比赛：判定该次试荡失败。

·触铃比赛：触铃瞬间发生上述情况，裁判员鸣锣终止该次试荡，并判此次触铃无效，但终止前的成绩有效。

③试荡过程中，运动员借助外力增加或减少摆荡力量者：

·高度比赛：判定该次试荡失败。

·触铃比赛：裁判员应鸣锣终止该次试荡，终止前的成绩有效。

④如果运动员准备比赛的时间超过3分钟：

·高度比赛：判定该次试荡失败。

·触铃比赛：超过1～30秒，扣除一次触铃次数；超过31～60秒，再扣除一次触铃次数；超过60秒者，则取消该项目比赛资格。

⑤试荡过程中，如教练员或运动员自行移动系铃架，则判定试荡失败。

⑥对有不正当行为的运动员，第一次给予警告；第二次取消比赛资格。被

取消比赛资格前的成绩有效。

⑦在比赛中，如教练员妨碍裁判员工作，第一次警告，第二次罚其离场。

六、名次的判定

(一) 高度比赛

①单人或双人比赛均以其最好的一次试荡成绩作为最后决定名次的成绩。

②高度高者名次列前。

③出现成绩相同时：

· 成绩相同的高度上，试荡次数少者名次列前。

· 成绩相同的高度上，出场次数相同，预摆次数少者名次列前。

· 成绩相同的高度上，试荡失败次数少者名次列前。

· 在成绩相同的高度前，试荡次数总和少者名次列前。

· 在成绩相同的高度前，预摆次数总和少者名次列前。

· 在相同的高度上加赛一次，预摆次数少者名次列前，如预摆次数相同则以体重的轻重决定名次（双人比赛以 2 人的体重之和进行计算），体重轻者名次列前。

(二) 触铃比赛

①单人或双人在规定时间内，触铃次数多者名次列前。

②出现成绩相等时：

· 以预摆次数少者名次列前。

· 以连续触铃次数多者名次列前。

· 双人加赛 5 分钟，铃杆高度 8.2 米；如触铃次数、预摆次数、连续触铃次数都相同，再加赛 5 分钟，铃杆高度 8.7 米，如触铃次数、预摆次数、连续触铃次数还相同，则以体重（2 人的体重之和）的轻重决定名次，体重轻者名次列前。

· 单人加赛 5 分钟，铃杆高度 6.6 米；如触铃次数、预摆次数、连续触铃次数都相同，再加赛 5 分钟，铃杆高度 6.9 米，如触铃次数、预摆次数、连续触铃次数还相同，则以体重的轻重决定名次，体重轻者名次列前。

(三) 团体名次

依据各队运动员在各项比赛中最好成绩之和排定。如出现得分相等，以获得第一名多者名次列前；如仍相等，则以获得第二名多者名次列前，以此类推。

七、弃权与申诉

（一）弃权

①触铃比赛中超过比赛时间5分钟未到场；高度比赛中每次试荡开始前5分钟未到场。

②因对裁判员的判罚有异议而拒绝继续比赛，中断时间达5分钟。

（二）申诉

运动员对裁判员裁决有争议时，由领队或教练员在比赛结束后2小时内以书面形式向仲裁委员会提出申诉，同时交纳申诉费。仲裁委员会的判决为终审裁决。

第五节　秋千运动裁判法

一、裁判人员及其职责

（一）裁判人员

比赛设裁判长1人，副裁判长1～2人，裁判员、检录员、计时员、记录员、宣告员等若干人。

（二）裁判人员职责

1. 裁判长

①组织裁判人员学习和熟悉竞赛规程及规则，明确有关工作任务和事项。

②安排裁判人员的分工。

③领导全体裁判人员检查场地、器材及其他比赛用具。

④保证规则得以执行，处理规则中未做明文规定的有关问题。

⑤对比赛中发生的争议或异议做出最后裁决。

⑥对所有成绩、名次进行审核签字。

⑦有权对有不正当行为的运动员或教练员提出警告或取消比赛资格。

2. 副裁判长

①协助裁判长进行工作，裁判长缺席时，副裁判长代理裁判长的工作，行

使其职权。

②做好比赛的后勤保障工作。

3. 裁判员

①赛前协助裁判长检查场地及器材。

②测量秋千架、系铃杆高度以及系铃架与秋千架的距离。

③比赛中检查器材，保证器械的安全性。发现有不安全因素时，应及时通报裁判长终止比赛。对运动员自备脚踏板进行检查。

④对试荡的预摆次数、触铃次数和空荡次数的判定。

⑤对运动员成绩和犯规情况的判定。

⑥发出“准备比赛”和“比赛开始”命令。

⑦移动起荡台和系铃架。

⑧保护运动员的安全。

⑨维持比赛场地的秩序。

4. 检录员

①赛前根据竞赛日程和比赛顺序进行检录，并将检录结果及时通报裁判长。

②比赛进行中负责比赛运动员的入场。

5. 计时员

①准确操作计时钟（表），计取和记录运动员准备比赛时间及延误时间。

②准确计取触铃比赛时间，当比赛时间到，则停表、鸣锣结束比赛。

6. 记录员

①记录比赛成绩（试荡次数、预摆次数、触铃比赛的空荡次数、试荡高度及试荡的成功、失败情况）。

②记录运动员的名次，并交裁判长审核、签字。

③将比赛成绩交宣告员宣告。

④统计各项比赛名次，并交裁判长审核、签字。

7. 宣告员

①宣告比赛进程（高度）、介绍参赛选手情况及相关信息。

②宣告比赛成绩及运动员试荡中途的时间。

二、裁判人员工作程序及要求

（一）裁判长

1. 比赛前的工作与要求

①组织召开裁判组工作会议。为了更好地完成比赛任务，裁判长在比赛前应当组织全体裁判员召开数次工作会议，通过学习解决以下几个问题：

• 加强裁判员的职业道德教育，能够在比赛中公平公正地执法。

• 组织裁判员学习和熟悉竞赛的规程及规则，必要时进行规则考试。对规则中的重点、难点进行讨论，最后统一判罚尺度。

②参加教练员、领队联席会议。向各队讲明判罚尺度、竞赛执法要求及注意事项。

③检查器材的准备情况。秋千是在高空中进行的比赛项目，为了确保安全，裁判长要带领裁判员仔细检查器材，赛前及时发现安全隐患，保证运动员的人身安全。

④根据每一位裁判员的自身特点进行裁判工作分工。

⑤安排裁判员赛前实习，通过实习发现问题，商量解决的对策，保证比赛的顺利进行。

2. 比赛中的工作与要求

①裁判长全面组织和领导裁判的各项工作，掌握裁判工作的进程。

②保证规则得以执行，处理规则中未做明文规定的有关问题，并做出最后的裁决。

③对比赛中发生的争议或异议，向临场裁判员详细了解当时情况，认真听取临场裁判员的意见，仔细分析，按规则和规程的规定，及时果断地做出最后的裁决。

④对有不正当行为的运动员或教练员视情节轻重提出警告直至取消比赛资格。

⑤对所有的比赛成绩、名次进行审核、签字。

⑥密切注视器材的运行状态，保证器材的安全使用。

3. 比赛后的工作与要求

每个比赛单元结束后或比赛过程中对判罚出现争议后，要召开全体裁判员工作会议，对裁判工作进行总结，以便解决以下问题：

①裁判员的工作态度和心理状态。

②规则执行的情况，判罚尺度掌握情况，关键的判罚掌握情况。

③裁判员之间的相互配合情况。

④分析有争议的判罚，各抒己见，统一认识。

⑤通报重大问题的处理意见。

⑥根据前一阶段比赛的情况和出现的问题，布置下一阶段的任务和具体要求。

（二）副裁判长

1. 比赛前的工作与要求

①协助裁判长组织裁判学习和实习。

②负责协助裁判长进行规则、规程的学习和裁判实习，检查记录台的准备工作。

③负责场地、器材、裁判员用品的准备工作，协助裁判长检查场地、器材。

④每个单元比赛开始之前组织裁判员统一入场，入场依次是裁判长、检录员、裁判员、记录员、计时员。

2. 比赛中的工作与要求

①做好比赛中的后勤保障工作。

②负责场地、器材的管理。保证器材的安全使用。

③负责检查和监督计时员和记录员的工作，并指导和协助其做好工作。

④协助裁判长解决好比赛过程中出现的异议和争议。

3. 比赛后的工作与要求

①对自己所负责的工作认真总结，及时发现问题并做好总结。

②协助裁判长召开全体裁判员工作会议。

（三）裁判员

秋千比赛设临场裁判员 5 名（发令员 1 名、移动起荡台裁判员 2 名、判定触铃结果裁判员 2 名）。

1. 比赛前的工作与要求

①认真学习大会的有关文件、规程和规则。特别是对规则中未明文规定的、在比赛中有可能出现的情况，一定要掌握统一判罚的尺度。

②准备服装和比赛用具。

③协助裁判长检查场地、器材，熟悉场地。

④认真进行赛前的裁判实习，通过实习熟悉各队和运动员的情况。

⑤测量秋千架、系铃杆的高度以及系铃架与秋千架的距离。

2. 比赛中的工作与要求

①按照比赛的项目或运动员的要求，测量好秋千架、系铃杆的高度以及系铃架与秋千架之间的距离（如脚踏板为运动员自备，则应先对其进行检查，确定符合规则要求）。

②将起荡台移动到运动员出发的位置。

③发出“准备比赛”的口令，并开始计时运动员的准备时间（3分钟）。

④在准备的时间内听到或看到运动员准备好的信号后，鸣哨发出“比赛开始”的口令，同时示旗，此时要判断运动员是否抢摆，如抢摆则鸣哨召回，根据规则的规定进行判罚。

⑤比赛中检查器材，保证器械的安全。发现不安全因素时，应及时通报裁判长中止比赛。

⑥判定运动员的预摆次数、触铃次数和空荡次数。

⑦比赛开始后对运动员的犯规情况进行判定。

⑧保护运动员的安全。

⑨对运动员的比赛成绩进行判定。

⑩维持比赛场地的秩序。

3. 比赛后的工作与要求

①每个单元比赛结束后，检查场地器材，如发现安全隐患，报告裁判长。

②总结经验，协助裁判长做好善后工作。

（四）检录员

1. 比赛前的工作与要求

①准备服装和比赛用具。

②认真学习大会的有关文件、规程和规则。

③熟悉场地。

2. 比赛中的工作与要求

①根据竞赛日程和比赛顺序，比赛前30分钟开始检录。

②负责核实运动员的身份。

③检查运动员自带的脚踏板是否符合规则规定。

④检查运动员的发式、着装、佩戴的装饰物是否符合规则规定。

⑤将检录的结果及时通报裁判长。

⑥负责将运动员带入比赛场地。

3. 比赛后的工作与要求

①每单元比赛结束后收拾好裁判用器材。

②总结经验，协助裁判长做好善后工作。

(五) 计时员

1. 比赛前的工作与要求

①认真学习大会的有关文件、规则和规程。

②准备服装和比赛用具（秒表、锣、锣槌）。

2. 比赛中的工作与要求

①操作计时钟（表），负责计取和记录下列时间：

· 记录运动员的准备比赛时间（3 分钟）及延误时间。

· 记录触铃比赛的时间（10 分钟）。

· 记录运动员在连续试荡之间的休息时间（5 分钟）。

②负责下列情况下停表、鸣锣结束比赛：

· 在触铃比赛中预摆次数达 30 次时仍未触铃，则鸣锣结束比赛。

· 在高度比赛中，预摆次数已达到规则中所规定的预摆次数时仍未触铃，则鸣锣结束比赛。

· 在试荡过程中，运动员或教练员提出终止该次试荡的要求，则鸣锣结束比赛。

· 在裁判员终止运动员比赛的判罚发出后，鸣锣结束比赛。

3. 比赛后的工作与要求

①检查比赛器材。

②总结经验，协助裁判长做好善后工作。

(六) 记录员

1. 比赛前的工作与要求

①认真学习大会的有关文件、规程和规则。

②准备服装和比赛用具。

2. 比赛中的工作与要求

①记录比赛成绩（试荡次数、预摆次数、触铃比赛的空荡次数、试荡高度及试荡的成功、失败情况）。

②记录运动员的名次，并交裁判长审核、签字。

③将比赛成绩交宣告员宣告。

④统计各项比赛名次，并交裁判长审核、签字。

3. 比赛后的工作与要求

①整理每个单元的比赛成绩并录入计算机。

②总结经验，协助主管记录台工作的副裁判长做好善后工作。

（七）宣告员

1. 比赛前的工作与要求

①认真学习大会的有关文件、规程和规则。

②准备服装，试用播音器材。

③了解秋千运动的起源和发展，熟悉各参赛队和选手的情况。

2. 比赛中的工作与要求

①宣布裁判员入场。

②向观众介绍秋千运动及其比赛的规则、参赛队和参赛选手。

③在高度比赛中宣告运动员试荡的高度、预摆的次数和试荡成功或失败。

④在触铃比赛中，宣告铃杆的高度、预摆的次数、触铃的次数、空荡的次数、试荡中途的时间。

⑤宣告比赛成绩。

⑥播放音乐。

3. 比赛后的工作与要求

总结经验。协助裁判长做好善后工作。

三、临场裁判员的区域分工与职责

（一）临场裁判员的位置

临场裁判员的位置如图 5-1 所示。

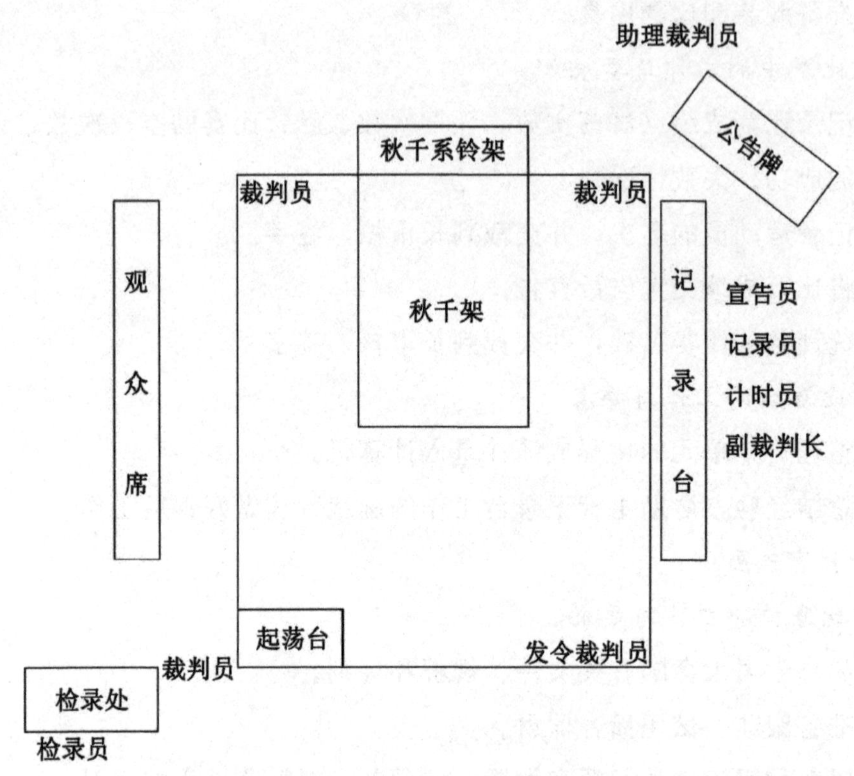

图 5-1 秋千比赛临场裁判员位置分布情况

(二) 临场裁判员之间的配合

比赛开始后裁判长掌握整场比赛，副裁判长主要负责器材的运行和使用情况及记录台工作。检录员将运动员带入比赛场地后，经负责记录台工作的副裁判长确认临场裁判员准备工作完成后，并发出指令，由 2 名裁判员将起荡台移动到运动员出发的位置，运动员上起荡台准备开始比赛。发令裁判员发出“开始”的口令后，运动员开始上脚踏板系安全带，在规定的准备时间内完成，在得到运动员准备好的示意后，发令裁判员鸣哨挥旗比赛开始，在发令裁判员发出“开始”的口令和鸣哨开始比赛之时，发令裁判员与计时员要密切配合，计时员要准时开表。记录员密切注视裁判员的判定，根据裁判员的判定记录比赛成绩。宣告员在裁判员判定后再宣告成绩，宣告员对宣告的成绩有异议时，可以与同台的记录员核对，得以确认。负责公告牌的助理裁判员，听到宣告员的宣告后公布成绩，如未听清可以到记录台查阅，以便准确公告。计时员要根据裁判员的判定及时停表、鸣锣结束比赛。秋千架下的 2 名判罚裁判员，如判罚不一致，请裁判长做最后的判决。

复习思考题

1. 简述秋千运动的起源与发展。
2. 目前在各种运动会中秋千比赛设项情况如何？为什么只有女子比赛？
3. 高度比赛与触铃比赛在技术和对运动员身体素质要求上有哪些不同？
4. 各种比赛在成绩相同时如何判定名次？

第六章

龙舟竞渡

【内容提要】

主要介绍龙舟运动的基本动作、基本技术，了解各个项目的比赛规则，并懂得如何欣赏比赛，组织比赛。

【学习目标】

1. 了解龙舟运动的起源与发展

2. 掌握龙舟运动的基本技术和教学方法

3. 掌握龙舟运动的训练方法

【关键词】

龙舟；基本技术教学；训练方法；竞赛规则

第一节　龙舟竞渡项目概述

一、起源与发展

龙舟是一项在民间广泛开展的民族传统体育项目，是一项诸多划手依靠单片桨叶的划桨作为推进方式，运用肌肉力量向船后划水，推动舟船前进的运动。壮族、苗族、傣族、白族、土家族等诸多南方少数民族均有节日赛龙舟的风俗。

说到龙舟，流传最广的是端午节为了纪念屈原而举行的划龙舟活动。屈原，世界四大文化名人之一，曾是春秋时期楚国的三闾大夫，因对外联合抗秦，对内选贤任能的政治主张遭到守旧贵族的诋毁，被楚怀王疏远而放逐江南。公元前 278 年，楚都郢被秦兵攻破，屈原始终不忍舍弃楚国，于五月初五在写下绝笔作《怀沙》之后，抱石投汨罗江殉国。传说屈原死后，楚国百姓哀痛异常，纷纷涌到汨罗江边凭吊屈原。渔夫们划起船只，在江上来回打捞他的真身，他们争先恐后，追至洞庭湖时不见踪迹。后来，人们每年农历五月初五划龙舟以纪念之，借划龙舟驱散江中之鱼，以免鱼吃掉屈原的身体。

在浙江，龙舟竞渡活动被认为是为了纪念越王勾践操练水师、打败吴国的历史。勾践战败被俘后，在吴国过了3年忍辱含垢的生活，骗取了吴王夫差的信任，被放回越国。回国后，勾践卧薪尝胆，立志雪耻，于当年五月初五成立水师，开始操练。数年后，终于一举消灭吴国。后人为昭彰勾践这种坚忍不拔的精神，便效仿越国水师演练时的情景，于农历五月初五这一天划船竞渡，以示纪念。

江浙地区划龙舟，也有纪念孝女曹娥救父投江的传说和纪念当地出生的近代女民主革命家秋瑾的意义；江苏一带的龙舟竞渡，源于对伍子胥的纪念；贵州苗族人民在农历五月二十五日至二十八日举行“龙船节”，以庆祝插秧胜利和预祝五谷丰登；云南傣族同胞则在泼水节赛龙舟，纪念古代英雄岩红窝。

尽管各地赛龙舟的日期不同、纪念对象各异，但都会在赛龙舟时将舟船装扮成龙形，以锣鼓、呐喊助阵，逐渐形成了“团结、协作、拼搏、进取”的中国龙舟运动精神。1991年，在广西举行的第四届全国少数民族传统体育运动会上，龙舟第一次被列为正式比赛项目。

二、场地

比赛场应设在静水水域，航道是直的。起航线与终点线必须平行，并与航道线垂直。根据参赛队长的条件设6式8条航道。每条航道的宽度可按9米、11米或13.5米布置，航道的编号按终点裁判所处位置最近的为第一道，次近的为第二道，以此类推。航道最浅水深不得小于2.5米，航道内不能有水草、暗礁和木桩，航道外5米内应无障碍物，在航道一侧应设20～30米宽的附航道。航道浮标间距不得大于50米，离航道末端100米内的浮标全部使用红色，间距不得大于12.5米。起点线和终点线外2米靠近终点裁判台一侧的航道延长线设置高0.8～1米白底黑字的三角航道牌。

三、器材

（一）标准龙舟

总长18.4米（含龙头、龙尾），舟体长：15.5米，允许误差±0.05米。

龙头长 1.45 米，龙尾长 1.45 米。舟宽 1.1 米（最宽处），允许误差±0.01 米。总重量（含龙头、龙尾和舵桨）300 千克±1 千克，整条龙舟的制作材料均采用玻璃钢材料（FRP）。

（二）小龙舟

总长（含龙头，龙尾）11 米，舟体长：9 米±0.03 米。龙头长 1 米，龙尾长 1 米。

舟宽（最宽处）1 米±0.01 米。总重量（含龙头、龙尾和舵桨）180 千克±1 千克，整条龙舟的制作材料采用玻璃钢材料（FRP）。

（三）舵桨

舵桨采用固定式（固定装置设在尾舱左侧船体上），舵桨总长 2.5 米，其中桨叶长 0.55 米，桨叶宽：前沿 0.24 米，上端 0.22 米，允许误差±0.003 米。桨叶的边缘厚度为 0.01 米。

（四）划桨

划桨长度为 105～130 厘米，其中桨叶长 48 厘米，弧形斜口延伸 12 厘米，其中距末端 36～48 厘米是桨叶的肩。桨叶前沿最大宽度为 18 厘米，长 12 厘米处宽 16.75 厘米，长 24 厘米处宽 15.4 厘米，长 36 厘米处宽 14.05 厘米，允许误差±1 厘米。桨叶的边缘厚度为 0.4～1 厘米。桨杆直径 2.5～3.5 厘米，桨柄长 57～82 厘米。

龙舟（含龙头和龙尾）舵桨、划桨的制造材料不加限制，在同一赛事中竞赛规程规定由大会统一提供的器材，必须用同种材料和同种工艺制造。

（五）龙舟附属装置及备用器材

每条龙舟必须设有规格一致的龙头、龙尾、锣、锣架、鼓和鼓架。在保证龙舟总长度不变的情况下，龙舟、龙尾的造型可自行设计。锣的直径为 0.48 米，设在中舱规定的位置上，鼓的直径为 0.58 米，高不得小于 0.4 米，在第一划手前面，面对舵手，另须设航道牌，配水瓢 2 个。允许带预备划桨。

划桨由各参赛队自备（规程规定由大会统一提供除外），颜色必须一致，并与赛前经裁判组检查、验收，盖上合格标记方可使用（含预备桨）。

（六）违禁物品

比赛队员不得携带通信、动力器材及与竞赛规定不符的物品登舟。

第二节　龙舟竞渡基本技术教学与练习方法

一、龙舟的基本技术

依据划龙舟运动员的职能，龙舟运动员可划分为划手、鼓手、舵手。

(一) 划手技术

龙舟划手的技术包括握桨、坐姿、划桨技术、集体配合等基本技术。

1. 握桨

右排坐姿的握桨是左手在桨把的上端，掌心紧贴桨把，四指并拢从外向内弯曲握住，拇指从内向外握住桨把；右手握在桨把与桨叶的交界处，四指弯曲并拢从外向内，拇指从内向外握住桨把。左排坐姿的握桨要领与右排一样，只是左右手上下位置相反。通常把握在上端的手叫“上手”或“推手”，握在下面桨柄处的手叫“下手”或“牵引手”，上手臂的肩叫“推肩”或“上肩”，下手臂的肩叫“牵引肩”或“下肩”。

2. 坐姿

右排坐姿是左脚在前，全脚掌踏实在舟板上，左腿半屈；右脚在后，位于臀部下方，前脚掌踏在舟板上，脚跟提起，大腿和臀部的外侧紧贴在舟的内沿。左排坐姿的技术方法和要求与右排坐姿相同，只是左右腿动作相反。

3. 划桨技术

(1) 入水动作

入水是指从桨叶尖端接触水面到桨叶全部浸入水中的阶段。入水是力量传递的重要部分。运动员在前一个恢复阶段有力摆动的基础上，再加速将桨叶靠近船体向前与船体平行地推出，运动员的躯干前倾，转体伸直，扭紧躯干，使背部接近于面向划桨侧。两臂伸直，抬高推桨的肘部，使拉桨肩向前，推桨肩稍后移，肘弯曲，手在头的上方，桨入水的角度在80～90度比较合适，桨入水时，左臂下压，右臂后拉。

(2) 拉桨动作

桨叶入水后，推桨手迅速前推并撑住，使桨叶抓住水。拉桨手的肩后移，利用抬体和转体的力量直臂向后拉桨。从入水后到拉桨，运动员应将身体重量压在桨上。拉桨时腰背用力，臀部肌肉紧张。拉桨手拉过臀部开始屈臂，手腕先向内转，同时肘部向外翻，到上体抬至接近垂直时拉桨结束。拉桨动作是由一连串连续的同时向两个相反方向运动的动作所组成的，拉水距离尽量长，拉水时间尽可能短而快。

(3) 出水动作

在拨桨时，两臂继续向上提桨，桨叶即迅速从水中提出。起桨向前时，桨的下叶不能碰水面，以免产生阻力，也不能提得太高，影响向前伸展手臂和入水时间以及配合划行时的速度。

(4) 回桨（恢复）

从桨叶出水到下一次桨叶入水之间，桨叶不在水中划行，属回桨阶段。当桨叶达到坐姿时，推桨手转动桨把并上提向前，拉桨手则在髋部附近和同侧髋部一起有力地前移。桨叶出水后，运动员上身挺直，开始转动上体，将桨继续向前上方推出。在恢复阶段，应强调肌肉的放松和呼吸，这是使划桨动作连贯、协调的重要阶段。在恢复阶段的最后，运动员全身肌肉再度紧张，屏住呼吸，准备下一次桨叶入水。

4. 集体配合

龙舟运动很讲究完美的协调、快节奏的技术、同步一致和合理安排桨位。要求握桨把一致，入水角度一致，入水深度一致，用力均匀一致，并要绝对服从指挥。听口哨声或鼓声划行。其节奏应是咚（鼓声）——喳（划水声）。呼吸方法为：起桨时——吐气；划桨时——吸气。领桨手要求节奏好，抓水有力，出水快，个性顽强，平衡能力好；船尾舵手要求操作熟练，善于把握航道。

(二) 鼓手技术

鼓手的姿势可分为站立打鼓、坐打鼓、单脚跪姿打鼓。

1. 鼓声节奏

①一声重，一声轻，重声桨入水，轻声桨出水。

②双槌同时击鼓，或只敲一声，桨入水。

鼓声可以变化许多敲法，无论鼓手怎样敲和划手怎样跟，划手都足以将插桨动作的入水那一瞬间恰好落在鼓声节奏的强拍上，使全队划桨动作整齐划一，节奏一致。

2. 鼓声力度大小与节奏快慢

鼓手鼓声力度大小和节奏快慢的变化可有效地控制船速，鼓声力度大、节奏快能有效刺激划手中枢神经的兴奋性，调动情绪，奋力划进，反之，船速则降下来。尤其在训练中，单调枯燥乏味的划进容易使队员产生厌倦感，使训练素质下降，而当鼓手变化一下鼓声节奏，比如敲花鼓，可调动运动员的积极性，提高训练质量。

在比赛中，尤其当两条船并行划进，不分上下，势均力敌时，鼓手的鼓声控制尤显重要。一定要有气势，要能提高队员的兴奋度，不然一旦落下，冲刺时则很难追上。

（三）舵手技术

舵手的姿势有站立把固定舵、站立把活动舵、坐着把活动舵。民间比赛的舵长短不一，舵手还可以参加划水，但正式比赛的舵有统一规格，舵手不能参加划水。

1. 点式技术

舵入水中很快就提出水面称为点式。这种技术适用于龙舟在行进过程中方向改变较小的情况。舵手坐在船尾，非常敏锐地感觉到船体方向微小的变化。当船稍微有点偏航时采用点式技术效果较好。这种技术产生的阻力最小，自然对速度影响不大。如果船继续偏航，可采用有节奏的点式打舵技术，即舵断断续续地入水、起水，舵叶的入水角度应视偏航的大小灵活掌握。这样既保持了航向又保持了速度。

如果舵手精力不集中，或者技术较差，使船体偏航很大时再纠正航向，那将产生很大的阻力。由于速度产生的惯性，船偏航时离心力很大，舵手需要花费很大力气纠偏方能保持航向，这对速度影响极大。

2. 拨式技术

船偏航较大时，选中水中一点，迅速下桨朝反方向横向拨桨打舵称为拨式。水中这个点的选择，应视偏航大小灵活掌握。此技术主要适用于在风平浪静情况下的龙舟掉头、靠岸，以及龙舟进入航道时摆正航向，采用此技术效果较好。而在有风浪的情况下，采用此技术掉头靠岸难以使船保持平稳。此技术不适合在行驶中采用，因为阻力比点式技术要大，同时难以使船平稳。

3. 拖式技术

船在行驶中，舵叶始终在水中控制方向称为拖式。当船体方向改变较大时就采用此技术。此技术为民间龙舟普遍采用。它能有效控制方向，在有风浪的情况下采用此技术掉头靠岸比较平稳，但因舵长时间拖在水中，故此技术产生的摩擦阻力最大。船偏航越大，舵桨与前进方向的角度就越大，阻力也就越大，对船的速度影响也就越大。笔者建议在比赛中尽量少采用此技术。

龙舟掉头靠岸，或者需要大幅度的、急速的方向改变，可先采用拨式技术，当船的运行状况快要达到要求时，则采用拖式技术，这样可保持平稳。原则上，无论舵手采用何种技术都应尽可能小地影响行进中的船速。

二、龙舟竞渡基本技术教学方法

（一）龙舟教学步骤

1. 握桨

拉桨臂握桨杆，推桨臂正握桨柄，两手都不要握得太紧，要稍稍放松，两手间的距离随人的身高和桨长而变化，高个子远一点，矮个子近一点。

2. 坐立姿势

先在陆上训练，按龙舟姿势坐在垫子上，坐时两脚向前伸直。小腿稍向内偏，脚尖着地，支撑腿脚掌着地，脚稍向内偏，大腿与小腿的夹角为钝角，保持膝部舒服。

3. 模仿练习

龙舟的划桨动作是不对称的，由 4 个部分组成，各部分之间是彼此连贯的。模仿练习可以在陆上或划桨池进行分解教学。划桨动作分为插桨、拉桨、出水、恢复。下面以右桨手为例进行分析。

（1）插桨入水

右臂（拉桨臂）伸出，左臂稍屈在头上方，两手轻松握桨，肩和躯干转向左边，几乎背对拉桨边，上体前屈，桨叶与水面成锐角，切勿成钝角，否则插桨动作不对。

（2）拉桨

两臂伸出插桨以后，躯干和肩转动，桨开始向后运动。拉桨的力量来自肩部，并通过手臂传递到桨上。拉桨之前右肩稍降低，左肩稍抬起。左肩向前转动的同时，左臂向前、向下推桨。开始拉桨时，尽量转动肩部，直起上体使身体离桨远一点。随后拉桨臂（右臂）稍稍弯曲，推桨臂伸直，桨接近身体。拉桨结束时，桨柄在身体前面，推桨臂完全伸直，拉桨臂弯曲。

(3) 出水

拉桨动作在腰部位置结束，此时桨已空载，运动员两臂向上提起，将桨叶从水中抽出。

(4) 恢复

这是出桨动作的继续，桨叶一离开水，就用推桨臂向船中心转动桨柄，使桨叶边向前顺着船的前进方向。同时腰和肩转动，躯干前屈，拉桨臂伸直摆动桨向前，推桨臂微屈过头，手腕逐渐转动桨柄，桨叶又处于和船的轴线垂直的位置，然后插桨，开始下一个动作循环。

4. 水上练习

运动员在板凳上练习时间不宜过长（因为桨悬在空中没有依托，所以长握桨容易疲劳），只要练习到掌握动作要领即可。

转入划桨池练习时，水对桨产生阻力，因此桨的选择很重要。学员最好使用专门的“教练桨”。这种桨长度一般，但桨叶面比较小，桨叶宽 10～13 厘米，长 65～70 厘米，用这种桨练习时，拉桨比较轻松。在划桨池划桨，方法与在板凳上划桨动作没有太大区别。

龙舟学员最好在平稳的大龙舟上熟悉水性。在大龙舟上可以先坐着划桨，坐时靠近船边，划桨边的腿收在板凳下面，另一条腿前伸，身体稍稍转向水面。由老运动员领划，其他人坐在老运动员后面，教练员坐在最后，以便纠正大家的动作。划桨动作中，插桨和出桨很重要，学员们要慢慢地划，才能正确完成这些动作，要告诉领划人注意这一点。

(二) 龙舟的练习方法

1. 划手动作技术的学习与练习方法

根据直观性、循序渐进、巩固性的教学原则要求，龙舟划手动作技术的教学顺序如下。

①完整动作技术的介绍—分解成几个动作教学—入水—拉水—御水—空中移桨—连贯完整动作教学。教练员在教学过程中，先讲解，进行完整动作示范，再进行分解动作示范，使学生明确动作要点。

②在陆上做模仿练习。模仿徒手练习和经过多次的模仿持桨练习后，再经完整连贯配合练习，达到掌握划水动作节奏的目的。

③持桨划水练习，由鼓手打鼓指挥，节奏由慢逐渐加快，先练习慢节奏划

水（60 桨/分）、中等节奏划水（90～100 桨/分）和快节奏划水（120 桨/分以上）3 种节奏划水。

④最后练习起动划水技术，由于船在静止中起动，故起动划水技术和途中划水技术不一样。起动划水一般采用深插后拉技术，具有桨叶吃水深，拉水时，两腿前蹬后撑，拉水距离长的特点。起动桨一般用 8～10 桨即可以进入途中桨。

2. 鼓手动作技术练习方法

鼓手通常站在船头，是全队运动员的指挥中心，鼓手指挥得好坏直接影响比赛成绩。鼓手要求个子较小、体轻、灵活、节奏感强，因此在选人方面要求较高。

鼓手练习顺序是：单手打鼓—双手打鼓。鼓点练习顺序是：40 桨/分—60 桨/分—80 桨/分—90 桨/分—120 桨/分，力求练习到鼓点误差不超过 2 桨/分。

3. 舵手

舵手是龙船前进、调度的指挥中心，舵手的素质直接影响全队的比赛情绪。对舵手的要求是：身材适中、灵活，头脑清醒，注意力集中，临危不惧。目前全国比赛的舵有固定舵和灵活舵两种。

第三节　龙舟竞渡训练方法与手段

一、发展肱二头肌力量的练习

两手正握单杠，做快速引体向上的动作；双手持哑铃垂于体侧，大臂不动，做屈肘小臂前伸动作；一脚踩住弹簧拉力器的一端把手，右手握住另一端的把手，大臂不动，做屈肘小臂上拉动作，两手轮换做；在联合健身器上，双手握把手向下拉一定重量。

二、发展手腕力量和旋前圆肌力量的练习

手握哑铃做手腕绕环动作，绕动方向是先沿顺时针方向，然后沿逆时针方向，两手交换轮流做或同时做；手持哑铃做屈腕动作，两手交换做或同时做；双手握一体操棒，做屈腕动作；双手握吊环，做屈腕动作。

三、发展肩带肌肉的练习

双手握弹簧拉力器，从胸前向左右拉开；双手握弹簧拉力器从头上向颈后拉开；双手各握哑铃一只，从体侧向上平举，肘关节不弯曲，举至两臂与地面水平时，停止不动，反复练习。

四、发展腰背肌力量的练习

坐于垫上，两腿向前伸出，肩负杠铃，做上体前俯直起动作，反复练习；坐于垫上，两腿向前伸出，双手持一实心球，做体侧前后触地动作，前触点在小腿外侧，后触点在臀后，反复练习。

五、发展腹肌力量的练习

双手抱头，做仰卧起坐动作，做到极限后休息片刻再做；双手撑双杠，做双腿并腿直腿前举动作，举至水平时要停止，反复练习；双手握单杠做直角收腹动作，放腿时要慢，反复练习；双手抓肋木，做收腹动作，反复练习。

六、发展腿部力量的练习

哑铃蹲跳，每组 10 个，共 10 组；杠铃负重蹲起，重量适宜，蹲起 5 次，共 10 组；双足一起向前跳，10～15 米，共 10 组；在联合健身器上做发展腿部力量的练习。

七、划水练习

手持木桨，做划水动作的练习，动作速度由慢到快，快速动作要保持一定时间或者次数。

八、入水—划水—出水—入水

手持木桨，做入水—划水—出水—入水的动作练习，要求木桨入水时和出水时减小阻力，划水时要增大阻力，反复练习入水角度和方向。

九、舟上练习

上船进行实际的划水练习，真正体会船以不同的速度前进时，木桨的入水角度和方向的不同，并掌握好技术，反复练习。

十、鼓手与桨手的配合练习

反复练习鼓手与桨手的配合动作，由慢速逐渐加快，由快速逐渐减慢，保持快速节奏时间长最重要，这体现出整体的速度耐力强。

十一、耐力练习

超规定比赛距离的练习，使全体桨手有充足的体力，能够适应比赛的要求。

十二、战术练习

做规定比赛距离内的不同战术练习，如领先划练习、跟踪划练习、冲刺划练习、匀速划练习等，以便在比赛中根据对手实力情况采用不同的战术。

第四节　龙舟竞渡竞赛通则

一、比赛办法

标准龙舟设男、女、混合：250 米、600 米、800 米、1000 米直道竞速。小龙舟设男、女、混合：250 米、500 米直道竞速。

二、队员和服装

（一）队员

队员必须身体健康、会游泳。标准龙舟参赛队员为 24 人，小龙舟参赛队员为 14 人。每队设队长 1 名（运动员兼），比赛时必须佩戴标志。标准龙舟登舟比赛队员为划手 20 人，舵手、鼓手各 1 人；小龙舟登舟比赛队员为划手 10 人，舵手、鼓手各 1 人。每队替补队员 2 名。替换时需经裁判员验明资格，并在检录登舟前替换完毕。登舟后不准替换。

（二）服装

各队运动员的服装颜色、式样必须整齐一致，上衣背后应有清晰的号码、标准龙舟队员编号为 1～24 号，小龙舟队员编号为 1～14 号，不得重复。号码长度为 25 厘米，笔画宽度为 2 厘米。

三、竞赛办法

（一）检录

比赛队必须在规定检录时间内报到，接受点名。检录时，如队长申明上场队员有减员，可允许参赛，但必须有鼓手及舵手。经检录后，所有龙舟应按规定线路行驶至起点，不得擅自靠岸与外界接触。检录时，3 次点名不到者，按弃权论处。违反龙舟竞渡竞赛通则对队员的规定者，取消比赛资格。

（二）起航

赛前 5 分钟，各队进入规定的航道起点处，接受起点裁判员的检查。赛前 2 分钟仍未进入航道者，受警告一次。起航线，龙舟（龙头）前尚须稳定在起航线上取齐。各队应按取齐员的要求，主动调整龙舟的位置，不服从指挥或有意拖延时间者，受警告一次。当发令员发出“预备”口令时，各划手应把桨举离水面。待发令员发令（鸣枪）后，划桨方可入水。发令员发令前，凡划桨入水、利用呼喊或用锣鼓及其他音响指挥划手者，均为抢航犯规。凡发生下列情况的队，均取消其该场比赛资格。

①连续两次抢航或该场因其他犯规已受过警告一次又抢航犯规一次者。

②每组比赛的起航总次数不得超过 3 次，凡在第 3 次起航时抢航者（不管该队第几次抢航）。

③发生抢航后，凡拒绝裁判员召回至起航线者。

发令员在某组比赛第 3 次发令时，即使发生抢航犯规，也不召回。发令员发令后，该队无论何种原因延误起航，责任自负。

（三）途中

①各队应自始至终按规定航道划行，龙舟任何部分不得超越本航道，干扰、阻碍其他龙舟。如发生串道，但未干扰、阻碍其他龙舟，又立即划回本航道者，可不判犯规。

②各队不得以任何方式或不道德行为干扰、阻碍其龙舟划行。

③比赛时，禁止任何舟艇在航道外伴随划行，或以其他方式在场外指挥。

④各队鼓手、锣手必须自始至终有节奏地鸣锣击鼓，不得使用其他音响来指挥。

⑤锣手、鼓手不得持桨划水，也不得与划手、舵手互换位置。

⑥处罚：

·凡违反①②③④中任何一规定者，途中裁判长先予以警告，经再次警告无效，则取消该队该场比赛资格。

·凡违反⑤规定者，不计成绩并取消比赛资格。

·在比赛中，如故意将龙舟倾覆或损坏，除负责打捞、修理费外，还将取消比赛资格。情节严重者给予罚款处理。

⑦终止比赛：由于某队犯规而影响其他队比赛成绩时，途中裁判可终止比

赛。如不终止比赛，应令犯规队退出航道。此时，如有其他队自动停止划行，责任自负。

（四）终点

1. 计胜方式

①龙舟（龙头）前沿部分（不含须和角）到达终点线，即为划完全程。

②龙舟必须从本航道通过终点线。

③龙舟到达终点线时，由终点裁判长判定各龙舟到达先后顺序。

2. 接受检查

①龙舟通过终点线时应有航道牌，如因故失落，须向终点裁判长报告。经终点裁判长核实，认为不影响对该组名次的判定时，可不判为犯规，否则按犯规处理。

②龙舟到达终点后，应及时到指定地点接受裁判的检查和交还器材。未接受检查之前队员不得上岸与外界接触。

③凡发生以下情况为终点犯规，成绩无效，取消名次：龙舟不按规定航道通过终点；到达终点时的队员与检录时不符或器材短缺、调换，发现违禁物品；其他比赛禁止的终点犯规行为。

四、申诉

在比赛过程中，裁判员所做的裁决为最后的判决。运动员在场上必须服从裁判员的判决，不得提出异议。如因纠缠使比赛中断 10 分钟，即为罢赛。对裁判员的裁决持有异议，可在该组比赛结束后 30 分钟内，由领队书面向大会仲裁委员会提出申诉，同时交纳申诉金 250 元。仲裁委员会将根据国家体委印发的《仲裁委员会条例》有关条款执行处理。30 分钟内给予申诉单位明确答复。

第五节　龙舟竞渡裁判法

一、裁判人员

比赛设裁判长 1 人，副裁判长 1～2 人，裁判员、检录员、计时员、记录员、宣告员等若干人。

二、裁判人员职责

（一）总裁判长和副总裁判长

①领导和分配裁判员的工作。

②按照比赛要求，解决比赛中的有关问题，包括规则、规程中未尽的事宜，但不得修改规则和规程。

③当裁判员的判定不一致时，可做最后决定。

④对犯严重错误或不称职的裁判员，建议仲裁委员会做出处理，必要时有权停止其职务。

⑤在比赛中，对蓄意犯规或干扰、阻碍其他队比赛者，有权取消比赛资格，并视情况决定被干扰、阻碍的队是否参加下一轮比赛，或该组重新比赛（犯规队除外）。

⑥比赛前检查场地、器材是否符合规则的规定。

⑦当气候恶劣，水面能见度低或其他不良情况危及安全时，总裁判长有权停止比赛。

⑧所有比赛成绩必须经总裁判长核实签名。

⑨副总裁判长协助总裁判长领导裁判工作。

（二）编排记录长和编排记录员

①编排记录长负责领导和分配编排记录员的工作。

②编排记录员负责比赛编排和预赛分组抽签。

③记录每组比赛的名次与成绩，预、复赛后按名次编排下一轮比赛程序。

④比赛结束后，将名次、成绩交给总裁判长。

（三）器材检查长和器材检查员

①器材检查长负责领导和分配检查员的工作。

②比赛前，检查员根据规则、规程的要求，检查所有比赛龙舟及器材装备。

③称量、丈量合格后予以标记。

④负责发放和回收器材。

⑤龙舟到达终点后，检查有无违禁物品。

（四）检录长和检录员

①检录长负责领导检录员的工作。

②比赛前，按规定时间组织各队报到、点名、核实运动员资格和检查服装。

③点名时，负责组织各队抽签，确定航道和船号，并负责指挥运动员登舟。

④每组比赛结束后，检查各队人数是否与登舟时相符。

（五）起点裁判长和起点裁判员、发令员、取齐员

①起点裁判长负责领导和分配起点裁判员的工作，组织起航，并有权对起航时的任何犯规行为予以警告或取消比赛资格。

②起点裁判员在起航前负责稳定龙舟位置，直至发令员发出“预备”口令为止。协调发令员观察本航道龙舟起航时是否犯规。

③发令员指挥各队按规定航道就位。根据取齐员的信号发令起航。判定起航是否正确。助理发令员负责协助发令员察看起航时是否犯规，并保持与终点的联系。

④取齐员负责龙舟在起航线上排列，取齐后及时通知起点裁判长和发令员。

（六）途中裁判长和途中裁判员

①途中裁判长负责领导和分配途中裁判员的工作。

②每组比赛前，检查航道内是否有障碍物。

③途中裁判员负责察看各队在比赛中是否有超越本航道或其他犯规行为，并提出警告。

④比赛中，途中裁判长对有犯规行为的队经 2 次警告仍无效时，有权取消该队比赛资格，令其退出航道，并将犯规情况填写在途中检查报告单上送交总裁判长。

（七）计时长和计时员

①计时长负责领导和分配计时员的工作。

②计时长应于比赛前检查计时表是否准确无误。

③每组比赛完毕，计时长收集各航道的计时卡片，有权查看计时员的秒表，核实比赛成绩，并与终点裁判长核对名次。

④计时员负责计时，登记成绩。

⑤待计时长发出“回表”信号后，再按秒表。

(八) 终点裁判长和终点裁判员、摄像员

①终点裁判长负责领导和分配终点裁判员摄像员的工作，赛前检查所有器材是否完善。

②终点裁判长在各组比赛中观察全部情况，综合裁判员的判定，判定各组比赛名次，每组比赛完毕后收集终点名次卡片，核实名次。

③各组比赛前，终点裁判长在终点工作准备就绪后，用信号通知起点裁判长。

④在各组比赛龙舟全部通过终点后，终点裁判长应与途中裁判联系，随后通知起点裁判长。

⑤终点裁判员要准确判定各组比赛名次，填入名次卡片。

⑥终点裁判员（1人）负责用音响信号表示各条龙舟通过终点线。

⑦摄像员完整地摄录各龙舟通过终点的情况。

(九) 广播员

主动做好龙舟赛的资料收集，向观众介绍比赛情况，报告比赛成绩，开展好现场宣传工作。

复习思考题

1. 简述龙舟起源与发展情况。
2. 试述龙舟的特点与作用。
3. 试述龙舟基本动作方法与要领。
4. 试述龙舟教学步骤与练习方法。
5. 龙舟教学、训练与竞赛应注意哪些事项？

第七章

陀螺运动

【内容提要】

本章主要介绍了陀螺运动的起源、发展概况，简述了陀螺运动的竞赛规则；结合陀螺运动的特点，着重分析了陀螺运动的基本技术教学及训练方法。

【学习目标】

1. 了解陀螺运动的项目特点、起源及发展概况
2. 掌握陀螺运动基本技术的教学方法
3. 通过学习及比赛，了解陀螺运动的竞赛规则

【关键词】

陀螺运动；陀螺鞭；教学方法；训练

第一节　陀螺运动项目概述

一、陀螺运动的起源与发展

陀螺，又叫“打陀螺”“打老牛”，是青少年较为熟悉的活动，也是很多人童年的记忆，如今这项古老的运动已经风靡世界，是一项深受人们喜爱的健身运动。

市面上各国版本的木制、钢铁、塑料陀螺曾风行一时，其实中国才是陀螺运动的发源地。陀螺在我国可追溯到公元前5000年前的新石器时代，1926年在山西夏县西阴村灰土风岭发现的距今4000多年的文物中就有陶制的小陀螺，因此，陀螺又有“中国最早的娱乐项目”之称。我国有关陀螺的最早记载源于宋朝，有一种类似陀螺的玩具叫“千千”，“千千”是一个长约3厘米的针形物体，在象牙制的圆盘中，用手拧着旋转，是当时深宫中妃嫔宫女打发时间的游戏。而“陀螺”一词，最早出现在明朝，明朝刘侗、于奕正在《帝经物略·二

春场》中记载了一首民谣：“杨柳儿青，放空钟；杨柳儿活，抽陀螺……”，由此可见，明朝时期陀螺已经作为名词出现，而当时的陀螺也已经成了民间儿童的普遍玩具。时至今日，陀螺依然受到人们的欢迎，它集休闲、娱乐、运动于一体，看似在玩，却在不知不觉中达到健身的效果。每一鞭子抽下去，浑身上下都得到了锻炼，想让陀螺转得又快又稳，不仅需要有强健的身体，还需要有高超的技巧。

陀螺形状各异、玩法多样，深受彝族、壮族、佤族、瑶族、傣族、黎族、畲族、白族、基诺族、拉祜族等少数民族的喜爱，在云南、贵州、湖南、广西、福建等少数民族聚居地区广泛流传。1995 年在第五届全国少数民族传统体育运动会上，打陀螺被列为比赛项目，自此，陀螺逐步由民族民间游戏登上了中国民族体育竞技的大舞台，2003 年在召开第七届全国少数民族传统体育运动会前更名为陀螺。

民族运动会上的陀螺比赛在平整无碍的地面上进行，由守方先旋放陀螺，再由攻方抛掷自己的陀螺击打守方的陀螺，将守方陀螺击出比赛场区，或者比守方陀螺在比赛场区旋转的时间更长则得分。这项比赛极具观赏价值，运动员矫健的身姿，优美的动作以及高超的技巧都会让人眼界大开，感受到陀螺比赛的魅力。

二、场地

陀螺比赛在平整无障碍物的地面上进行。比赛场地包括比赛场区和无障碍区。

(一) 比赛场区

比赛场区为长 20 米、宽 15 米的长方形。场地线宽 5 厘米（以外沿计算），其四周应有宽 2 米以上的无障碍区。

(二) 预备区

1. 守方预备区

在场地左边线距底线 4.5 米的无障碍区内，画一处 4 米×2 米的长方形区域为守方预备区。

2. 攻方预备区

在进攻线左侧底线外无障碍区内画一处 4.5 米×2 米的长方形区域为攻方预备区。

（三）死陀置放点

由底线中点并垂直于底线，向场内 6 米处画一半径为 5 厘米的实心圆点，为死陀置放点。

（四）旋放区

以死陀置放点中心为圆心，画一半径为 0.75 米的圆，为旋放区（可铺设橡胶垫）。

（五）进攻线制线

以底线中点向两侧延伸 3 米所构成的线为男子进攻线。与男子进攻线同宽，平行向场内移 1 米设女子进攻线。进攻线全长 6 米，线宽 5 厘米（以内沿计算）。

（六）进攻区

以底线中点沿两侧 3 米处向场外各画一条与底线垂直的平行线，线长 2 米。比赛场区底线（以外沿计算）与两垂直线之间的区域为男子进攻区（以内沿计算）。以女子进攻线两端点向场外方向各画一条与底线垂直的平行线，线长 1 米（同男子进攻区的两条垂直线相连）。进攻线与两垂直线之间的区域（含男子进攻区）为女子进攻区（以内沿计算）。

三、器材

（一）陀螺

比赛采用非金属平头陀螺。陀螺不得上色，除锥尖可装置直径不超过 0.8 厘米的金属钉外，不得填充或装饰金属或其他材料。陀螺直径为 9～10 厘米，高度（含钉高度）为 10～12 厘米，陀螺圆柱体高度为 5～6 厘米，圆柱体的丈量从陀螺的顶部平面至锥体的交界处，重 800～900 克。比赛前陀螺应经过检验，检验合格并做标记，攻守陀螺应区别标记。

（二）鞭

鞭由鞭绳、鞭杆组成。鞭绳不得用金属材料制作，其粗细不限，鞭绳长度男子为 6 米，女子为 5 米（不得少于 2 米）。鞭杆长度不超过 0.6 米。

第二节　陀螺运动基本技术教学与练习方法

陀螺技术可分为放陀技术和攻陀技术。

一、陀螺运动放陀技术教学方法

（一）缠陀

以左手大拇指、食指和中指抓紧陀螺的柱体下部，无名指屈指贴附于陀螺锥体部位，陀螺底锥朝手掌将陀螺握稳；右手将鞭绳按顺时针方向从陀螺柱体上部开始逐渐向中部缠绕陀螺，至鞭绳缠完或留20～30厘米为止。缠绕用力要适当，缠得过紧，绳子张力过大，易拉伤绳子；缠得不紧，旋放时力量传递受损，不易旋快，影响放陀效果。

（二）握陀

缠好陀后，左手大拇指与食指中指握住陀螺柱体，无名指、中指贴于锥体部，将陀握稳。

（三）持陀持鞭

左手握好陀后，右手握住鞭杆把端，这时由于鞭与陀连成一体，双手、双肩活动方向及幅度亦一致，左臂向左侧前方自然伸出，右臂屈肘随之左摆，将陀和鞭持于身体左侧前方胸腹之间。

（四）预备姿势

放陀前，右肩侧对旋放区，两脚左右开立，稍宽于肩，右脚与旋放区中心点的距离以鞭绳长度减去1.25米±0.05米为宜。两膝微屈，上体前倾，重心落在两脚之间（或稍偏左脚），左手持陀于左侧前方，右手持鞭于腹前。眼睛注视旋放区中心。放陀前可以腰为轴转动上体。左手持陀做2～3次预摆的瞄准动作，两膝随上体转动屈伸调身体重心。

（五）掷陀

掷陀是放陀技术的主要环节，动作是否正确，用力是否恰当直接影响陀螺的转旋力量和落点的准确性。在引臂瞄准或预摆结束后，利用左腿蹬地向右转体的力量，带动左臂向前挥摆，左手不做任何屈腕和拔指动作，全身力量通过手臂和手指作用于陀螺，注意控制陀螺出手方向和路线，使陀螺头朝上，锥朝下向旋放区飞出。

（六）拉陀

左手将陀螺掷出后，右手持鞭顺势前摆。陀螺在向前飞行过程中，由于受到鞭绳的拉动，产生顺时针方向的旋转，当陀螺飞到旋放区上方距地面20厘米左右时，右腿用力蹬地向左转体，右手持鞭向左猛力回拉，使陀螺的旋转获得更大的动力，同时将前飞的陀螺因回拉而平稳地落于旋放区，大拉陀后持鞭迅速退出比赛场区。

二、陀螺运动攻陀技术教学方法

（一）准备姿势（以右手持陀为例）

攻陀前，左脚向右后开立稍宽于肩，右脚屈膝，上体侧后仰，斜侧面向守方陀螺。重心偏向右脚，右手持陀向右侧后上方引臂，左臂屈肘持鞭于右胸前，眼睛注视守方陀螺。

（二）助跑

助跑是为最后用力发挥较大的力量和速度创造有利的条件。助跑一般是4～5步，速度不能太快，应逐渐加快，步子放松自然，上体面向前方，眼睛瞄准目标，臂自然摆动，到最后2步时，上体右转向后一步超越器械。

（三）掷陀

掷陀是攻陀技术的关键环节，动作质量的高低直接影响攻击的准确性、速度和旋转力量。陀螺出手时的速度大小、角度、方向以及出手点高度是决定陀螺落点（即攻击准确性）的主要因素，掷陀动作就是为了使这几个因素得到理想配合，从而提高攻陀的有效性和旋转强度。

准备姿势瞄准好守方陀螺后，利用右腿蹬地和身体左转的协调力量，带动右臂向前快速挥摆，至肘关节伸直时将陀螺掷出手，使陀螺平头朝上锥尖朝下对准守方陀螺飞出。陀螺离手后，右臂随势向左斜下摆动，腿屈膝维持身体平衡，防止踩越攻击线。

（四）拉陀

拉陀是陀螺旋转动量的来源，拉陀技术就是为了使陀螺获得尽可能大的旋转强度，并适当调节陀螺飞行弧线，控制陀螺落点。右手将陀螺掷出手后，左手随即持鞭顺势左摆，用力拉动鞭绳，使陀螺在快速飞行的同时在鞭绳的带动下产生顺时针方向的旋转，当缠绕的鞭绳全部拉完，陀螺即沿鞭绳拉力结束时的即时速度方向、角度飞向守方陀螺。鞭绳拉完后迅速收回鞭，防止鞭绳触及守方陀螺和鞭杆触及比赛场区。

第三节　陀螺运动训练方法与手段

一、放陀技术训练方法与手段

放陀技术在比赛中用于防守，主要要求是落点准确、旋转平稳，旋转强度大。在其他一些竞赛形式中，放陀本身可作为独立的比赛，即比落点准（放于某一范围内）、旋转时间长等。因此，教师应让学生明了放陀技术的主要要求，懂得“准”和“旋”是评价放陀技术质量的重要标准。

（一）使学生对放陀的完整技术有初步的了解

1. 内容

①单手放陀技术。

②双手放陀技术。

2. 方法

①通过对放陀技术的示范、讲解及观看录像等方法，使学生初步了解放陀技术。

②简要介绍放陀的场地、器材情况。

③介绍以放陀为比赛形式的方法及评价放陀技术质量的标准。

④提出教学训练中的一些具体要求。

（二）学习放陀技术

①单手放陀模仿练习。

②双手放陀模仿练习。

③单手放陀。

④双手放陀。

（三）改进和提高放陀技术

①赛场内进行完整放陀技术练习。

②改进技术细节。

③放陀比赛。

④与攻陀相结合进行陀螺比赛。

二、攻陀技术教学及训练

攻陀技术为进攻技术，是得分的唯一方法，主要要求是打得准、力量大、旋转强度高。

（一）使学生对攻陀的完整技术有初步的了解

教师通过对攻陀技术的示范演示、讲解分析及观看录像等方法，使学生初步了解攻陀技术。简单介绍陀螺比赛计分得分情况。提出教学训练应注意的安全问题和具体要求。

（二）学习攻陀技术

①攻陀技术模仿练习。

②无鞭绳掷陀打准练习。

③短绳攻陀技术练习（2 米左右）。

④长绳（4～6 米）攻陀技术练习。

· 规定次数的攻陀练习。

· 规定时间的攻陀练习。

· 多点攻陀练习。

· 与放陀技术交替进行的攻陀练习。

（三）改进和提高攻陀技术

①赛场内进行完整攻陀技术练习。

②改进技术细节。

③技评和达标测试。

④教学比赛。

三、身体素质训练

根据陀螺运动的击准与高强度旋转及大冲力的特点，对速度、力量和灵敏的要求较高，对耐力等素质的要求较低。

（一）速度素质训练方法

陀螺比赛对运动员的反应速度和动作速度要求较高。重点需要训练运动员的反应速度和动作速度。

①原地模仿掷陀动作连续挥臂练习，每 10 次为一组，做若干组。

②连续对墙掷垒球、棒球和小皮球。

③直臂举杠铃过头，抖动手腕。

④手持小杠铃片或小石头做掷陀或拉陀挥臂动作，每 10 次为一组，做多组，要求快速挥臂。

⑤采用多种视角信号，以培养运动员的视角反应能力。

⑥结合放陀和攻陀技术进行练习。

（二）力量训练方法

陀螺比赛中，运动员要不断地克服身体重力和惯性，进行站立、行走、奔跑和完成陀螺技术的踏腿、转髋、挥臂放陀及拉陀动作等运动。因此，需要运动员具有良好的动力性力量。放陀技术的拉陀所需的力量与田径的掷铁饼最后用力所需的力量极其相似；而攻陀技术的挥臂掷陀所需力量与投掷标枪的最后用力所需的力量极其相似，因此，可以借鉴田径的铁饼、标枪力量训练方法，以发展速度力量为主。实践中应以发展肱肌、肱二头肌，旋前圆肌、肱桡肌、胸大肌、三角肌前束等肌肉力量为主。具体训练方法如下：

①单杠引体向上和双杠双臂屈伸练习。

②背弓反手拉橡皮筋练习。

③手持实心球、标枪掷远练习。

④手持铁饼投掷练习。

⑤放陀与攻陀专门技术练习。

⑥力量训练要结合陀螺运动所需的部位、性质和动作形式安排，要有针对性。

（三）柔韧素质训练方法

陀螺运动员应以加强肩关节、肘关节韧带和肌肉的伸展练习为主。

①肋木辅助拉肩和压肩练习。

②握棍转肩练习。

③掷陀和拉陀模仿练习。

④抡臂练习。

⑤各种柔韧练习。

（四）心理训练

陀螺运动重技术，技巧性强，精确度高，比赛采用轮流上场放、攻陀的形式，情况复杂多变，比赛中双方得分领先与落后频繁交替等，这些特点容易使运动员出现各种心理障碍，因此，要求运动员具有积极而稳定的情绪，勇敢顽强的意志，机智果断的品质和较高的自我控制能力等。

①放松训练法。

②模拟训练法。

③表象训练法。

④集中注意力训练法。

第四节　陀螺运动竞赛通则

一、竞赛定义

陀螺是一项两队在比赛场地上，从守方旋放陀螺开始，由攻方将自己的陀螺抛掷，击打守方陀螺，将守方陀螺击出比赛场区或比守方陀螺在比赛场区内旋转的时间更长的比赛项目。比赛只计攻方得分，以当场比赛的累计得分决定该场胜负，得分多的队为获胜队。

二、比赛办法

（一）团体比赛

守方队员按下列号码顺序轮换放陀：第一轮为 1、2、3，第二轮为 2、3、1，第三轮为 3、1、2。攻方队员按 1、2、3 顺序轮流进攻，各轮攻击顺序不变。

守方放陀 3 次，攻方进攻 3 次为一轮；三轮为一节；每节比赛结束，双方互换攻守。两节为一局，两局为一场。

第一局比赛结束后，按赛前抽签决定的攻守顺序两队互换，局间休息 3 分钟。

（二）单项比赛

单打按抽签顺序攻守。每场比赛每名队员攻守各 6 次（双方运动员进攻或防守一次，并交换位置）。

双打比赛，守方每人放陀 2 次，攻方每人进攻 2 次为一轮；两轮为一节，两节为一场。

在双打比赛中，守方队员按号码顺序轮换放陀，第一节为 1、2，第二节为 2、1。攻方队员按 1、2 顺序各连续进行两次攻击。然后双方攻守互换，直至每人完成攻守各 4 次。

三、运动员和教练员

（一）运动员

团体比赛，每队由 4 名队员组成，其中 3 名为比赛队员，1 名为替补队员。

单项比赛包括男（女）单打、男（女）双打。

（二）场上队长

在团体比赛中，应指定其中一名队员为场上队长，代表本队在赛前抽签选择攻守权。场上队长须在上衣佩戴明显标志。场上队长被替换下场后，教练员另指定一场上队员行使场上队长职责。

（三）教练员

比赛前填写、送交比赛顺序表。比赛中可向记录台提出换人或暂停请求。比赛过程中及局间休息时在无障碍区外对运动员进行指导。

四、赛前准备

赛前 15 分钟，双方队员必须到达检录处进行检录。赛前 5 分钟，教练员把比赛顺序表送交记录台后，名单不得更改。赛前由双方队长抽签决定攻守顺序。

五、比赛方法

比赛由裁判员鸣哨示意攻守双方队员在各自预备区内就位。攻守双方运动员须在预备区内将陀螺用鞭绳缠绕好，缠绕在陀螺上的鞭绳长度不得小于 1 米。裁判员鸣哨并用明确手势示意守方队员旋放陀螺为比赛开始。守方队员可在旋放区外任何位置旋放陀螺。待守方队员旋放陀螺并退回预备区后（含鞭），裁判员即鸣哨并以手势发出攻击信号，攻方队员即可对守方陀螺进行攻击。在裁判员做出判定报分，并发出捡陀信号后，该次攻守即结束。攻守双方队员方可进入比赛场区内取回陀螺。

六、器材更换

运动员只允许使用经裁判员检验合格的器材参加比赛。比赛中若遇器材损坏，可报请裁判员更换。经裁判员检查同意后，须在 2 分钟内更换完毕。

七、比赛判定

（一）停转

陀螺呈锥尖离地且陀螺圆柱体或锥体触地的转动。

（二）死陀

1. 死陀的判断

①在裁判员明确发出放陀信号后，未用鞭绳将陀螺缠绕好。

②在裁判员明确发出放陀信号后，器材脱手、断绳或松绳掉陀。

③陀螺旋放在旋放区外。

④陀螺虽已旋放在旋放区内，但在守方队员（含鞭）未退出场外前停转或旋出旋放区。

⑤陀螺虽已旋放在旋放区内，但在裁判员发出攻击信号后攻方未实施进攻的有效进攻时间内，守方陀螺停转或旋出旋放区。

2. 死陀的处理

①由裁判员将陀螺平头朝下置于死陀置放点上，重新发出进攻信号，由攻方队员进行攻击。

②死陀被攻方陀螺击中后，均视为停转。

（三）无效进攻

出现以下情况，视为无效进攻：

①未用鞭绳将陀螺缠绕好；器材脱手、断绳或松绳掉陀。

②未直接将陀螺投入旋放区内。

③直接将陀螺投入旋放区内，未直接或间接击中守方陀螺。

④裁判员发出攻击信号后 5 秒内未完成的进攻。

⑤鞭绳触及守方陀螺（缠在陀螺上的鞭绳除外）。

⑥裁判员未发出进攻信号且守方陀螺未被判为死陀时即实施的进攻（无论击中与否）。

（四）有效进攻

出现以下情况，视为有效进攻：

①必须用鞭绳将陀螺缠绕好。

②直接将陀螺投入旋放区内，直接或间接击中守方陀螺。

③裁判员发出攻击信号后 5 秒内完成的进攻。

（五）打停

在有效进攻中，攻方陀螺仍在场地内旋转的前提下，出现下列情况判为打停：

①使守方陀螺出界。

②使守方陀螺停转。

（六）旋胜

在有效进攻中，攻守双方陀螺均在场内旋转，守方陀螺先于攻方陀螺停转。

(七) 旋平

在有效进攻中，出现下列情况判为旋平：

①双方陀螺均出界（不分先后）。

②双方陀螺同时在场内停转。

③守方陀螺停转，攻方陀螺出界或攻方陀螺停转，守方陀螺出界。

④攻方陀螺击中死陀后停转或出界。

(八) 旋负

在有效进攻中，出现下列情况判为旋负：

①攻守双方陀螺均在场内旋转，攻方陀螺先于守方陀螺停转。

②攻方陀螺停转或出界，守方陀螺仍在场内旋转。

八、比赛间断与延误比赛

(一) 暂停和换人

1. 暂停

团体比赛中每局允许请求 1 次暂停。要求暂停须由教练员向记录台提出。记录台鸣笛经裁判员同意方可实施暂停。暂停时间为 1 分钟。

2. 换人

团体比赛中，每场只允许替换 1 名队员。要求换人时，须由教练员向记录台提出。记录台鸣笛经裁判员同意后方可换人。

(二) 延误比赛及判罚

比赛中以不正当行为拖延比赛进行，出现下列情况者给予警告：

①裁判员未发出放陀信号前的放陀。

②裁判员未发出攻击信号前，守方陀螺已呈死陀时，攻方队员实施的进攻。

③守方旋放的陀螺被判为死陀后，守方队员仍不退出场外。

(三) 比赛意外中断

1. 外界干扰

比赛中，若遇无关人员或非本场陀螺进入比赛场区而触及本场任何一方的陀螺以及其他意外事故而影响比赛的正常进行，裁判员应立即鸣哨中断比赛，双方该次攻守的行为和效果均为无效。

2. 受伤

比赛中，若发生严重伤害事故，裁判员应立即中断比赛，双方本回合的放陀和攻击行为均为无效。团体比赛中，如发生运动员受伤，裁判员可允许替换。比赛中，因不可抗力原因中断比赛，以双方中断时的比赛成绩为有效成绩。

九、得分、比赛胜负及名次计算

(一) 得分

比赛只计攻方得分。打停得 4 分，旋胜得 3 分，旋平得 2 分，旋负得 1 分。

(二) 比赛胜负

1. 团体比赛

团体比赛结束后，若两队得分相等，休息 5 分钟，抽签决定攻守顺序，加赛一局。若得分再相等，则以加赛前的最后一局中的 4 分、3 分、2 分、1 分的多少给予判定胜负。如仍相等，则以倒数第二局的相应得分给予判定。如仍相等，则以抽签决出胜负。

2. 单项比赛

(1) 单打比赛

一场比赛后双方得分相等，抽签决定攻守顺序，每人再攻守各 1 次。若得分再相等，则继续加赛，如加赛 5 次，比分仍相等，则以本场比赛加赛前的最后一轮（第六轮）的分值判定胜负。如仍相等，再以第五轮的分值多少给予判定，以此类推。如仍相等，则以抽签决定胜负。

(2) 双打比赛

一场比赛后双方得分相等，抽签决定攻守顺序，加赛一轮。若得分再相等，仍按此方法处理。如加赛 3 轮比分仍相等，则以加赛前的最后一轮中的 4 分、3 分、2 分、1 分的多少判定胜负。如仍相等，则以倒数第二轮的相应得分给予判定。如仍相等，则以抽签决出胜负。

(三) 循环赛名次计算

各队（人）胜一场积 2 分，负一场积 1 分，弃权积 0 分。积分多者名次列前。若遇两队（人）积分相等，以两队（人）之间的胜负决定名次，胜者列前。若两队（人）以上场次积分相等，则根据他们之间的场次得分计算，得分多者名次列前；若得分再相等，按各场比赛所得 4 分、3 分、2 分、1 分的累计总次数顺序（不含加赛得分）类推决定名次，大分值多者名次列前。若再相等，则从比赛最后一场的最后一陀开始（不含加赛），往前类推对比，分值高者列前，直至推算出最终结果。

十、犯规、不良行为及判罚

（一）犯规及判罚

1. 犯规

①守方队员旋放陀螺时身体的任何部位及鞭杆触及旋放区。

②攻方队员在进攻时身体的任何部位或鞭杆触及比赛场区地面。

③攻方队员实施进攻后，可滞留在进攻区内。但在裁判员未发出捡陀信号前，身体的任何部位及鞭杆触及比赛场区地面则为犯规。

④在裁判员未发出捡陀信号前，守方队员身体的任何部位触及比赛场区地面。

⑤顺序错误：比赛中，攻守的一方或双方未按比赛位置表顺序出场参加比赛。

⑥更换器材的时间超过 2 分钟。

2. 犯规的判罚

①攻方犯规，判该次进攻无效；守方犯规，判攻方得 4 分。

②判罚对象：判罚对象特指实施放陀或进攻的队员。

③对于超越无障碍区比赛场区线段的其他队员及当场教练员，应给予警告的处罚。但处罚的时机须在该次攻守结束后。

④比赛中如在一轮的比赛结束后发现顺序错误，则不予追究，比分有效。

（二）不良行为及判罚

1. 不良行为

①有意干扰、恫吓对方。

②违背道德和文明举止，有侮辱性表示。

③诽谤、侮辱性语言或形态。

④人身侵犯或企图侵犯。

2. 不良行为的判罚

对于不良行为者，第一次给予警告（黄牌）。第二次则取消其本场比赛资格（红牌）。

十一、弃权与申诉

（一）弃权及处理

1. 弃权的行为

①运动员超过比赛时间 5 分钟未到场。

②因伤病（须大会医生证明）而不能参加比赛，且无法替换。

③因参加比赛的队伍（包括团体赛中队员因被取消比赛资格且无法替换）阵容不整而无法比赛。

比赛中，对裁判员的判罚及处理有异议，须由场上队长向裁判员提出。无论对裁判员的解释是否满意，都须将比赛进行至结束。如在裁判员发出继续比赛信号后 5 分钟仍未参加比赛，则以该队弃权论处。

2. 弃权后的成绩计算

①非弃权方的场次积分为 2 分。以赛场次中的最高分值即作为该场比赛的得分，所计得分场次的每陀得分亦作为该场比赛的每陀分值；若遇在第一场即出现弃权，以非弃权方下一场实际比赛的成绩计算得分和每陀分值。

②因队员被取消比赛资格而弃权的成绩计算。

·团体比赛：因队员被取消比赛资格且已实施过换人，保留该队其他队员在本场比赛中的此前得分，在未进行的各轮比赛中，均按给对方每次得 4 分处理，并按累计得分数决定该场比赛的胜负。若遇本场比赛得分相等，不再进行加赛决胜局的比赛，直接判被取消比赛资格队员的所在队为负方。

·单项比赛：被取消比赛资格的队员本场比赛中的得分无效。在未进行的比赛中，均按给对方每次得 4 分处理。

（二）申诉

如对比赛结果有异议，可在比赛结束后 2 小时内，以教练员签名的书面材料向仲裁委员会提出申诉，同时交纳申诉费。超过规定时间不予受理。仲裁委员会依据仲裁条例进行裁定。

第五节　陀螺运动裁判法

一、裁判人员及其职责

（一）裁判人员

陀螺比赛设裁判长 1 名，副裁判长 2～3 名，检录主裁判员 1 名，裁判员若干名。每场比赛设主裁判员 1 名，场地监督裁判员 1 名，司线员 2 名，记录员、检录员、宣告员等各 1 名。

（二）裁判人员职责

1. 裁判长

①组织领导裁判工作，掌握比赛进程，安排裁判员的分工。必要时裁判长可以撤换不称职的裁判人员。

②负责处理比赛中遇到的各种问题。对比赛中出现的弃权、罢赛做出最后判定。

③负责对比赛中发生的疑问和异议进行解释和处理。有权决定涉及比赛中的一切问题。

④对比赛中发生的疑难问题进行处理和裁决。

⑤对严重违反规则的运动员，有权取消其比赛资格。

⑥确认并宣布比赛成绩。

2. 副裁判长

①协助裁判长工作，在裁判长缺席时，代理裁判长职责。

②组织记录台工作，做好比赛裁判的后勤工作。

③根据裁判长的安排，比赛中负责部分比赛场地的竞赛工作。协助裁判长工作，当裁判长不在时，代行其职务。

3. 检录主裁判员

①负责赛前场地记录台培训。

②比赛中与编排记录组密切配合，负责召集各场地即将比赛的运动员并在指定位置等候，兼顾宣告与现场展示。

4. 裁判员

①赛前检查场地和比赛器材，主持双方队长的抽签。

②用哨音和明确、规范的手势主持比赛，并对比赛结果做出判定。

③掌握局间休息时间，检查监督器材更换，同意按规则换人、暂停。

④临场裁判员的判定为场上的最终判定。

⑤签字确认该场比赛结果。

5. 场地监督裁判员

①监督比赛进程，遇到争议判罚，为值场裁判提供参考信息。

②监督记录台工作，在检录处协助下进行第一次检录工作，并将运动员带入比赛场地。

③与本场的主裁判员轮换。

6. 司线员

①比赛前协助裁判员检查场地和器材。

②比赛中对其职责内的判定出示旗示。当司线员与裁判员的判定不一致时，应服从裁判员的判定。

③当裁判员对比赛情况有疑问时，有义务配合裁判员说明情况。

④比赛结束后，负责收回各队队员佩戴的号码布和比赛用陀螺。

7. 记录员

①请双方教练员填写比赛位置表，登记比赛队员名单、顺序，准确记录并举牌示意每陀得分。

②准确记录换人、暂停次数，并将结果通知裁判员做出及时的判定。

③监督队员放陀、进攻顺序，一经发现有误，立即向裁判员报告。

④记录比赛成绩；及时通知裁判员进行攻守及场区的交换；及时确定比赛结果（双方得分及胜负），并通知裁判员当场公布；比赛结束后请双方队长及裁判员、司线员在记录表上签字。

二、裁判员手势及旗示

（一）手势

1. 放陀

右手掌心向上，向前平伸，面向放陀队员，再指向旋放区。

2. 死陀

右手握掌，伸直上举。

3. 攻击

右手侧平伸，掌心向下，由攻方队员处再指向旋放区。

4. 5 秒违例

右手五指张开，掌心朝向违例队员，伸直上举。

5. 无效进攻

两手在体前交叉摆动。

6. 打停

右手伸直上举，伸出四指（屈拇指）。

7. 旋胜

右手伸直上举，伸出拇指、食指、中指。

8. 旋平

右手伸直上举，伸出食指和中指。

9. 捡陀

两臂同时向前下方伸直，掌心向上。

10. 旋负

右手伸直上举，伸出食指。

11. 出界

两臂前伸，掌心向后，做屈肘摆动。

12. 踩线

右手下垂伸直，掌心向内，在体侧前后摆动。

13. 换人

两手在体前作前臂环绕状。

14. 顺序错误、暂停、中断比赛

左手五指并拢，掌心向下，屈肘与肩平，右手五指并拢，掌心向左，并置于左手掌下。

15. 互换攻守

掌心向内，两小臂在胸前交叉。

16. 场（局）结束

掌心向内，两小臂在额前交叉。

（二）旗示

1. 出界

单手执旗上举。

2. 停转

右手执旗上举，左手五指并拢，指向停转陀螺（属攻方陀螺时，掌心向下；属守方陀螺时，掌心向上）。

3. 踩线

单手执旗摇动上举。

4. 意外情况

右手执旗上举摇动后，将旗放至胸前，左手五指并拢，掌心向下，置于旗上。

三、裁判人员工作程序及要求

（一）裁判长

1. 比赛前的工作与要求

①组织召开裁判组工作会议。

②学习大会有关文件，加强裁判员的思想教育。

③组织裁判员学习竞赛规程与规则，统一尺度。

④参加裁判长、教练员联席会议。

⑤检查场地器材。

2. 比赛中的工作与要求

①全面负责裁判员的各项工作。

②根据规则、规程解决处理比赛中出现的各种问题。

3. 比赛后的工作与要求

召开裁判工作总结会议，对比赛中出现的问题进行分析，认真总结经验。

（二）副裁判长

1. 比赛前的工作与要求

①协助裁判长组织裁判学习和实习。

②组织安排发放裁判员用品，检查记录台的准备工作。

③协助裁判长检查场地、器材，做好比赛准备工作。

2. 比赛中的工作与要求

协助裁判长负责比赛监督工作并解决一些问题。

3. 比赛后的工作与要求

认真总结，做好结束后的工作。

（三）裁判员

1. 比赛前的工作与要求

①认真参加学习规则、规程及有关文件规定。

②精通规则及裁判法，及时处理比赛中的问题。

③参加赛前裁判员实习。

④准备裁判员所需服装和用具（哨子、红黄牌）。

⑤参与赛前检查、复查场地、器材。

⑥组织比赛前双方抽签，挑选进攻或防守。

2. 比赛中的工作与要求

①全面主持比赛场上的裁判工作。

②比赛过程中的每次鸣哨后应出示手势或旗示，并有短时间的停顿。

3. 比赛后的工作与要求

①宣布全场比赛结束。

②回收号码布和比赛用陀螺。

③认真检查记录表，并在记录表上签字。

（四）记录台员（记录员、检录员、宣告员）

1. 比赛前的工作与要求

①准备好比赛所需用具：陀螺（指统一提供）、示分牌、红黄牌、裁判用旗和播音设备等。

②认真填写比赛记录表，登记上场队员名单、顺序。记录表每场比赛一式三份，一份交竞赛组，另两份交攻、守双方（复写纸第一局用蓝色，第二局用红色）。

③认真核对比赛运动员。

④检查双方队员陀螺、鞭绳是否合格（大会提供除外）。

⑤协助裁判员进行挑边工作，发放号码布。

2. 比赛中的工作与要求

①准确认真填写比赛记录表，登记双方运动员的每陀得分。

②监督队员放陀、进攻顺序。

3. 比赛后的工作与要求

①记录比赛时间并统计出该场比赛结果，并通知裁判员。

②整理好记录表，签字并分别请裁判长、裁判员、司线员签字。

四、比赛程序

（一）比赛前的准备

裁判工作人员提前 30 分钟到达比赛场地，做好一切准备工作。对比赛场地、器材进行检查。临场裁判员赛前 15 分钟，请双方（团体赛为队长）进行挑边，决定攻守顺序。记录台人员（记录员 1 人、宣告员 1 人、检录员 1 人）赛前 15 分钟比赛双方进行检录。对比赛双方运动员的陀螺进行检验（大会提供除外），检查陀螺、鞭绳是否符合规则要求。团体赛请双方教练员提交运动员出场顺序表，并填写在记录表上。发放攻守双方号码布。裁判员通知比赛双方练习 3 分钟。

（二）比赛中

记录台鸣哨比赛准备开始，双方运动员停止练习，攻守双方就位。裁判员、司线员各就各位准备比赛。裁判员站位于陀螺旋放区右边，距陀螺旋放区 3 米的地方。第一司线员初始站位应与进攻线平行，在裁判员攻击信号发出后观察攻方队员是否踩线。第二司线员初始站位于进攻区右侧距端线约 5 米的地方，应以能否观察守方队员踩线而定。负责看守方队员放陀时是否触及旋放区线或旋放区地面。记录台（宣告员）介绍比赛攻守双方队名称（运动员），本场比赛的裁判员，第一司线员、第二司线员。

介绍完毕，裁判员鸣哨比赛开始。裁判员鸣哨以明确手势示意守方队员旋放陀螺。当守方陀螺在旋放区，并且守方队员退出比赛场地后，裁判员鸣哨并以明确手势示意攻方队员进攻。当守方陀螺旋放为死陀时，裁判员应鸣哨，以手势示意为死陀，并将陀螺平头朝下置于死陀置放点，再次鸣哨并以手势示意攻方队员进攻。攻方为有效进攻时，第一司线员应快速跟进一区观察陀螺是否停转、出底线或边线，并用准确旗示通知裁判员。第二司线员应快速跟进二区观察陀螺是否停转、出端线和边线，并用准确旗示通知裁判员。裁判员依据不同结果鸣哨并用手势报出分数，本轮攻守结束。判定得分后，裁判员鸣哨并以手势示意攻守双方运动员可进入比赛场区内取回陀螺。

每节比赛结束，裁判员鸣哨并以手势示意双方互换攻守。第一局结束，记录台应鸣哨及时通知裁判员，裁判员鸣哨宣布第一局比赛结束，休息 3 分钟。3 分钟后，记录台鸣哨，第二局比赛开始。比赛中暂停（换人）必须是教练员到记录台提出请求暂停（换人）。当一方请求暂停（换人），记录台应及时鸣哨并宣告，同时通知裁判员。裁判员鸣哨并以手势示意某队暂停（换人）。记录台鸣哨暂停时间到，比赛开始。

（三）比赛结束

当记录台鸣哨比赛结束时，裁判员应立刻鸣哨宣布比赛结束。如比赛结束，双方比分相等，裁判员应主持双方队长挑边并加赛一局。记录台（宣告员）宣告双方比赛成绩，请双方队长签字。记录员、司线员、裁判员认真检查后签字，然后将记录表发两队各 1 张，另 1 张交竞赛组。

五、比赛中出现的问题及处理

（一）裁判员未发出放陀或进攻信号前，双方即实施的行为的处理

1. 守方队员旋放陀螺的行为

守方队员旋放陀螺的行为和效果均为无效。裁判员应先对其进行警告，允许其重新旋放。

2. 攻方队员已经实施的进攻

当守方陀螺呈死陀时，裁判员应先判为死陀，并对其给予警告，允许其重新进攻。当守方陀螺未成死陀时，无论击中与否，均判其该次进攻为无效进攻。

（二）裁判员发出进攻信号后出现死陀的处理

裁判员发出进攻信号后，在规定时间内，攻方完成进攻动作（陀离手）前，守方陀成死陀，裁判员鸣哨，先判守方死陀，裁判员重新发出进攻信号。裁判员发出进攻信号后，攻方陀离手（或瞬间），守方陀成死陀，且裁判员鸣哨，此时攻方进攻有效，触及陀，依实际情况给予判定，未触及陀，则判死陀，重新发出进攻信号。

（三）有关规则中直接将陀螺投入旋放区内直接或间接击中守方陀螺的认定

1. 直接击中

攻方队员将陀螺未触及旋放区而直接击中守方陀螺。

2. 间接击中

攻方队员先将陀螺触及旋放区后再击中守方陀螺为间接击中，应是一次连续性的过程，如是在触及旋放区后又通过旋转再触及守方陀螺则不为间接击中，应判为无效进攻。

(四) 队员被取消比赛资格后的处理

被取消比赛资格的队员离场后，允许该队替补队员上场继续参加比赛，并按累计得分数决定该场比赛的胜负。被取消比赛资格的队员必须离开比赛现场，并不得参加之后的比赛。

(五) 攻守双方在有效进攻过程中

攻守双方一方出界，另一方在线上或者在线附近（没有出界），陀螺只要在相对稳定的情况下裁判员就可进行判罚。攻守双方均未出界，一方或者双方在线上或者在线附近旋转，在停转后出界按在界内进行判罚。

(六) 对停转的判断

锥尖离地的旋转，不包括陀螺在空中飞行的状态。停转是以陀螺是否以锥尖触地为判断标准。

复习思考题

1. 什么是陀螺运动？
2. 陀螺的基本技术有哪些？
3. 试述陀螺训练的练习方法与手段。

第八章

蹴球运动

【内容提要】

蹴球是我国古代一种健身娱乐项目，有着悠久的历史。通过本章的学习，了解蹴球的基本知识，掌握蹴球的教学训练方法和竞赛方法，更好地推广普及蹴球运动。

【学习目标】

1. 了解蹴球的基本知识

2. 掌握蹴球的基本教学方法、训练要求及手段

3. 了解蹴球的竞赛方法

【关键词】

蹴球；蹴鞠；教学方法；竞赛方法

第一节　蹴球运动项目概述

一、起源与发展

蹴球起源于清代的“踢石球”，是我国古代蹴鞠运动的一种形式，在满族、蒙族、回族等少数民族中较为流行。蹴鞠原有二十五法，踢石球只是其中一法而已。关于踢石球，在古典小说《红楼梦》第二十八回中有过这样的描写：“培铭往东边二门前来，可巧门上小厮在甬路底下踢球……”这里写的踢球，就是踢石球。末代皇帝溥仪的四弟溥任，从小在醇亲王府中生活，他曾见过太监踢石球，踢的方法是先用脚尖踩住球，然后用力向前踹，以击中对方为胜，可见，踢石球是用脚底“踹”球，不是我们看到的类似足球运动的踢球，这种独特的用脚底蹴球的方式和动作极具趣味性和观赏性。

踢石球游戏经过挖掘整理后，在成为正式群众比赛的运动项目时，用了“蹴鞠”的“蹴”字，定名为蹴球。蹴球比赛在一块十米见方的平整土地上进行，参赛者脚跟着地，脚掌触球，用力蹴球，击中对方球或把对方球击出场外得分，所蹴之球为直径10厘米的硬塑料实心球，分为红、蓝两色。因为蹴球的竞赛规则类似台球，蹴球又被称为“用脚踢的斯诺克”。

蹴球的比赛场地为正方形，四角设有发球区，中间有一圆圈用于摆战术球，场地设置颇有“天圆地方”的哲学意味。运动员在比赛时，一招一式之间尽显智慧，需要控制击球的方向、力量和节奏，布局球摆设的位置，谋划击球的顺序等。在1999年北京举行的第六届全国少数民族传统体育运动会上，蹴球被列为正式比赛项目。

二、场地

（一）场地规格

长10米、宽10米的正方形平坦地面。

（二）画线

线宽不得超过5厘米，边线及各线段均为场内和各区内的一部分。

（三）停球区

在场地正中心，为一个半径20厘米的圆圈。

（四）中心圆

在场地中央，为一个半径2.4米的圆圈。

（五）发球区

在场地四角，每角一个，为半径0.5米的扇面，按逆时针方向编号为1、2、3、4区。

三、器材

比赛用球为硬塑实心球，直径10厘米±0.2厘米，重量1000克±10克。分两种鲜明颜色，分别标有1、2、3、4号。1、3号球为同一颜色，2、4号球为同一颜色。

第二节　蹴球运动基本技术教学与练习方法

一、蹴球基本技术教学

基本技术教学是蹴球教学的核心，蹴球的准确性和蹴球的力量是比赛制胜的主要因素，根据蹴球的竞赛规则对蹴球的技术动作做出了严格的规定和限制，要求先用脚跟触地再用脚前掌压住球后面，向前推出，依据所蹴之球碰击本方或对方球的情况计算得分。

(一) 准备姿势

蹴球前的准备姿势是指运动员从自己的发球区场外步入场内本方球后 50 厘米左右，面向进攻方向的站立姿势。

动作要领：两脚前后自然开立，身体放松，目视对方球，根据比赛场上情况，确定战术和进攻的意图。

(二) 支撑脚站立

以右脚蹴球为例，左脚在球侧后方 20 厘米处站定，脚尖外展，与出球方向成 45 度夹角，左膝微屈，重心落在左脚上，右脚跟提起，脚尖着地。

动作要领：收腹含胸，松腰敛臀，两臂自然下垂，全身放松，目视本方球。

(三) 蹴球脚压球与瞄准

支撑脚站立得到平衡后，蹴球脚即提起，脚跟在球正后方 15 厘米处着地，脚前掌在球上方距离 2 厘米处左右，脚的方向瞄准进攻方向，方向调正后，用脚掌轻轻压住球，不能使球发生移动，压紧后目视进攻目标。

动作要领：支撑腿膝关节微屈，支撑全部身体重量，维持身体的平衡，蹴球腿膝关节自然弯曲，脚踝勾起，脚掌压在球上。

(四) 蹴球

抬腿蹴球是蹴球技术中最重要的环节，动作的正确与否直接影响出球的准确性和力量，抬腿方向直接影响出球的准确性，抬腿速度及脚掌对球面的压力直接影响出球的力量和速度。

动作要领：目视进攻目标，蹴球脚用力收缩使踝关节前屈，即大腿做向前上方抬腿的动作，同时脚掌压住球使之朝向目标滚动。

（五）维持身体平衡

维持身体平衡是蹴球后的结束动作，这是关系进攻成败的重要技术之一。

动作要领：蹴球结束后，身体重心落在支撑脚上，蹴球脚摆至膝关节部位时应及时制动，随即自然放下，形成双脚支撑的姿势，保持身体的平衡并注意不要触及场内其他球。

二、关键技术动作教学

（一）蹴正撞球

蹴正撞球是指本球撞击目标球的正后中部，撞击后，目标球沿本球原来的方向前进，而本球以较慢的速度继续向前滚一小段距离后停住。这是蹴球最基本也是最常用的技术。

动作要领：以左脚为支撑脚，支撑在球侧后方 20 厘米处，脚尖外展，与出球方向成 45 度角，膝微屈；以右脚跟在球正后方 15 厘米处着地，脚掌前部在球上距球 2 厘米左右，脚瞄准进攻方向后，再以脚掌轻轻压住球，用脚掌、大腿、小腿及身体的力量将球蹴出，球通过脚掌向前达到预计的位置或打击预计的目标球，要求全身协调用力，力量控制适当，球滚动的速度均匀，路线直稳，击打目标准确。

（二）蹴侧撞球

蹴侧撞球是指击打目标球的侧面，使目标球变向滚动转移位置或使本球相应转移位置的技术。一般用于传或欲使目标球被击打出界而本球留在界内等情况。

动作要领：根据战术的需要，蹴球瞄准目标球的侧面（左面或右面）将球击出，击打目标球的侧面，使目标球变向滚动转移位置或使本球相应转移位置。

（三）蹴回旋球

蹴回旋球是指蹴出的球撞击目标后，又以回旋的方式往回滚的一种技术。用脚前掌踩住球向前下方挤压球，使球将位于球前方对方的球挤出界外，本方球向后回旋滚动留在界内的一种技术。

动作要领：支撑脚动作要领同蹴正撞球，蹴球腿的脚掌触球比蹴正撞球偏后一些，即以脚趾部位压住即可，要保持脚跟不动，目视进攻目标，凝神静气，脚掌用力下压。

第三节　蹴球运动训练方法与手段

一、蹴球技术训练方法

(一) 姿势正确

准确的准备姿势有利于运动员稳定情绪、树立信心，赢得比赛的胜利。准备姿势距离本方球50厘米处，面向进攻方向，两脚自然开立，左膝微屈，重心落在左脚上，右脚跟提起，脚尖提起，收腹含胸，松腰敛臀，两臂自然下垂，全身放松，目视本方球。保持身体平衡。

(二) 方法合理

蹴球比赛要根据场上的形势选择合理的方法。蹴球动作要放松，不要紧张，控制出球的力量和方向，脚掌蹴球部位要根据临场需要进行适当调整，如蹴回旋球时，可偏于脚掌前部靠脚趾部位；主球两侧有被保护的球时，可偏内或偏外脚掌边缘，以不触及或影响其他球为宜。

(三) 战术得当

掌握好蹴球战术可以制造更多的得分机会，增加比赛的趣味性和刺激性，运动员要根据场上的形势，选择合理的战术，准确地实施战术有利于达到进攻的预定目的。战术教学训练要遵循由简到繁、由易到难的原则，对初学者进行训练，主要以5分球战术为基础，掌握各种蹴球技术的战术意义。在此基础上学习双球进攻技术和各种犯规战术，在比赛中灵活运用各种战术方法，赢得比赛的胜利。

(四) 劲力顺达

蹴球劲力的大小直接影响出球的准确性，要根据不同的战术打出不同力量的球，既要有利于本方的下次进攻，又要将对方击出界而保持本球不出界。

二、蹴球战术训练手段

蹴球运动属于竞技性项目，根据规则，无论单蹴、双蹴还是团体赛，队员只能按顺序单独进场。战术的实施只能由一人完成，所以队员在场上要沉着冷静、扬长避短，选择最佳的战术方案，完成比赛任务。

(一) 首轮发球战术

首轮发球是指比赛开始后，按1、2、3、4号顺序，每人将自己的球从同号发球区蹴入场内，经发球进入场内的球即为有效球，有进攻和被进攻权。由于蹴球比赛按顺序上场进攻的特点，首轮发球后即由首发队的 1 号先进攻，因此首轮发球的战术思想应是 1、3 号占据场上有利进攻的位置，2、4 号尽可能远离 1、3 号，避开 1、3 号的进攻。

1、3 号球穿过中心圆或在中心圆内，占据场地中央地区，便于向各个方向发动进攻；2、4 号则选择对角场区，远离中央地区，处在 1、3 号较难进攻的位置。

（二）5 分球战术

5 分球战术是指根据临场球势，连蹴也只能攻击对方同一球的情况下，第一蹴不将对方球蹴出界，而在第二蹴时再将对方球蹴出界，制造得 1＋4＝5 分的机会。如一蹴即将对方蹴出界，连蹴时又无法击到对方另一球，这样只能得到 4 分。

（三）双球战术

双球是指在一次蹴球过程中，利用分球技术使主球先后连续撞击两个目标球，制造获得连蹴两次的机会。比赛中获得两次连蹴权，即一次蹴球中有三次蹴球机会，大大增强了攻击力量，有时可以使场上形势大大改观，因此，蹴球比赛中大家都积极利用双球战术。

（四）回旋球战术

当对方球处在边线附近或压在边线上，而本方球与对方球相距在 30 厘米左右，用上旋球撞击可能使本方球也出界时，可以采用回旋球战术。由于回旋球的性能特点，撞击后主球沿原来的方向滚回，将对方击出界而自己不会出界。

三、身体素质训练

根据蹴球比赛重技术技巧，轻体能的特点，对运动员速度、灵敏、柔韧平衡的要求是第一位的，对力量、耐力的要求是第二位的。

（一）速度训练方法

蹴球运动员的速度包括反应速度、位移速度和动作速度三个方面。具体练习方法如下：

①自然站立姿势的突然起跑练习（看教练员手势）。

②10 米×4 折返跑练习。

③绕 15 米直径的圆圈跑练习。

④10 米×2 折线往返跑练习。

⑤手持球 10 米×2 折线跑练习。

⑥比赛场上持球奔跑练习。

(二) 力量训练方法

蹴球比赛中，运动员要不断地克服身体重力和惯性，进行站立、行走、奔跑、转身、急停等和完成蹴球动作的支撑、抬腿等运动。

①正踢腿练习。

②正蹬腿、正弹腿练习。

③单腿原地或行进间连续跳跃练习。

④悬垂收腹举腿。

⑤远距离大力蹴球练习。

(三) 柔韧素质训练法

蹴球运动员应以加强踝关节、髋关节韧带和下肢后群肌肉的伸展练习为主。

①踝关节绕环练习。

②脚跟触地、脚掌触墙、上下压踝练习。

③蹬腿练习。

④各种压腿练习。

⑤各种踢腿练习。

(四) 平衡素质练习

蹴球运动员的平衡训练应以类似于蹴球技术的单腿支撑平衡为主。

①原地提一腿单脚支撑平衡练习。

②原地提一腿单脚跳练习。

③行进间单脚跳练习。

④一腿支撑一腿前后摆动练习。

⑤闭眼做蹴球模仿练习。

(五) 心理训练

蹴球运动是重技术、战术，技巧性强、精确度高，比赛以轮流上场蹴击的形式，情况复杂多变，比赛中双方得分领先与落后频繁交替，这些特点容易使运动员出现各种不同的心理障碍，因此，运动员要具有积极稳定的情绪，勇敢顽强的意志，机智果断的品质和较强的自我控制能力等。

①放松训练法。

②模拟训练法。

③表象训练法。

④集中注意力训练法。

第四节　蹴球运动竞赛通则

一、竞赛定义

蹴球比赛是按照竞赛规则，双方运动员用脚底“蹴”球，使球通过脚底向前移动，依据所“蹴”之球碰击对方或本方球的情况计算得分，以任一方先达到或超过规定分数而决定胜负的体育竞赛项目。

二、比赛办法

单人赛、双人赛、团体赛。

三、运动员和教练员

(一) 运动员

运动员须按比赛规程或赛会要求统一进入赛场。除不可抗拒原因可以由本队教练员或领队代替挑号外，队员必须按时到达赛场挑号。队员必须接受裁判员对其进行装备检查，凡不符合规定者，应立即更换。上场队员须穿佩大会统一号衣或号码布。号码按 1、2、3、4 排列，单双号分别同色。号码高 25 厘米，宽 15 厘米。运动员必须穿平底运动鞋，并不得对鞋底进行特别加工。每局交换发球顺序后，同时更换号码。

混双比赛时，同队男女运动员服装颜色不一致，但号衣颜色一致，应允许比赛。双蹴比赛时，只要不影响对方，并遵守规则中的时间规定，队员之间可以相互商量。在临场比赛的任何时间，队员均不得擅自退到挡板外接受指导或饮水。

参赛的所有人员必须遵守竞赛规则、规程，并对自己的行为负责，不得做出妨碍比赛、干扰对方、破坏比赛气氛的任何行为。运动员有权提示裁判员及时更正记分错误。

（二）教练员

教练员应按赛会要求在指定地点进行观赛或指挥，未经裁判员允许，不得进入挡板或限制线内。教练员在观赛或指挥时，不得干扰对方，也不允许对任何人使用粗言秽语或辱骂性语言。在本队比赛时，教练员有权提示裁判员及时更正记分错误。

四、计胜方法及名次判定

（一）计胜方法

①每场比赛当一方达到 100 分或 100 分以上时，比赛结束。

②判定全场胜负的方法是：

• 交换发球前的比赛，以球的止点判定胜负，当一次蹴球停止后，一方比分达到或超过 50 分，比赛结束。如有连蹴权则不再进行，赛中休息 3 分钟，然后双方交换首发权，接休息前的比分继续比赛。

• 交换发球后的比赛，在达到 100 分之前，仍以球的止点判定。当球停止后，比分达到或超过 100 分，并且双方比分出现分差，比赛即为结束。但如果球停止后，全场总比分仍相等，则比赛继续进行，此时的比赛则以先得分者为胜（金球制胜法），即击球时瞬间出现分差，比赛立即结束，不再看球的止点。当最后一击瞬间出现同时得分，并且得分相等时，待球停止后计算得分，以得分高者为胜。如仍相等，比赛继续，循此在瞬间或球停止后出现分差，直至分出比赛胜负。

③“金球制胜法”中，可能出现的分差有以下几种：

• 同时击中对方两球，本方得 2 分。

• 击中对方一球，本方得 1 分。

• 击中本方球，对方得 1 分。

• 发球击中场内任何一活球，对方得 1 分。

• 击对方球未中，本球出界，对方得 2 分。

• 发球同时击中两球，对方得 2 分。

• 发球同时击中三球，对方得 3 分。

• 同时击中双方各一球，各得 1 分。

• 同时击中三球，本方得 2 分，对方得 1 分。

· 同时击中对方两球，其中一球为死球，对方得 1 分。

· 同时击中双方三球，其中一球为死球，对方得 1 分。

· 发球同时击中三球，其中一球为死球，对方得 1 分。

· 蹴球时犯规，对方得 1 分。

· 击本方球未中，对方得 1 分。

· 蹴球方向或距离不符合规定，对方得 1 分。

④胜一场积 2 分，负一场积 1 分，弃权为 0 分。

⑤如遇一方弃权，以对方 100∶0 计胜。

⑥比赛中罢赛超过 5 分钟，由裁判长宣布取消该选手（队）该赛项全部比赛成绩。

(二) 循环赛赛制名次判定

按全部比赛结束时积分多少排列名次，积分多者名次列前。如遇两队或两队以上积分相等，则按积分相等队相互间得失分率确定名次，得失分率高者名次列前。如再相等，按积分相等队在同一循环比赛中的得失分率确定名次，得失分率高者名次列前。如仍相等，以抽签确定名次。

五、比赛通则

(一) 发球

在裁判员主持下，由双方队长抽签确定开赛发球顺序，先抽到者可选择任何一种颜色球，即决定是否先发球。50 或 50 分双方交换顺序和颜色，交换发球权前后的首发球为 1、3 号（红色）球。

上场队员编为 1、2、3、4 号，队员编号与发球区号相同，开赛按 1、2、3、4 号顺序发球。单蹴比赛，队员仅分 1、2 号。

发球前，每名队员均应在裁判员的口令下将球放在自己的同号区内，待令蹴出。球一经放置，不得再移动。发球时球一经蹴动，应触及中心圆线。发出的球不得触及场内任何球。发球时，球一经被触及即进入比赛状态，可以进攻他球和被任何球攻击，当已方有蹴球权时，可以用已发出的球进攻他球或被任何球攻击，并按规则计得失分。发球未出发球区，应判对方得 1 分，比赛继续，不再重发球，此球可以攻击他球或被他球攻击。发球的同时或先后出现两种或两种以上不同情况的犯规时，应该给对方累计加分。例如发球未触中心圆线，球在滚动中又触到任何一活球，最后又滚出界，应该给对方加 4 分。发球出界，给对方计分后，应重新发球。在有连蹴权的情况下，发本方出界的目标球时，如果发球出界，则视为失去一次蹴球机会。待发球被己方球挡在发球区内时，不允许用手将球拿开，只能采取“失分发球”的方法发球。按规则规定可以利用挤踩方法进行发球，以达到该球触到中心圆线后，又滚回来的目的，因为发球触线看过程不看止点。此种判罚仅适于发球。当一方发球击中停球区内的本方半活球，给对方加 1 分，并将目标球复位，只能用所发的本球蹴球，被击中的半活球已成为活球。发球的同时击中场内两活球，给对方加 2 分。

（二）本球、目标球与复位球

1. 本球

本球是指蹴动的球，或攻方蹴出的主动球。

2. 目标球

目标球是指被本球蹴击的球。

3. 复位球

复位球是指不该被攻击或触及而受到攻击或触及的球。比赛中如遇下列情况，移位的目标球须由裁判员复位，本球不再复位。

①发球击中任何一球。

②半活球出停球区击中任何一球。

③击中停球区内的死球及由此引起发生位置变化的其他任何一球，击中死球前的其他球不再复位。

④蹴球前，犯规动作在先的或有不正当行为而触到的任何一球及由此引起发生位置变化的其他任何一球。

⑤连续两次蹴球动作蹴到的任何一球及由此引起位置变化的其他任何一球。

进行复位球时，必须将目标球放回原位，本球位置由裁判员放定，但无论何时，两球不能有粘连。

（三）死球、半活球与活球

凡被他球击出界而应放置于停球区内的球为死球。对停球区内的死球若进攻方仍有连蹴权，当次不得向其攻击，包括连蹴两次时。将被攻击的球击出场外成死球这个人次轮过后，此死球就成为半活球，半活球不能攻击他球，但可以被任何球攻击。死球被当次进攻方队员蹴动或触及，半活球被对方队员蹴动或触及，或者被任一活球正常击中即为活球。停球区内的死球若被击活，在裁判员将其复位后，可以用此球攻击任何一球。

死球一经放置不得再次移动位置，放置时不得触及场内任何球。半活球可以在任何时间向任何方向、任何距离前进，无攻击权。死球或半活球可以被发球击活，但被击活球要复位。此后若正当发球方蹴球，只能用发出的球蹴球。

比赛中凡用身体触及或本球直接或间接触及死球，连蹴权立即取消。当出现队员用身体将本方半活球触动时，应将被触动的球复位，此球仍为半活球。在对方没有完成连蹴权的情况下，若自己发球将本方刚放入的停球区内死球（相对于攻击方）击中，此时停球区内的球已被本方“击活”，在裁判员给对方加 1 分后，将目标球复位，攻方可以攻击场上任何一球。

队员蹴球，若身体触动了对方的死球，应给对方加 1 分，死球变活球，将触动球复位，该队员失去连蹴权。如队员一蹴将对方一球击成死球，再将对方第二球击出界后，球回旋的同时，又击到区内死球，此时，第二球应放进停球区内，因为此时第一球已被击活。队员放球时，触到对方的半活球，被触动的半活球要复位，它已为活球，此球可以攻击任何一球，也可以按半活球出停球区。

一方一蹴将双方各一球击出界，对方球放置停球区，而本方出界球发球，在发球时，若触到死球，此时进攻方虽然有连蹴两次机会，但他在连蹴机会内，发球触到死球，他已丧失了所有的连蹴权。因为这不属于发球击活球的规定（该规定特指本方发球触到半活球），此事件属于比赛中触到死球。

出停球区时，只要触到任何一球，应给对方加 1 分，并将被触到的目标球复位。若队员一蹴先击中对方一活球，目标球滚动中又触到死球，目标球又出界，应视为先触到有效球，即攻方得 4 分，防守方得 1 分。在连蹴两次或三次时，不可以用第一次连蹴机会将半活球蹴出停球区，或用于回避半活球的方法，再将球进行第二或第三蹴。如果将上述两种打法用于连蹴中的最后一蹴是可以的，否则视为擅自更换用球或用错球。如果获得连蹴两次机会，队员不想进攻，只打算将两次蹴球机会用于半活球出区和回避球，队员只能先回避后出区。

如遇本球先直接触到死球，只按所触到的死球给对方加分，以后的情况不再计分；如遇本球间接触到死球或先击到活球，而活球又触到死球，则先计本球主动得分后计死球得分；当死球和其他球同时被击中，则视为先击中死球。当一队在停球区内有一个半活球时，如果另一球又被击出界，此时这个出界球应发球。半活球出区时，如果球出界，在给对方加分后，重新出区。在停球区内的死球，被对方人为触活后，此球可以出区，也可以进攻他球。

放置死球时，没有放进区，应给对方加 1 分，重新放好。但当攻方比分达到差 1 分停止或结束比赛（如 49 分或 99 分）时，如果裁判员认为被攻方故意以此剥夺攻方进攻权，以达到结束比赛的目的，此时攻方虽已达到或超过 50 分或 100 分，但有权选择行使或放弃继续蹴击球的权利，实际比分按选择后的行动结果计算。

（四）蹴击球与连蹴

1. 蹴击球

蹴击球时以脚跟先着地，由脚掌触及球面，稳定后将球向前蹴出或挤压出。挤压后再触球，则犯规，不再连蹴。

2. 连蹴

①连蹴一次：蹴击球击中任何一球，可以用本方任何一球连蹴一次。

②连蹴两次：一蹴击中两球，可以用本方任何一球连蹴两次。

③连蹴三次：一蹴击中三球，可以用本方任何一球连蹴三次。

连蹴两次或三次时，只要本球不出界，允许在对方得分前提下违规蹴球进攻第一次，接着再正常进行第二次或第三次蹴球。获得连蹴两次或三次机会，攻方队员可以选择本方任何一球连蹴，这包括连续换球连蹴。但在连蹴完成之前，出现下列情况，将立即丧失连蹴权：

- 直接或间接攻击到死球（包括用身体触到）。
- 本球出界，包括发本方目标球将自己的木球击出界。
- 蹴球后，脚又触球或球触脚。

发球过程中出现以上任一情况，将取消全部连蹴机会，出现其他情况，按规定给对方加分，仍具备连蹴次数。

队员用挤压蹴球方法，将两球或三球击中后，本球在回旋时又触到脚，应对球触脚的行为进行判罚，给对方加 1 分，同时失去连蹴权。将对方两球蹴击出界，先出界球由队员将球放置停球区，另一球则由队员在同号发球区发球。蹴击球或连蹴球必须攻向目标球。在蹴击球或连蹴时，若本球距目标球超过 2

米，蹴击球必须向目标球前进至少 1 米方视为进攻球。蹴击球移动距离以起点到止点为准。如果队员在本轮次的最后一蹴，又击中两球或三球，他可以再连蹴一次或两次。裁判员下达口令后，运动员应在 15 秒之内完成蹴球动作。

（五）出界球

①球体着地点脱离场地滚出边线并停止在边线外即为出界。

②判断球是否出界以球自然滚动的最后停止点为判定点，凡触到任何人为设置的物体而弹回场内均属出界球。

③本球出界或球被本方球击出界，应由队员在 15 秒之内用手将出界球放在与球同号的发球区，然后按发球的规则将球发出。

④球被对方球击出界，应由队员在 15 秒之内将出界球放置于中心圆停球区内。

⑤本球击中对方球而双方球均出界，则守方先处置球。

⑥球出界后，处置球的方法是：

· 将己方球蹴出界，由蹴球队员自己捡球、放球、发球。

· 被对方蹴出界的球，由与球同号队员捡球、放球、发球。

⑦若受到外界自然干扰，将场内的静止球改变位置或将场内的活动球挡在界内、外，均以最后止点来判定结果。

（六）回避球

①回避球是指由队员申请，经裁判员同意，可以不向对方球进攻而蹴向任何方向、任何距离的球。

②每场比赛只允许每名队员在赛中休息前后各享有一次回避球申请权，若休息前未用，不得补加用于休息后的比赛中。

③回避球如出现其他情况，则判本球犯规由对方得分。

④当连蹴两次时，可以用任何一球回避。

⑤发球不得回避。

⑥如果队员发球，击中停球区内或场内任何球，此后该队员利用所发球又获得连蹴两次的机会，不允许换球连蹴，在最后一蹴时，可以回避另一球。

⑦队员回避球中击到球，将按下列情况进行处理：

· 击中对方球，对方得 1 分。

· 将对方球击出界，对方得 4 分。

- 击中本方球，对方得 1 分。
- 击中死球，对方得 1 分，目标球要复位。
- 将死球击出界，对方得 4 分，目标球要复位。
- 本球出界，对方得 2 分。
- 将本方球击出界，对方得 2 分。
- 击中若干球，按相应情况给对方加分。
- 回避球出界，给对方加 2 分，发球恢复比赛。

（七）主动得分

①本球击中对方一活球得 1 分。

②本球将对方一活球击出界得 4 分。

③蹴球中如遇多种情况同时出现，按事实，相应累计得分。

④在两球相连，队员蹴球的一刹那，已经产生了得失分，如果随后发生其他情况，按规则规定得失分。

⑤在两球相碰后，同时向前滚动中本球与目标球、目标球与本球又数次相撞，只记第一次撞击的分数。

⑥一蹴同时击中对方两球，其中一球被击出界，应判攻方得 5 分。

⑦当队员瞄准双方各一球，欲想获得击中两球，连蹴两次机会，但未击中任何一球时，裁判员应以本球行进路线是远离哪方球为准。如果球行进的路线近于本方球而远离对方球，则视为击本方球未中。

⑧队员击自己的球未中，而本球出界，应判对方得 3 分。

（八）被动得分

1. 对方得 1 分

①当第一次或第二次蹴球时，出现下列情况，攻方队员已失去蹴球机会：

- 蹴球或连蹴时，攻击死球。
- 蹴击球后又连续以脚触球或球触脚。

②当第一次或第二次蹴球时，出现下列情况，攻方队员已失去一次蹴球机会，判对方得 1 分后，仍然可以完成接下来的蹴球机会：

- 进攻方向或距离不符合规则要求。
- 发球失误，球已经被触动。
- 蹴击球动作不符合规定，如滑球、拨球、拉球、捅球等。

·有意击本方球未中。

·蹴击球前使球滚动。

·比赛中，裁判员认为非故意使身体或其他物体触及场内任何一球。

③队员蹴球前发生下列情况，判对方得1分后，允许队员继续比赛：

·未经裁判员允许队员擅自进入场内。

·未经裁判员允许而擅自蹴击球。

·未按时完成蹴击球。

·用声音或其他方式间接影响对方蹴击球。

·擅自更换人次，如，双蹴时同方队员顺序错误。

·擅自更换比赛用球，如，用对方球击本方球等。

·未按规则蹴击球，如，处置球的先后顺序错误；放错发球区等。

·不满裁判员的判决而影响比赛正常进行。

·放定球后又触及球。

·选号已确定先后发球权，裁判员发出放球口令，运动员未按时完成放球。

·放置死球时触及任何一球。若与其他球相连时，应由本人重新放置。

·违规蹴球，如，在连蹴两次或三次时，先将球蹴出停球区。

④在连蹴两次或三次的第一次蹴球中，如遇下列情况，则视为队员已失去一次蹴球机会，允许队员连蹴第二次或第三次。

·发球未触及中心圆线。

·发球直接或间接触及任何一球，触死球则无连蹴权。

2. 对方得2分

①将本方目标球蹴出界。

②发球时目标球出界。

③发球直接或间接将本方目标球蹴出界。

④半活球出停球区时，无论在区内或区外将本方球击出界。

3. 对方得4分

①发球直接或间接将对方球蹴出界。

②半活球出停球区时，无论在区内或区外直接或间接将对方球击出界。

③直接或间接将死球击出界。

4. 对方得累加分

①发球或蹴击球时出现蹴球动作犯规在先而随之触或击到任何一球，只对犯规方进行判罚，给对方加分，其后情况不再累计。

②当对方有蹴球权并仅差 1 分就停止或结束比赛（如 49 分或 99 分）时，出现故意用身体任何部位（脚蹴球出界除外）、言语或行动进行犯规，以主动为对方加 1 分终止比赛，使攻方因失去应有进攻机会而少得分的故意犯规情况，将被视为违反了规定，由裁判员根据当时的场上情况按可能出现的最高得分给攻方加分。此时攻方虽已达到或超过 50 分或 100 分，但有权选择行使或放弃继续蹴击球的权利，实际比分按选择后的行动结果和裁判员的加分累加计算。但此条不适用于在已方获得蹴球权时。

③队员为获得不正当利益，故意将正在滚动的球挡在界内或提前将球拿出界外，将给对方加 1 分，被犯规方可以选择将被触动的球放在界内或界外。此时，如该犯规队员进攻，他不能进攻任何一球，否则将给对方加分后，目标球复位。

此种犯规现象如下：

- 攻方或守方将正在运行的本球挡在界内或触到界外。
- 攻方或守方将正在运行的目标球挡在界内或触到界外。

④比赛中如遇两种或两种以上受罚情况同时出现，按事实，累计给对方加分。

(九) 比赛暂停

比赛中，若参赛队需要暂停比赛，须由教练员或队员在本方取得蹴球权时向裁判员提出请求，经裁判员允许后方可实施暂停。每场比赛允许每队在赛中休息前后各请求暂停 1 次，每次时间为 1 分钟。暂停时，可以进行技术指导。在暂停时间内，队员不能出场（如有挡板则以挡板为界）接受指导，教练员不能进场指导。若场上队员发生意外，该队可以要求暂停比赛，但时间不得超过 5 分钟。因场上意外情况需要处理，裁判员可暂停比赛，待处理完毕立即恢复比赛。甲方进攻人次轮过后，乙方可以在处置球前，立即提出暂停。

六、弃权与申诉

(一) 弃权

比赛过程中凡出现下列任何一种情况均为弃权。

①运动员超过规定开赛时间 5 分钟未到场。

②因场上队员发生意外，暂停比赛超过 5 分钟。

③拒绝上场比赛超过 5 分钟。

（二）申诉

比赛中如运动员对裁判员的判罚有异议，应及时向裁判员提出，但态度要平和而有礼貌。参赛运动员若对比赛结果有异议，可在比赛结束后 2 小时内，向仲裁委员会提出书面申诉意见，同时交纳申诉费。仲裁委员会依据仲裁条例进行裁决。

第五节　蹴球运动裁判法

一、裁判人员及其职责

（一）裁判人员

比赛设裁判长 1 人，副裁判长 1～2 人，裁判员、助理人员若干人。每场比赛设裁判员 1 人，记录员 1 人，记分员 1 人。

裁判员对场上出现的异议情况，应及时征询记录台人员意见，按事实做出最后判决。

比赛中裁判员对运动员、教练员及随队人员可行使处罚权力，如果被处罚人员仍坚持其不正当行为，并影响比赛正常进行，则可将其罚出场外。若因被罚出场导致比赛不能继续，则判该队罢赛。

（二）裁判人员职责

1. 裁判长

①主持整个比赛过程，全面组织和领导裁判的各项工作。

②负责检查场地器材，安排竞赛日程和裁判员及助理人员的分工。

③根据规则的精神解决比赛中出现的各种问题。

④对比赛中出现的弃权、罢赛做出最终判定。

2. 副裁判长

①协助裁判长工作，完成裁判长分配的工作。在裁判长缺席时代理裁判长职责。

②组织安排发放裁判员用品、检查记录台的准备工作。

③协助裁判长检查场地、器材，做好比赛裁判工作的后勤工作。

④组织运动员入场。

⑤根据比赛场地的分布，负责其中一些场地的比赛监督工作，对相关技术问题予以解决。

3. 裁判员

①检查运动员的号码、服装、鞋子等必要装备。

②组织双方队员抽签，确定双方队员发球顺序和队员用球。

③宣布比赛开始和结束。

④判断是否犯规，宣布得分。

⑤宣布回避、暂停、中断比赛、比赛结果。

⑥判断球体是否出界。

⑦确认球的原始位置。

⑧判断进攻方向与距离是否符合规则。

⑨当比赛出现裁判员未看到，而记录员与记分员看到的犯规情况或其他情况时，裁判员在记录员、记分员提示后，按照规则再进行判决。

⑩在本场比赛记录表上签字。

4. 记录员

①赛前登记双方队员的姓名、号码并进行核对。

②记录双方队员所得分数。

③记录暂停、换人和回避球。

④比赛结束，核对比赛记录内容无误后交裁判员签字，并交裁判长签字。

⑤负责记录运动员完成动作的时间。

⑥协助裁判员执行工作。

5. 记分员

①翻记分牌。

②随时报比分。

③协助记录员工作。

④管理场地周边环境，确保比赛顺利进行。

⑤管理场地器材。

⑥协助裁判员执行工作。

二、裁判人员工作内容及要求

裁判长1人，副裁判长和裁判员若干人。每场比赛由1名裁判员担任裁判工作，另设记录员、记分员、值场裁判员各1人共同完成比赛工作。裁判人员必须在赛前30分钟到达比赛场地，并开始行使其权力。直至比赛结束，裁判员在记录表上签字，该权力即告结束。

(一) 裁判长

1. 比赛前的工作与要求

①组织召开裁判组工作会议。为了更好地完成裁判任务，裁判长应在比赛前组织召开全体裁判员工作会议。会议主要包括以下内容：

· 学习大会有关文件，加强裁判员的思想教育。

· 组织裁判员学习竞赛规程与规则，统一判罚尺度。

· 解决各种疑难问题。

②参加教练员联席会议。为使比赛顺利进行，裁判长应在比赛前参加由竞赛委员会组织召开的教练员联席会议，并向教练员讲明临场判罚尺度、竞赛执法要求及注意事项。

③组织赛前和各阶段的抽签等工作。

④负责检查场地器材，安排竞赛日程和裁判员及助理人员的分工。

⑤组织裁判员赛前实习。

2. 比赛中的工作与要求

①全面组织和领导裁判的各项工作。

②根据规则的精神解决比赛中出现的各种问题。

3. 比赛结束后的工作与要求

在阶段比赛结束和全部比赛结束后，主持召开裁判工作总结会议，认真总结经验，帮助裁判员和助理人员提高业务水平。内容包括：

①评价执法过程中的心理状态。

②评价执行规则情况和控制引导比赛的能力。

③评价关键判罚的准确性。

④评价相互配合情况。

⑤分析讨论典型、特殊判例。

⑥宣布重大问题处理意见的报告。

⑦布置下一阶段的任务和具体要求。

（二）副裁判长

1. 比赛前的工作与要求

①协助裁判长组织学习与实习。

②组织安排发放裁判员用品、检查记录台的准备工作。

③协助裁判长检查场地、器材，做好比赛的后勤工作。

④组织运动员入场。

⑤组织赛前和各阶段的抽签等工作。

按蹴球比赛的要求和特点，在每个单元（每半天）比赛开始前要组织运动员统一进场，到达各自的赛场。入场的一般顺序为裁判员、记录员、记分员、运动员。

2. 比赛中的工作与要求

根据比赛场地的分布，负责部分场地的比赛监督工作，对相关技术问题予以解决。

3. 比赛后的工作与要求

总结经验，协助裁判长做好善后工作。

（三）裁判员

1. 比赛前的工作与要求

（1）准备好裁判员的服装和裁判用具

①着装要求：服装统一、整洁，颜色有别于比赛队。

②比赛用具：记录用笔、挑号器。

（2）复查场地、器材

①检查中心圆停球区和发球区地面是否平整。

②场地挡板应设置在距场地边线 2 米处，挡板与边线之间不得有任何物品。

③比赛用球的重量、规格、质地、颜色、标号必须符合规则规定。

④检查各种表格、计时表、翻分牌等器材，翻分牌号码是否齐全。

（3）检查运动员装备

重点检查运动员的鞋底是否符合规则要求，以及服装、号码等，对不合格者，令其改正，否则裁判员有权禁止该队员参赛。

（4）组织挑号

进入赛场后，裁判员应立即组织双方队员在 3 人都到齐的情况下，用抛币的形式挑号。选中方要用语言明确说出是先使红球还是后使红球，挑号后记分员和记录员立刻让双方队员穿戴好号码，填写《蹴球比赛记录表》。

（5）热身练习

穿戴好号码后，允许队员进行 2～3 分钟的热身练习，并可以使用比赛用球。

2. 比赛中的工作与要求

裁判员全面主持比赛场上的裁判工作，有权决定涉及比赛的一切问题，包括规则中没有涉及的问题。执法时，应看清事实，依据规则准确判罚。

3. 比赛结束后的工作与要求

①比赛结束，裁判员应立即宣布全场比赛结束。

②收回比赛用球。

③裁判员应认真检查记录表，并在记录表上签字。

④填写《成绩报告单》并请裁判长签字后交总记录。

⑤对比赛中发生的特殊情况，要在《蹴球比赛记录表》背面的“比赛情况报告”栏中注明。

⑥认真及时地总结临场工作。

（四）值场裁判员

1. 比赛前的工作及要求

①协助裁判员、记录员、记分员准备好比赛用品。

②协助裁判员检查场地设施及比赛器材。

2. 比赛中的工作及要求

①当场上裁判员遇特殊情况而无法继续执裁时，替代场上裁判工作。

②指导记录员、记分员的工作。

③负责管理教练席和场外周边的秩序。

3. 比赛结束后的工作及要求

组织记录员、记分员完成赛后的各项工作。

（五）记录员

1. 比赛前的工作与要求

①准备好比赛所需用具：比赛用球、号码、米尺、挑号器、计时器、记录

表格、笔等。

②认真填写《蹴球比赛记录表》。

③核对比赛运动员是否正确，并通知裁判员。

④协助裁判员进行挑号工作，顺序是先挑号，根据双方所挑红蓝球，确定甲乙队再填写《蹴球比赛记录表》。

2. 比赛中的工作与要求

①准确填写《蹴球比赛记录表》中双方运动员的得分、犯规等有关情况。

②随时向场上裁判员提供比赛成绩。

③队员蹴球时，协助裁判员观察场上情况，重点关注目标球的变化。如果裁判员出现明显的错、漏、反判，可在下一名运动员蹴球前主动提醒裁判员。

④负责记录运动员完成动作的时间。

3. 比赛结束后的工作与要求

①及时统计出该场比赛结果，并向场上裁判员报告。

②整理好记录表，签字并分别请裁判长、裁判员、记分员签字。

（六）记分员

1. 比赛前的工作与要求

①准备好比赛所需用具：记分牌。

②协助裁判员做好挑号工作，并与记录员共同检查运动员穿戴号码是否正确。

2. 比赛中的工作与要求

①在比赛中，应配合裁判员注意观察场上情况，如果裁判员出现明显的错、漏、反判，可在下一名运动员蹴球前主动提醒裁判员。

②根据比赛情况，随时翻换记分牌。

3. 比赛结束后的工作与要求

①比赛结束时，宣告比赛成绩。

②在《蹴球比赛记录表》上签字。

三、裁判员的工作方法

（一）裁判员的站位方法

裁判员应选位于蹴球队员平行处的侧面，以既能观察到队员蹴球动作、球的原始位置和目标球，又不干扰攻守双方的原则为宜。

裁判员的位置不是固定的，应随着蹴球队员的动作和球的滚动方向而随时改变位置。其原则是尽可能面向记录台，使队员及球处于裁判员与记录员、记分员之间，且面向记录台，站稳后再宣判。

（二）裁判员的技术处理

1. 放球

热身练习完毕，队员将球交到记录台后，裁判员正式进入临场执法阶段，从他发出的第一个口令“放球”开始，双方进入正式比赛。如果队员不按口令要求放球，将会被判由对方被动得分。此时的裁判员应根据场上具体情况，适时发出放球的信号。

比赛中途如比赛用球出现自然破裂或其他损坏，裁判员应立刻停止比赛，迅速更换用球，将原球、目标球和一切被触及的球放回原处，之后立即恢复比赛。在触到目标球前的损坏，此球导致的任何得分均视为无效。比赛用球是否符合规定以及是否需要更换，以裁判员审定为主。

2. 发球

①发球时，如遇下列情况应重新发球：

·裁判员认为由于外界干扰使队员不能正常发球时。

·由于场地器材原因而使队员不能正常发球时。

·由于裁判员的失误而影响队员发球时，如球击中裁判员或误判等。

②无论单蹴或双蹴，裁判员应在运动员到发球处放好球后，再发出发球信号。

③记录员也应在裁判员发出发球信号后开始计时。

④比赛开始的首轮发球应由裁判员先叫号。例如，1号、2号、3号、4号……

⑤开球或发球，以球是否移动为准。

3. 蹴击球

①裁判员如果对蹴出的球向前移动是否超过1米距离有疑问，应按规则规定的方法进行实地丈量确定。

②由裁判员认定球前进方向是否具有进攻性。

③裁判员对自己的误判应予纠正。

④裁判员有权在外界人员进场干扰比赛时暂停、中止或推迟比赛。

⑤裁判员应在每次球运行完全停止后再宣判。

⑥连蹴时，裁判员应报出“×方得×分，连蹴×次”。

⑦队员用错球主要有三种情况：

· 用对方球。

· 用错本方球。

· 未按规则蹴球，如人次顺序错误、处置球先后的顺序错误、放错发球区等，均应在判罚得分后，将所有相关球复位，允许队员重新按规则蹴球。

⑧连蹴两次时，第一蹴犯规，例如，前进不足 1 米、方向不正等，须对第一次连蹴的犯规进行判罚，第二次连蹴机会仍然有效。

⑨队员可以将己方球击出界，只要本球不出界，他可以利用发目标球，达到接近对方球来更好地发挥连蹴的效果。

⑩得分或被动得分的判罚只用于场上参赛队员。

⑪遇外界干扰蹴击球时，裁判员有权决定是否让队员重新蹴球。

⑫前进方向不包括停球区免受攻击的死球。

⑬裁判员复位球的 4 种情况：发球犯规、出停球区犯规、击中停球区内的死球、犯规在前的蹴击球。

4. 死球、半活球与活球

①当遇到发球、球出停球区、击中停球区内的死球、蹴球前或蹴球一刹那犯规后被击中的任何目标球时，应由裁判员将被击中的球复位。

②死球只有被球击中后才被视为活球，人为触动不为活球。

③裁判员要特别注意由死球变成半活球的球。

④裁判员要提醒被击活球，例如，“×号球已成活球”。

⑤裁判员要准确计算出击中死球前后的得失分。

5. 回避球与出界球

①回避球必须由队员先提出申请，经裁判员同意，并由裁判员报出“同意回避”后才能触球进行。

②发球不得申请回避球。

③回避球没有方向、距离的限制，它可以任意进行，但蹴击球动作必须符合规则规定。

④回避球出现下列情况时，可按规则判给守方被动得分：

· 蹴击球犯规。

· 击中对方球。

· 击中本方球。

· 本球出界。

· 目标球被击出界。

· 本球与目标球同时出界。

· 击中停球区内的死球。

⑤回避球只有一蹴机会，出现任何情况只进行判分，不允许连蹴球。

⑥当出现连蹴时，队员可以用本方任何一球回避。

⑦队员可以提出或撤销自己回避球的申请，但撤销提出后，裁判员应报出“同意撤销回避”的口令。如裁判员认为队员故意用这种方法欲在时间等方面钻规则空子，应做出相应处罚。

6. 出界球

①判断球是否出界，应以球的着地点为准，球的着地点压到边线任何一点均为界内球，否则视为界外球。

②裁判员认为由于地形、风力、自然震动等自然因素而影响球滚出界或重新滚回到界内，应视为一次性蹴击球的正常结果，须在球完全停止后再做判罚。做出判罚后，再出现上述情况，则将球复位到判罚前的原始位置。

③在目标球被击出界后，裁判员须先报得分，然后报“×号球放入停球区”或“×号发球”。

④凡触及场外挡板、人员或任何其他物体而弹回界内的球，应视为界外球。

7. 主动得分与被动得分

①裁判员报得分应同时使用手势和口令两种信号，皆应清晰明确。

②遇双方得分的情况，裁判员应先报攻方得分、后报守方得分。其口令为“×方得×分，×方得×分”。

③当出现复位球时，裁判员应先复位再报分。

④当出现下列情况时亦应给对方加 4 分：

· 将停球区内死球击出界。

· 发球直接或间接将对方球击出界。

• 出停球区时直接或间接将对方球击出界。

• 本方两球均滚出界。

⑤裁判员认为队员在比赛中故意用身体或借助外力破坏对方正在行进的球，或故意触及球而获取得分或少失分利益者，裁判员有权根据当时场上实际情况，如所有目标球的位置、区域、方向等，根据规则执行判罚。此条的目的是为避免队员出现不正当竞争，而对于队员无意识地失误不应列入此条的得分中。

⑥如遇队员为获得不正当利益，故意将正在滚动的球挡在界内或提前将球拿出界外，裁判员应告诉被犯规方可以选择将被触动的球放在界内或界外，同时根据场上实际情况再给被犯规方加分。如该犯规队员进攻，应告诉他，不能进攻任何一球，否则将给对方加分后，目标球复位。此条的目的是为避免队员出现不正当竞争，钻规则的空子。

⑦依据规则犯规在先，只对第一个犯规进行判罚被动得分，以后的得分不再计算，被触动的目标球复位。

⑧裁判员要注意发球的同时或先后出现多种不同情况的犯规时，应该给对方累计加分。例如，发球未触中心圆线，球在滚动中又触到任何一活球，最后又将本方目标球击出界，本球又滚出界，应该给对方加 6 分。

四、裁判员的口令及手势

(一) 裁判员常用口令

① “各队放球” 用于开球前运动员已就位于各发球区时，单蹴比赛运动员使用 1、2 号区后。

② “比赛开始，×方，×号发球”。

③ “发球犯规，×方得×分”。

④ “发球出界，×方得×分，×号重新发球”。

⑤ “×方蹴球得×分，×方得×分，连蹴×次”。

⑥ “×号球放球，×号球发球”，常用于两球或两个以上球出界时。

⑦ “蹴球犯规，×方得×分”。

⑧ “×方球出界，×方得×分”。

⑨ “同意×方回避” 或 “同意×方撤销回避”。

⑩ “×方超时，×方得×分”。

⑪“×方犯规，×方得×分”。

⑫“×方请求暂停，……暂停时间到”。

⑬“×方罢赛超过 5 分钟，比赛结束”。

⑭“×××要求暂停”，用于裁判员、记录员、记分员需要暂停。

⑮“停止比赛，×方×分，×方×分，比赛结果，×方暂时领先，休息 3 分钟。”

⑯“全场比赛结束，×方×分，×方×分，比赛结果，×队胜”。

（二）裁判员常用手势

①两臂侧平伸，掌心向前，同时报出“比赛开始”。

②单臂侧平伸，指向某一个号区，同时报出“×号发球”。

③报比分，面向记录台，单臂上举，按先报攻方后报守方的顺序报出得分。

④单臂前平伸，手掌上翘，同时报出“同意×方回避”。

⑤左臂在胸前弯曲，手平伸，掌心向下，右手伸出一手指，指向掌心的同时报出“×方请示暂停”。

⑥单臂上举，手握拳，同时报出“停止比赛”或“全场比赛结束”。

（三）赛制与编排

根据比赛规程规定，无论采用何种赛制必须按国际通用的循环赛制、淘汰赛制的编排方法和种子号位、轮空号位的方法进行。

复习思考题

1. 蹴球基本技术教学有哪些要求？

2. 蹴球的训练要求有哪些？

第九章

板鞋竞速

【内容提要】

本章主要介绍板鞋竞速的运动方式及项目分类，着重分析板鞋竞速的基本技术及板鞋竞速的教学和训练方法，并简述板鞋竞速的竞赛规则。

【学习目标】

1. 了解板鞋竞速的运动方式
2. 掌握板鞋竞速的基本技术与教学方法
3. 了解板鞋竞速的竞赛规则

【关键词】

板鞋竞速；途中跑；竞赛规则

第一节　板鞋竞速项目概述

一、板鞋竞速起源与发展

板鞋本是广西壮族自治区少数民族地区普遍使用的一种生活用具，即用两块木板制成的拖鞋，称为“板鞋”，通常也称“木屐”。

板鞋竞速是壮族民间传统体育项目，起源于明代。民间对于板鞋有一段动人的故事：相传明朝嘉靖年间，广西壮族女英雄瓦氏夫人曾经以板鞋作为“秘密武器”，训练士兵之间的团结性和协作能力。明代倭寇侵扰我国沿海地带，广西百色地区的瓦氏夫人率兵赴沿海抗倭，瓦氏夫人为了让士兵步调一致，让3名士兵同穿一副长板鞋一起跑步，经过长期的训练，士兵战斗素质得到提高，从而在战场上打败倭寇，为壮族人民立了大功。后来，南丹县那地州壮族人民模仿瓦氏夫人练兵方法，开展三人板鞋竞技活动自娱自乐，相袭成俗，流传至今。

板鞋竞技是一项集群众性、娱乐性、竞技性于一体的民族传统体育活动，同时也是一项非常独特的健身娱乐活动。其主要特点是运动时步调一致，行走灵活，协调自然，民间传统的三人板鞋竞技内容包括集体舞、板鞋秧歌舞、板鞋拳术等；同时三人板鞋的技巧性也比较强，如板鞋竞赛、板鞋抢粽粑、板鞋戏水、板鞋抢水球、板鞋抛绣球、板鞋踩气球等，所有的运动都需要比赛者齐心协力和默契配合。2007 年，三人板鞋运动正式成为第八届全国少数民族传统体育运动会比赛项目，并根据比赛的特点定名为板鞋竞速。

如今，板鞋这一古老的竞技体育项目逐渐走向世界，在我国的外国学生和我国在美国、澳大利亚、加拿大、日本、新加坡等国家的留学生，学习之余，常常利用板鞋竞技开展各项娱乐活动。许多外国游人看到壮族的板鞋竞技后，都被它的竞技性、体育性和娱乐性所吸引。

二、板鞋竞速场地

板鞋竞速在标准田径场上进行，场地线宽均为 5 厘米，跑道分道宽 2.44～2.5 米。可根据比赛的需要和场地状况设置跑道的多少。

三、板鞋竞速器材

比赛板鞋以长度为 100 厘米、宽度为 9 厘米、厚度为 3 厘米的木料制成(以三人板鞋为例)。每只板鞋配有 3 块宽度为 5 厘米护足面皮，分别固定在板鞋规定的距离上，护皮以套紧脚面为宜。第一块护皮前沿距板鞋前端 7 厘米，第二块护皮在第一块护皮与第三块护皮中间，第三块护皮后沿距板鞋末端 15 厘米（护皮在符合规定的条件下可自备）。

第二节　板鞋竞速基本技术教学与练习方法

一、板鞋竞速基本技术的教学方法

板鞋竞速的完整技术可分为起跑、起跑后的加速跑、途中跑、弯道跑、终点跑 5 个部分。

(一) 板鞋竞速的起跑技术

板鞋竞速起跑过程包括“各就位”和鸣枪两个阶段。

①当听到发令员发出“各就位”口令后，3 名运动员穿好板鞋站在起跑线后。

②运动员躯干前倾，两腿弯曲，重心微前移，眼睛平视前方。

③板鞋左右分开约 15 厘米，且两只板鞋平行朝向跑进方向。

④做好“各就位”姿势，保持动作稳定性后，应集中注意力听枪声。

(二) 板鞋竞速起跑后的加速跑技术

①身体重心平稳抬起。

②步长均匀地加大。

③步频逐渐加快。

④运动员摆臂的幅度大而有力。

(三) 板鞋竞速的途中跑技术

①三人动作协调一致。

②根据运动员的身体形态、身体素质等来确定步长与步频。

(四) 板鞋竞速的弯道跑技术 (以左转为例)

保持身体重心，右臂摆动幅度稍大且稍向外，左臂摆动幅度稍小，右脚稍向内，左脚稍向外。

(五) 板鞋竞速的终点跑技术

①板鞋竞速接近终点时目视前方，上体要稍前倾，两小腿快速向前摆动，冲过终点线。

②在转弯后整个身体逐渐过渡到正常姿势，快速向前跑。

二、板鞋竞速技术的练习方法

(一) 学习板鞋及走步技术

①选择合适的鞋。

②学习三人穿板鞋的方法及后 2 名练习者双手摆放的位置。

③由一人或一起喊口令“一二一”或“左右左”原地踏步，体会动作的协调性。

④喊口令小步幅地慢走，体会下肢蹬摆配合技术，第 1 名运动员摆臂技术及后 2 名运动员两臂的配合动作。

⑤喊口令练习步长稳定，慢速—中速—长速走。

⑥喊口令练习大步幅，慢速—中速—快速走。

⑦不同距离的变化步长、步频走，体会速度变化时的步调一致和节奏感。

(二) 学习穿板鞋直道途中跑技术

①三人穿板鞋原地小步跑，体会下肢协同用力和腾空。

②三人穿板鞋行进间小步幅跑。

③喊口令练习步长稳定，慢速—中速—快速跑。

④喊口令练习大步幅，慢速—中速—快速跑。

⑤较长时间以不同距离的变化步长、步频跑（如 30 米快速跑、30 米中速跑、30 米慢速跑等），体会不同速度下步调一致和节奏感。

⑥采用 60—80—100 米反复跑，体会板鞋途中跑技术。

(三) 学习起跑和加速跑技术

①学习“各就位”姿势，体会两脚的站位、下肢的弯曲和身体的前倾。

②体会听口令后，三人上肢技术及下肢的蹬摆配合技术。

③听口令反复练习起跑接加速跑 20～30 米。

④听口令练习起跑，加速跑接途中跑技术。

(四) 学习终点跑技术

①在慢跑中做上体前倾动作，用胸部或肩部撞线。

②用中速、快速跑做撞线动作。

③快速跑 40～50 米，直接跑过终点线（不做撞线动作）。

④快速跑 40～50 米，在终点线前 1 米左右用胸部或肩部做撞线练习。

(五) 学习弯道跑

①讲解弯道跑的技术原理，让练习者明白弯道跑的基本要求。

②画一个半径为 15 米的圆圈，沿逆时针进行不同速度地走，体会左右腿蹬摆方向和幅度。

③在弯道上进行慢速、中速、快速的起跑接加速跑。

④弯道上进行中速、快速途中跑技术。

(六) 改进和提高全程跑技术

①反复练习 60 米全程跑技术，体会各部分技术的衔接。

②以不同的速度反复练习 100 米全程跑技术。

第三节　板鞋竞速训练方法与手段

一、板鞋竞速训练特点

板鞋竞速是三人集体运动，是队员间配合、速度、力量与技术相结合的运动项目，要求队员间相互配合，以力所能及的能力完成比赛。三人的团结协作精神在很大程度上比个人的身体条件更重要。

二、板鞋竞速技术训练常用方法

①通过影像、技术图片、示范等直观方式学习和掌握板鞋的分解技术和完整技术。

②运动员之间配合的高度默契极为重要。

③穿板鞋用不同速度反复跑，体会不同速度下三人跑技术动作。

④变换步长、步频反复跑和变速跑，体会不同节奏下每个人的肌肉用力感觉。

⑤通过听节奏和设置步长标志物来练习步频和步长。

⑥超过比赛距离的高强度练习。

三、板鞋竞速身体素质练习

（一）速度训练

站立式 30 米跑、站立式 60 米跑、站立式 100 米跑、穿板鞋站立式快速起动加速跑 30～50 米、穿板鞋短距离接力跑。

（二）速度耐力训练

①100～300 米低强度、中等强度、高强度间歇跑。

②100～300 米的重复跑。

③60—80—100 米的牵引跑。

④各种长距离的跳跃练习。

⑤短距离的速度耐力跑，不少于 10 次。

（三）力量训练

负重力量、负重半蹲起、卧推、负重弓箭步、负重交叉腿跳、蛙跳。

（四）柔韧素质

①主动或被动的静力性拉伸。

②主动或被动的动力性拉伸。

(五) 灵敏素质训练

①各种球类练习。

②各类节奏感练习。

③发展平衡性的练习。

④提高反应能力的练习。

第四节　板鞋竞速竞赛通则

一、竞赛定义

板鞋竞速是由多名运动员一起将足套在同一双板鞋上，在田径场上进行的比赛，以在同等的距离内所用的时间长短决定名次。

二、比赛办法

(一) 竞赛分类

竞赛分单项比赛和接力赛两大类。

(二) 竞赛编排

1. 竞赛编排原则

①在标准田径场上每组 4 个队比赛。

②接力比赛提前将接力棒次表交编排记录组。

2. 编排赛次和分组

①参赛队数过多，不能在一个赛次（决赛）进行比赛的项目，应举行若干赛次的比赛（分组赛）。举行决赛前各赛次比赛时，所有参赛队必须参赛，并通过各赛次取得决赛的资格。

②由竞赛委员会安排比赛的预、复、决赛。

③第一赛次抽签排定道次。

④对于后续赛次，根据第一赛次成绩排序进行蛇形编排组次和道次。

⑤前 8 名决赛道次安排，根据上一赛次的成绩排序，3、4 名抽决赛第一组 2、3 道，7、8 名抽决赛第一组 1、4 道；1、2 名抽决赛第二组 2、3 道，5、6 名抽决赛第二组 1、4 道。

⑥在任一赛次的最后一组和后续赛次或决赛的第一组之间必须留出最短间

隔时间为 45 分钟。

（三）竞赛办法

1. 起跑

①当发令员发出“各就位”口令时，运动员将板鞋置于跑道起跑线后，运动员共同套好板鞋，任何一只板鞋不得触及或超过起跑线。

②当发令员发出“预备”口令时，运动员在起跑线后做好起跑准备。

③发令员鸣枪。运动员听到发令枪响后起跑。

2. 途中跑

运动员在比赛过程中，应自始至终在各自道次内进行。如果出现某一队员脚脱离板鞋脚触地或摔倒，须在触地（落地）处重新套好板鞋继续比赛。

3. 终点

①计时员的停表以第一名运动员身体躯干任何部位（不包括头、颈、臂、腿和脚）抵达终点线后沿垂直面瞬间为止。

②到达终点时，运动员的身体和板鞋须全部超过终点线后才能分离。

4. 接力赛

接力赛是指由多组板鞋运动员组成，各组运动员通过规定完成的距离将接力棒由起点传送至终点的比赛。

①接力区：每个接力区长度为 10 米，在中心线前后各 5 米，交接的开始与结束均从接力区分界线的后沿算起。

②要求：

·接力赛中，运动员应持“棒”跑完全程，接棒运动员在接力区内等待接“棒”。

·队员之间的交接棒必须在接力区内完成，并且以“棒”为准。

·队员之间的交接棒必须在脚不脱离板鞋的情况下完成。

·完成交接的队员应停留在各自的分道或接力区内，直到跑道畅通后方可离开。

·每队服装须统一。

5. 计时

全自动电子计时或手动电子计时均可，电子计时成绩均以 1%秒为最小计时单位。

6. 犯规与判罚

①犯规：

· 抢跑：鸣枪前跑进起跑线。

· 串道：运动员在比赛过程中串离本跑道。

· 比赛中运动员脚脱离板鞋触地，未在原地穿好板鞋。

· 运动员抵达终点时，两只板鞋的一部分仍未过线，脚与板鞋分离。

· 运动员在比赛过程中，有阻挡或妨碍其他运动员跑进的行为。

· 接力赛：队员在接力区外交接接力棒。交接棒时脚脱离板鞋触地。在退出接力区时，阻挡或妨碍其他运动员跑进。

②罚则：

· 抢跑犯规：第一次给予警告，第二次取消犯规者该项目比赛资格。

· 出现前述犯规行为者，取消犯规者该项目比赛资格。

· 决赛中，如发生运动员有阻挡或妨碍其他运动员跑进的行为和交接棒时脚脱离板鞋触地的情况，不再进行重赛，按比赛成绩排列名次。

三、名次判定

①板鞋竞速的名次排定以比赛中的成绩决定，时间短者名次列前。

②如比赛分预赛、复赛和决赛，则以决赛中的成绩决定，时间短者名次列前。

四、弃权与申诉

(一) 弃权

①在规定检录时间内 3 次点名未到场为弃权。

②中途退出比赛者视为弃权，无成绩。

(二) 申诉

①对运动员参加比赛资格提出异议，应在大会开始前向仲裁委员会或资格审查委员会提出，在未有结果前，应允许该队员参加比赛。

②参赛运动员若对比赛结果有异议，可以在比赛结束后 30 分钟内，向仲裁委员会书面提出申诉，同时交纳申诉费。仲裁委员会依据仲裁条例做出裁决。

③大会竞赛部门应负责记录所有成绩宣告的时间。

第五节　板鞋竞速裁判法

一、裁判人员及其职责

（一）裁判人员

比赛设裁判长 1 人，副裁判长 1～2 人，裁判员、检录员、计时员、记录员、宣告员等若干人。

（二）裁判人员职责

1. 裁判长

①全面负责板鞋竞速比赛的裁判工作，保证规则能够贯彻执行，处理发生于大会期间而规则未做出明文规定的问题。

②检查所有相关的比赛成绩，处理有争议的问题。

③对有关比赛的抗议或异议做出裁决。有权对有不正当行为的运动员提出警告或取消比赛资格。

④有权做出重赛的时间安排决定。

⑤对每场工作进行检查和总结，对犯严重错误或不称职的裁判员，可做适当处理，必要时可停止其职务与工作。

2. 副裁判长

①协助裁判长领导裁判工作，做好裁判员队伍的事务管理。

②裁判长因故缺席时，应代理其职责，或受裁判长的委托，处理有关问题。

③根据裁判长的建议，负责编排、记录和公告工作，负责场地、器材等设施的检查管理。

3. 检查主裁判、检录员

①根据竞赛日程安排的检录时间，召集运动员到检录处点名。

②根据规则规定，检查运动员的参赛证、服装、号码和比赛用具等是否符合规则规定。

③准时安全按预定时间和路线将运动员带入赛场，交发令员控制。

4. 发令员、助理发令员

①检查运动员所参加的比赛或组别是否有误，组织运动员按道次正确地排列在起跑线后 3 米远的集合线上。

②发令员同终点裁判长取得联系完毕，向运动员发出“各就位”“预备”口令，以鸣枪方式发出起跑信号。助理发令员应协助发令员记录运动员起跑犯规情况。

③有权对运动员违反起跑规则的行为给予警告和判罚。

5. 终点主裁判、裁判员

①判定每组比赛运动员到达终点的名次。

②若判定不一致，应由终点主裁判做出最后裁定。

③若名次与成绩不一致，应与计时主裁判联系并最后裁定。

6. 计时主裁判、计时员

①各道次计时员接受主裁判的统一领导。

②采用全自动电子计时或手动电子计时。

③每道次计时员负责本道次的计时工作，并由每道次的计时组长将成绩填写在成绩记录表内，签字后交计时主裁判，三人手动计时时，相同的两个成绩作为该运动员的最终成绩，当三个成绩不一致时，取中间成绩作为最后确定成绩。必要时，计时长核查秒表，以核实成绩。

④计时主裁判判定每道次的最后成绩并与终点主裁判最后核实各道次的名次、成绩是否有误，准确后才向计时员发出“回表”口令，并提醒计时员准备下一组的比赛计时。

7. 检查主裁判、检查员

①全面监督运动员在比赛中的行为。

②如发现运动员或其他人员犯规，应举红旗示意，并立即以书面报告交裁判长；如无犯规情况，即举白旗示意。

8. 编排员

完成编排记录和成绩公告工作。准确记录由裁判长提供的每个项目的全部成绩，并转交宣告员。最后将成绩表交竞赛部门。

9. 宣告员

对比赛中各种信息予以宣告，对成绩的宣告应该记录宣告时间。

二、裁判人员工作程序及要求

（一）裁判长

1. 比赛前的工作与要求

①领导裁判组学习竞赛规则、裁判法，学习竞赛规程，熟悉竞赛日程和场

地器材设备，研究确定各裁判组的工作方法，制订工作流程和计划。

②了解所领导的主裁判和裁判员的业务和工作情况，以便在分配工作时，充分发挥他们的特长和能力。

③了解编排情况，重点审查比赛秩序和各项目在每单元的安排情况，精确估计时间，保证各项比赛按时开赛和结束。

④根据板鞋竞速比赛的实际需要，学习研究裁判方法，统一要求和旗示的运用。各裁判组根据统一要求和实际条件，做到人员定岗、定位、定任务，并写出裁判工作实施细则。

⑤领导各裁判组检查各自的场地器材、设备和所需用具物品。组织和领导各裁判组进行现场实习。重大比赛，要亲自对计时组（包括电动计时组和手工计时组）的工作过程进行检查，以使其符合比赛要求，能够在比赛中公平公正地执法。

⑥按照各组裁判工作细则，组织裁判员现场实习，使每个裁判员明确自己的岗位、任务和规范化要求，熟练地掌握裁判方法，以及了解裁判员之间、裁判组之间的工作配合。

⑦赛前向编排记录公告组领取最后确认过的秩序册、竞赛成绩记录卡片、各组检录与比赛时间表等材料，及时发给裁判员。根据各阶段裁判工作的需要和裁判员工作情况，及时做好裁判员的人事调整，人尽其才，用人得当，使全体裁判员以饱满的热情、熟练的裁判技术投入到比赛期间的工作中。

2. 比赛中的工作与要求

①每单元比赛开始前，按规定时间（一般提前40～60分钟）到场，检查各裁判组到场情况，督促各裁判组准时开始检录和检查场地、器材准备情况，并组织裁判组入场。

②掌握比赛进程，保证本规则得到执行。处理规则中未做明文规定的任何问题。根据规则精神解决比赛中的有关疑难问题，一旦发现问题，立即处理，以免影响比赛的顺利进行。如遇特殊情况比赛不能进行，应与竞赛委员会负责人或技术代表或仲裁委员会成员共同研究停赛或继续比赛的时间。

③裁判长的工作位置一般设在能够全面观察比赛情况处，对可能发生问题的项目和地点，应多加注意，或亲临现场，以利于出现问题及时准确地处理。每项（组）比赛结束后，审核计时成绩记录卡。每张成绩卡（表）都应有裁判长的签名。对犯规或有不正当行为的运动员，可依据规则对该运动员进行警

告、取消其录取资格或比赛资格的判罚。如收到运动员本人或其代表的口头抗议，根据实际情况当场做出裁决。

④每日比赛结束后，应召集各组主裁判及相关负责人举行会议，及时了解当天的比赛情况和问题，对存在的问题提出解决办法和应对措施，对于比赛中的问题确属裁判工作的失误，应及时修正。

⑤对规则中没有明文规定而难于处理的问题，做最后裁决。

3. 比赛后的工作与要求

①全部比赛结束后，宣布比赛结束和成绩。

②领导全体裁判员做好总结，根据大会要求，写出书面总结。

③做好善后工作，有关资料上报存档。

（二）副裁判长

①协助裁判长组织领导裁判工作，是裁判长的助手，副裁判长的工作对裁判长负责。

②当裁判长缺席时，代理裁判长职务，或受裁判长的委托处理有关问题。

③根据裁判长的建议，分工负责编排、记录和公告工作，负责场地、器材等设备的检查管理。

④检查各种通信设备、路线，发现问题及时处理。

⑤协助裁判长做好裁判队伍内部的事务管理。

⑥每单元比赛组织裁判组入场。

⑦比赛开始后，负责检查比赛秩序，加强赛场的安全措施。

⑧协助裁判长组织各种裁判工作会议。

（三）检录主裁判、检录裁判员

1. 任务

①根据竞赛日程安排的各项比赛时间和技术手册规定的各项检录时间，召集运动员到检录处检录。

②根据规则规定，做好对运动员的各项检查工作，如参赛证、身份证、号码服装、比赛用具等是否符合规则规定。

③准时安全地沿着合理路线将运动员带到比赛场地，交发令员监督安排。

2. 职责

（1）检录主裁判

①主裁判组织裁判员学习规则和规程，安排人员分工，制订检录工作细则

和工作流程；掌握进程，对外协调。

②接受副裁判长的直接领导，全面负责检录处的各项工作，与编排记录公告组密切联系。

③检录前准备好工作所需的各种检录器材和用品，包括检录处标志牌、检录时间公告牌、文具、各种表格、手提喇叭、裁判桌椅、运动员休息凳、安全别针、针线、卡尺等。

④采用终点电动计时时，还需准备道次小号码。

⑤向编排记录组索取已经确认的竞赛日程表、运动员分道分组表（或卡片）。根据比赛日程制定检录时间流程表。

⑥准确掌握检录时间，保证按时将运动员带到比赛场地，处理检录工作中出现的问题。

⑦特别检查参赛运动员自备器材（板鞋是否符合规则和安全的要求）。

（2）检录裁判员

①利用广播和张贴形式及时宣布检录地点、本单元各比赛项目时间表和注意事项。

②将各项比赛实到人数与秩序册核对，填写检录表、记录缺席运动员统计表，调整比赛卡片和比赛成绩表。

③按规则要求对运动员进行逐项细致检查，检录时应检查运动员的身份、号码、服装、比赛鞋、携带物等是否符合规则规定。

④如采用终点电动计时，分发道次小号码，提示运动员正确佩戴，防止脱落、颠倒等。

⑤检录员应事先准备充足的别针、针线等物品，便于运动员使用。

⑥在规定的时间内将运动员按预先选定的合理路线带入比赛场地，交发令员监督安排。检录时间截止，未到达的运动员均以比赛弃权论。

⑦每项比赛后，服务员或检录员回收小号码。

（四）发令员、助理发令员任务与职责

1. 任务

根据竞赛规则的规定和运动会的比赛日程，组织各项目运动员合理地、机会均等地起跑，准时开始比赛。全面主持比赛的起始工作，负责对每组运动员的起跑发出指令。

2. 职责

(1) 发令员职责

①按大会规定的时间和要求带领发令员进入起点，安排发令员进入各个工作位置。

②同终点主裁判取得联系，在准备就绪后，对运动员发出“各就位”“预备”口令，待运动员处于稳定状态后，以鸣枪方式发出“起跑”口令。

③有权对运动员违反起跑规则的行为给予警告和判罚。

④对于一次起跑犯规的运动员，必须给予警告，第二次取消犯规者该项目比赛资格。

(2) 助理发令员职责

①检查运动员所参加的比赛或组别是否有误，号码佩戴是否正确，各项目道次应面向跑进方向，由左至右按道次排位。

②组织运动员按其道次正确地排列在起跑线后 3 米远的集合线上，完成工作后，向主发令员表示准备就绪。如遇有运动员起跑时犯规跑出，应立即鸣枪召回，并在参加本次比赛的所有运动员面前出示黄卡以示警告，以此通知他们之后任何起跑犯规的运动员都将被取消比赛资格。记录犯规运动员，填写起跑犯规情况登记表。

③接力赛跑时，负责为第一棒运动员准备接力棒。

(五) 计时主裁判、计时裁判员任务与职责

1. 任务

准确、迅速地计取高脚竞速竞赛项目的比赛时间，确定比赛成绩。

2. 职责

(1) 计时主裁判职责

①主裁判是组织和实施计时工作的核心，负责主持和协调计时组的工作并判定比赛运动员的成绩。

②赛前领导全体计时员认真学习竞赛规则与规程，根据计时员的工作能力及具体情况，明确分工与职责；根据大会日程安排，组织计时员进行计时方法的实习，并统一工作方法，制定工作细则；确定与有关裁判组的分工协作方法；准备好各项比赛所需器材、表格等，了解场地设置和器材的准备情况。每组应设 3 名裁判员，其中之一应为小组长，负责记录成绩。

③比赛中按大会规定的时间和要求带领计时员入场，并按顺序定位就座；再次明确工作分工和方法，检查秒表，接收并审核终点成绩记录卡；向计时员宣布单元比赛的项目、顺序和时间，各项比赛开始前 3～5 分钟，向计时员宣读本单元比赛项目及顺序，将成绩记录卡交给最下面的计时员并迅速向上传递。

④每项比赛开始前，要向计时员指出发令员的位置，每组比赛前分发该组的成绩记录卡，并及时提示计时员注意（如“回表”“上道”“举枪”等）。

⑤比赛中，一旦某计时员的秒表没有开启或发生故障，应立即解决。

⑥每组比赛后，迅速收回成绩记录卡，核对有无差错，并按规则判定运动员的正式成绩，确定无误后交裁判长，然后提示计时员回表并用手势示意终点主裁判准备就绪。

⑦计时主裁判要计取每一组比赛第一名的成绩，凡破纪录时必须及时检查秒表，同时请裁判长复核。每单元比赛结束后，计时主裁判组织计时员进行工作小结，使工作精益求精。清点计时表等物品，办理归还手续。

（2）计时裁判员职责

①赛前认真学习规则、裁判法和工作细则，熟悉秒表性能，掌握计时方法和成绩记录方法。

②每名计时员均应独立工作，禁止其他任何人看表，或讨论其所计的成绩。计时员填写成绩时应将每名运动员的成绩按 1%秒填写在分表栏中，然后按规则换算成 1/10 秒填写在决定成绩栏中。

③回表：任何时候计时员不能擅自回表，只有由计时主裁判统一发出“回表”的提示后才能回表。听到主裁判“回表”提示后，及时回表，并立即注意起点，辨认所计运动员特征。

④开表：在听到“上道”的提示后，应立即注视起点发令员的动作；在听到“举枪”的提示后，立即将秒表置于腰腹部位稳定，计时员要高度集中注意力，目视烟屏，准备开表。当看到枪烟或闪光时，立即开表。

⑤查表：开表后首先检查秒表开启和走动情况，一旦出现问题要立即报告计时主裁判，以便采取补救措施。此外，还要注意本身所计道次的运动员的特征和号码以及邻道运动员相对位置的变化，避免错计或漏计。

⑥停表：当所计运动员的身体躯干（不包括头、颈、臂、腿和脚）的任何

部位触及终点后沿垂直平面的瞬间立即停表。此时，目光继续跟踪观察本道次运动员的两只板鞋的一部分仍未过终点线前，脚与板鞋是否分离，如分离，判犯规。并注意号码是否与成绩记录卡上的号码相同。

⑦读表：注意不同类型秒表的显示方法，注意进位。如果出现破纪录情况，应立即报告计时主裁判。

⑧记录：填写成绩记录卡和计时存查表。如果 3 只秒表所计成绩各不相同，应以中间成绩为准；如其中 2 只秒表成绩相同，则以相同成绩为准，如果只有 2 只秒表，所计成绩不同，则以较差的成绩为正式成绩。一旦出现破纪录的情况，应在备注栏中做出说明。如果所计运动员中途退场或被罚下场，应在备注栏中做出说明。将每一名计时员所计成绩按 1% 秒填写在分表栏中，然后，按规则换算成 1/10 秒填写在成绩栏中，并将所看名次填写在成绩卡上，以供终点裁判员参考。

⑨传递：计时员填好成绩卡后，迅速由上自下传递给计时长，然后，听计时长的“回表”提示，进行下一组次计时。

(六) 终点主裁判、终点裁判员任务与职责

1. 任务

准确、迅速地判定每组比赛运动员的到达终点名次，遇判定不一致时应由主裁判裁定。

2. 职责

(1) 终点主裁判职责

①领导终点裁判员判定运动员到达终点的名次。遇到裁判员判定名次不一致时，主裁判可做出裁决。按大会规定的时间和要求带领终点裁判员入场，并按顺序定位就座。

②负责终点裁判员的分工，明确每名裁判员的职责。向终点裁判员宣布单元比赛的项目、顺序和时间。

③每个项目开始前要向裁判员提示，以便集中注意力，名次的观察应从比赛开始就注意，观察直到终点。

④每组比赛结束后，经核查无误将成绩填入名次表，同计时主裁判取得联系，指导记录员将成绩填入成绩记录表，送编排记录组。

⑤遇名次同计时不一致时，应同计时主裁判联系并最终裁定。

⑥每组比赛成绩确定无误并送记录员登记后同计时主裁判取得联系，准备就绪后以旗示同主发令员取得联系进行下一组比赛。如比赛时采用电动计时，就不要使用旗示。全体裁判员应以宣告员所按下的铃声为准，各裁判组均应全神贯注做好比赛准备（宣告员受副裁判长指令后方可启动铃声）。每组比赛结束后，收齐名次报告表、记录表，核实签名后交终点记录员。

（2）终点裁判员职责

①准确、迅速地判定自己所认看的运动员名次。通常每人主看一个名次，兼看一个名次。以观察自己所负责道次的运动员为主，如运动员的道次号码未看清楚，应注意观察自己所分看的运动员的体形或服装等特点，待运动员到达终点时可上前询问清楚后再填名次表，与此同时，该裁判员应兼顾邻近道次运动员的名次。

②每组比赛应始终保持高度的注意力，准确无误地做出判定。如遇名次判定不清，应及时地、实事求是地向主裁判报告。

③遇有问题应向终点主裁判提出，由主裁判做出最终裁定。认真填写终点名次报告表。

（七）检查主裁判、检查裁判员任务与职责

1. 任务

全面负责监督运动员在比赛过程中的行为，对违反规则的行为以书面报告交终点主裁判。

2. 职责

（1）检查主裁判职责

①组织全体检查员学习比赛规则和规程，明确任务、职责和分工，制订检查工作细则。

②按大会规定的时间和要求带领检查员进入场地，向检查员宣读单元比赛的项目、顺序和时间，检查员进入各自位置。

③每组比赛前后以旗示同每一检查员保持联系。

④接力赛中重点注意接力区内的交接棒是否符合规则规定。

⑤迅速准确地核实运动员犯规的情况，对于违反规则的运动员，以书面报告的形式交裁判长。书面报告只能建议是否取消比赛或录取资格。

⑥与终点主裁判商定好比赛中的联络方式。

（2）检查裁判员职责

①在主裁判带领下提前就位。

②比赛中注意观察所管区域内运动员的犯规和违例行为，如无犯规情况，即举白旗示意；若发现犯规情况，应举红旗示意，立即记录犯规运动员号码，准确标明犯规地点，迅速通知检查主裁判，及时填写检查报告表。

（八）编排记录主裁判、记录员任务与职责

①编排记录主裁判负责领导和分配记录员的工作，提示裁判长在成绩单上签字。

②比赛前，应根据规则、规程、报名单、大会日程及有关材料，编制竞赛日程及每单元竞赛分组表，以便编制秩序册。

③比赛开始后，要准确记录和及时公布由裁判长提供的每项、组比赛成绩；预赛后，按成绩编排决赛秩序。

④比赛结束后，应尽快编制成绩册，经裁判长签名后送交大会。

（九）宣告员任务与职责

1. 任务

在裁判长领导下，将比赛项目和进行情况及时向观众介绍，并宣布比赛成绩。

2. 职责

应宣告参加每项比赛的运动员姓名、号码以及所有有关信息，如分组名单、排定的道次或站位等。收到有裁判长签名的每项成绩后应尽快宣告，并记录宣告时间。

（十）赛后控制中心裁判员任务与职责

①及时组织比赛场上完成比赛项目的运动员退场，确保赛场的良好秩序。

②及时归还运动员的衣物和证件等个人物品。

③及时将各项获奖运动员引领到颁奖台。

④协助新闻媒体对运动员进行采访。

三、板鞋竞速比赛中易出现的问题

（一）单项比赛

因为板鞋竞速比赛距离相对较短，比赛中竞争激烈，各组运动员的比赛水平参差不齐，跑进中有时会出现串道，凡是串道，均判罚犯规。

跑进中如技术速度及配合不当，从板鞋上掉下，应看清楚是否在掉下来的地方重新套上板鞋继续跑进，如缩短了距离，应给予判罚。

到达终点时，有些运动员未完全过终点线，脚与板鞋分离，应给予判罚。

（二）接力比赛

每组运动员是在跑动中完成交接棒的，所以易出现的问题同单项比赛的要求一样。重点是在接力区易出现的问题，接力区仅长 10 米，必须板鞋和人同时在接力区内完成交接才可以，否则应给予判罚。队员之间的交接棒必须在接力区内完成，并且以“棒”为准。队员之间的交接棒必须在脚不脱离板鞋的情况下完成，如果交接棒时脚脱离板鞋，应给予判罚。

（三）器材

无论是单项比赛还是接力比赛出现跑进中器材损坏的情况，运动员不能重赛。

复习思考题

1. 什么是板鞋竞速运动？
2. 板鞋竞速的基本技术有哪些？
3. 试述板鞋竞速运动的专项体能训练的练习方法与手段。

第十章

高脚竞速

【内容提要】

本章主要介绍高脚竞速的起源、发展概况，简述高脚竞速的竞赛方法，着重分析高脚竞速的基本技术和高脚竞速的教学与训练方法。

【学习目标】

1. 了解高脚竞速运动

2. 掌握高脚竞速的基本技术和教学方法

3. 掌握高脚竞速的训练方法

【关键词】

高脚竞速；高脚马；教学方法；训练方法

第一节　高脚竞速运动项目概述

一、高脚竞速运动的起源与发展

高脚竞速原名为“高脚马”，也叫“骑竹马”，流行于湖南、湖北、贵州、云南、广东等省，原本是土家族、苗族人在地面积水的雨季代步、涉水过浅河的工具，也是京族用来在海边涉水捞虾捞鱼的工具。后来，人们把踩高脚马发展为高脚竞速，成为一个民族传统体育项目。

“骑竹马”相传是由土家族能人田好汉（五代溪州刺史彭公爵的武官）的孙儿所创。一次，田好汉骑着高头大马路过大院坪坝，他的孙儿看见，非要骑马不可。爷爷无奈便说：“上得了马就骑，上不了就不骑。”孙儿爬了几次都上不了马。爷爷笑着说：“上不了就算了，等你长大了再骑。”孙儿不服气，便灵机一动，拿起一根晾衣用的竹竿，左手拿杆，脚蹬在竹节上，右脚蹬地摆腿飞身跃上马，爷爷见了称赞道：“小家伙有能耐骑竹上马，好主意。”

14～15 世纪，由于气候湿润，经常下雨，土家族人就想了一个办法，将两根一米多长的竹竿一端削尖，再各绑一个可以支脚的网子，平时出门的时候，两只脚伸进网子里，用竹竿来代步，走路的时候既不费鞋，又可以防滑。

1986 年，湖南省体委将高脚马整理成一项民族传统体育项目，并作为表演项目参加了第五届、第六届全国少数民族传统体育运动会的表演。高脚马作为第一个按照《全国少数民族传统体育运动会竞赛项目立项暂行规定》立项的全国少数民族传统体育竞赛项目，在 2003 年的第七届民族运动会上，首次被列为竞赛项目，并根据其特点定名为“高脚竞速”。

高脚竞速与普通的田径跑步不同的是，田径跑步伸右手，出左脚，而高脚竞速是一根竹竿上面绑了脚蹬，不仅运动员的脚要踩在脚蹬上，而且在跑步过程中手要握住竹竿，是顺步跑，再加上竹竿比较细，接触点比较小，因此这项运动对运动员的灵活性、协调性和平衡性有较高的要求，这项手脚并用的竞赛项目也因此极具观赏价值。

二、高脚竞速运动的场地

高脚竞速在标准田径场上进行，场地线宽均为 5 厘米，跑道分道宽 2.44～2.5 米。接力比赛的接力区中线为宽 5 厘米的虚线，前后 5 米处各画一条直的实线。

三、高脚竞速运动的器材

高脚杆（简称杆）为竹或其他硬质材料制成。高脚杆高度不限，从杆底部向上 30～35 厘米处加制踏镫，踏镫高度的丈量从杆底部至踏镫与杆支点的上沿距离为准。

第二节　高脚竞速运动基本技术教学与练习方法

一、高脚竞速基本技术教学方法

高脚竞速基本技术主要包括：上下高脚、走高脚、跑、接力跑四部分。

（一）上下高脚

1. 上高脚动作要领

①两脚开立，将高脚杆立于体前，两杆左右距离比肩稍窄，两手虎口朝

上，拇指分开，其余四肢并拢，两手紧握高脚杆上端。

②提左（右）脚踏入踏镫，紧接着右（左）脚快速蹬离地面，踏上踏镫，上高脚后双手紧握高脚杆，身体保持平衡并稍前倾。

2. 下高脚动作要领

下高脚时仍握紧高脚杆上端，两脚依次下踏镫，两腿撑地后身体保持平衡。

(二) 走高脚

走高脚是指运动员上高脚竞速行走的方法，它是高脚竞速运动的最基本技术。

动作要领：

①双手紧握高脚杆上端，不能使脚杆产生旋转或晃动，保持身体平衡直立或稍前倾，两眼平视前方。

②双腿轮换抬起、前迈和支撑，双臂配合上提、下放，同侧腿的上指和臂的提拉协调一致。

③在练习大步走时，要注意摆动腿尽量向前上方高抬，小腿自然前伸，支撑腿用力向后下方蹬直，加大步幅，上体不要左右摆动。

(三) 跑

跑高脚是指运动员高脚竞速快速奔跑（竞速）的方法。完整的高脚竞速技术可分为起跑、起跑后的加速跑、途中跑和终点冲刺 4 个部分。

动作要领：

1. 起跑

起跑的目的在于使身体迅速摆脱静止状态，要求在最短时间内达到最快速度。高脚竞速的起跑技术包括“各就位”“预备”“跑”（鸣枪）3 个技术环节。

(1)“各就位”

运动员听到“各就位”口令后，手持高脚杆竞速轻快地走到起跑线后，两脚距起跑线 40 厘米左右，将两高脚杆的底端放到起跑线后，两脚杆间距离左右比肩稍窄，两手紧握高脚杆上端，身体自然直立，两眼平视前方，静听“预备”。

(2)“预备”

听到“预备”口令后深吸一口气，从容地将一只脚踏上踏镫，踩稳后身体稍前倾，重心前移，体重主要放在踏上踏镫一侧的腿上。另一条腿仍立在地面，集中注意力听枪声。

(3)“跑”

听到枪声后，立在地面的脚迅速蹬离地面，踏上踏镫，并向前上方提起前迈，同侧臂协同配合用力向上提拉，向前跑出。

2. 起跑后的加速跑

起跑后的加速跑是指向前迈出的高脚杆着地，到进入途中跑前这一段距离。其任务是在较短时间内尽快发挥较快速度，迅速转入途中跑。

动作要领：

①起跑后向前迈出的第一步不宜过大，否则会造成身体重心靠后，不利于第二步的前迈。

②加速时两腿交替用力后蹬和前摆，同时两臂协同配合用力向前上提拉，两支高脚杆的落地点与肩同宽至逐渐合拢在一条直线上。

③逐步加快步频，加大步长，当加速到较高速度时即转入途中跑。

3. 途中跑

途中跑是高脚竞速全程跑中距离最长、跑速最快的一段。其任务是发挥并保持高速度跑。途中跑技术包括两腿、两臂动作和身体的姿势。

动作要领：

①因为高脚竞速中抬腿后蹬动作和同侧臂的提拉下压动作是一致的，一定要注意腿、臂的协调配合。

②摆动腿尽量高，同时同侧臂尽量上提高脚杆，支撑腿要用力后蹬，尽量减少高脚杆与地面的夹角，缩短腾空时间，减小身体的上下起伏，同侧臂要配合用力后蹬、下压。

③跑时要注意两手抓紧高脚杆，防止脚杆的旋转晃动，保持身体稳定。上体要正直或稍前倾，不要弓背、不要低头，眼睛要平视前方。

④跑弯道时，由于身体在离地 40 厘米的踏镫上，重心较高、离心力较大，所以要控制好高脚杆和身体向内倾斜的度，以获得合适的向心力和稳定的跑动速度。

4. 终点冲刺

终点冲刺是指全程跑最后 20 米左右的一段距离。它的任务是保持途中跑的正确技术，发挥全部力量，以最快速度冲过终点。

动作要领：

①终点跑的技术与途中跑基本相同，但由于体力关系，快到终点的这段距离一般都会减速，要想尽力保持途中跑的速度，必须加强两腿抬腿蹬地和两臂的提拉下压力量，适当加大身体的前倾，保持最快速度跑过终点线。

②过线后缓冲跑，以防跌倒。

(四）接力跑

高脚竞速的接力比赛中，所采用的交接器材是高脚杆。

动作要领：

①接高脚杆的运动员两手臂自然向侧后伸出，手臂与躯干成 40～45 度角，掌心向后，拇指与其他四指自然张开，虎口朝下。

②交高脚杆运动员在接力区内下马之后，双手沿高脚杆下滑 40 厘米，将高脚杆由下向前上方送入接高脚运动员手中，完成高脚杆的交接。

二、高脚竞速基本技术练习方法

(一）学习上、下高脚技术

①一人在前持高脚杆中上部，一人做高脚竞速上杆练习。

②一人在后扶住练习者的髋部，帮助练习者完成上高脚、下高脚动作。

③利用墙壁练习上、下高脚。练习者持高脚杆，背靠墙壁站立，然后两脚依次踏实踏镫、站稳后，将高脚杆下端逐渐向后移动，使身体重心落在高脚杆上，减少靠墙力量。

④站在与高脚竞速蹬踏同高的台阶或凳子上，做上、下高脚练习。

(二）学习持高脚走技术

①原地徒手做模仿高脚走练习。主要体会同侧腿臂的抬腿提臂协调配合动作。

②行进间徒手模仿走练习。

③双手持高脚杆，原地做蹬踏的模仿走动作练习。

④双手持高脚杆，行进间做模仿走高脚动作练习。

⑤靠墙上高脚做原地踏步练习。

⑥离墙做原地上高脚踏步练习。

⑦有人在前或在后辅助，做高脚走练习。

⑧小步走练习。

⑨大步走练习。

⑩后退走马练习。

⑪侧向走马练习。

⑫交叉步走马练习。

⑬上、下坡走马练习。

⑭台阶走马练习。

(三) 学习高脚跑技术

①原地小步跑马练习。

②行进间向前、向后小步跑练习。

③原地单脚跳练习。

④行进间单脚跳练习。

⑤原地双脚跳练习。

⑥行进间持高脚双脚蛙跳练习。

⑦行进间垫步跳高脚练习。

⑧原地高抬腿跑练习。

⑨行进间高抬腿跑练习。

⑩后蹬跑练习。

⑪持高脚上、下坡跑马练习。

⑫台阶跳练习。

⑬台阶跑练习。

⑭弯道跑练习。

⑮持杆的跳跃练习。

⑯在跑道上进行 30～100 米加速跑练习。

第三节　高脚竞速运动训练方法与手段

高脚竞速运动员的专项身体素质训练内容主要有：速度、力量、耐力、协调、灵敏及同顺用力等。

一、高脚竞速的速度训练

(一) 发展专项速度的训练方法

速度训练是高脚竞速运动员最主要的专项身体素质之一。发展专项速度的训练可采用下列三种方法与手段：

1. 平跑练习

采用各种专项距离跑发展速度。

2. 持杆跑练习

采用各种专项距离跑发展专项速度。

3. 局部或单个的练习

采用发展与专项密切练习的辅助手段和专门练习，提高局部动作速度。

(二) 练习时间与手段

1. 距离 30～80 米跑，强度 95％～100％

①练习时间：6～8 分钟；间歇时间 3～5 分；组间休息 6～8 分钟。

②训练手段：30～60 米，6～10 次。

③课总量：约 300～600 米。

2. 距离 80～250 米跑，强度 90％～95％

①练习时间：9～30 分钟；间歇 5～6 分钟；组间休息 8～15 分钟。

②训练手段：80～250 米×3。

③课总量：约 500～1000 米。

二、高脚竞速的力量训练

(一) 发展腿部肌肉力量

负重提踵、半蹲跳、提踵跳、箭步交换腿、负重半蹲起。

(二) 发展躯干肌群力量和摆动肌群力量

仰卧起或两头起、持重摆臂、连续快挺、仰卧收小腿、双杠支撑车轮跑。

三、高脚竞速的耐力训练

高脚竞速运动员的耐力训练主要是发展有氧耐力和速度耐力。

(一) 耐力训练手段

4～6 千米中等速度匀速越野跑、3～5 千米快慢结合变速跑、球类活动等。

(二) 速度耐力训练手段

1. 长距离间歇跑

①距离 120～300 米或 400 米。

②强度：90%以上。

③重复次数：2～3 组。

2. 各种距离组合的反复跑

①距离：60 米×3+80 米×2+100 米+800 米×2+60 米×3。

②强度：85%以上。

③组间休息 5～6 分钟。

四、协调与灵敏训练

(一) 柔韧性的练习

①肩关节柔韧性练习方法：持高脚杆压肩、转肩等。

②结合专项练习上下台阶的高脚走、侧身走等。

③徒手跳台阶练习。

④下肢柔韧性练习方法：前后劈腿、前压腿、后压腿、前摆腿、后摆腿、侧摆腿等。

(二) 协调能力的练习方法

两臂体前交叉摆动侧身跳、后退跳、持高脚后退跑、顺跑等。

五、高脚竞速接力跑训练

①接力区内走动中交接高脚杆练习 5 分钟。

②接力区内慢跑传接高脚杆练习。

③接力区内中速传接高脚杆练习。

④完整的 4 人全程练习。

第四节　高脚竞速运动竞赛通则

一、竞赛定义

高脚竞速运动是由运动员双手各持一杆，同时脚踩杆上的踏镫，在田径场上进行的比赛，以在同等的距离内所用的时间长短决定名次。

二、比赛办法

(一) 比赛分类

竞赛分个人赛和接力赛两大类。

(二) 竞赛编排

1. 竞赛编排原则

①在标准田径场上每组4个队比赛。

②接力比赛提前一个单元将接力棒次表交编排记录组。

2. 编排赛次和分组

①参赛队数过多，不能在一个赛次（决赛）进行比赛的项目，应举行若干赛次的比赛（分组赛）。举行决赛前各赛次比赛时，所有参赛队必须参赛，并通过各赛次取得决赛的资格。

②由竞赛委员会安排比赛的预、复、决赛。

③第一赛次抽签排定道次。

④对于后续赛次，根据第一赛次成绩排序进行蛇形编排组次和道次。

⑤前8名决赛道次安排，根据上一赛次的成绩排序，3、4名抽决赛第一组2、3道，7、8名抽决赛第一组1、4道；1、2名抽决赛第二组2、3道，5、6名抽决赛第二组1、4道。

⑥在任一赛次的最后一组和后续赛次或决赛的第一组之间必须留出最短间隔时间为45分钟。

(三) 竞赛办法

1. 起跑

①当发令员发出“各就位”口令时，运动员上跑道将两根高脚杆立于起跑线后，可单脚上镫。

②当发令员发出“预备”口令时，运动员在起跑线后做好起跑准备。

③发令员鸣枪。运动员听到发令枪响后起跑。

2. 途中跑

在比赛过程中，运动员应自始至终在各自分道内跑进。如果出现一只脚或双脚触地的情况，须停止奔跑，在站立处重新上踏镫继续比赛。

3. 终点

以运动员身体躯干的任何部位（不包括头、颈、臂、腿和脚）抵达终点线后沿垂直面瞬间为止，运动员的身体和高脚杆须全部过终点线后才能分离。

4. 接力赛

每个接力区长度为10米，在中线前后各5米，交接的开始与结束均从接力区分界线的后沿算起。接力比赛的要求如下：

①接力赛采用一副高脚杆进行比赛，运动员交接高脚杆后继续跑进。

②混合接力赛的1、3棒为女队员，2、4棒为男队员。

③队员必须在接力区内完成交接，并以杆为主。交杆运动员必须进入接力区内方可人杆脱离进行交接。

④完成交接的队员应停留在各自的分道或接力区内，直到跑道畅通方可离开。

⑤参加接力赛的运动队须在上一赛次前上报运动员接力顺序。

⑥每队服装必须统一。

(四) 计时

全自动电子计时或手动电子计时均可，电子计时成绩均以1%秒为最小计时单位。

(五) 犯规与判罚

1. 犯规

出现下列行为之一者，判定为犯规：

①抢跑：鸣枪前任何一根杆触及或越过起跑线。

②串道：运动员在比赛过程中跑离本跑道。

③掉杆：比赛运动员脚触地，未按规定重新上踏镫。

④人杆分离：运动员抵达终点线时，身体或高脚杆的一部分仍未过线，脚与踏镫即分离。

⑤运动员在比赛过程中，有阻挡或妨碍其他运动员跑进的行为。

⑥接力赛中：运动员在接力区外交接高脚杆。在退出接力区时，阻挡或妨碍其他运动员跑进。

2. 罚则

①抢跑：第一次给予警告；第二次取消犯规者该项目比赛资格。

②发生上述犯规中任意一项，取消犯规运动员或运动队比赛资格。

③比赛中，如发生运动员有阻挡或妨碍其他运动员跑进的行为和在退出接

力区时，阻挡或妨碍其他运动员跑进的情况，受推或阻挡而受到影响的运动员或运动队不再进行重赛，按比赛成绩排列名次。

④决赛中，如发生运动员有阻挡或妨碍其他运动员跑进的行为和在退出接力区时，阻挡或妨碍其他运动员跑进的情况，不再进行重赛，按比赛成绩排列名次。

三、名次判定

①高脚竞速的名次判定以比赛中所用时间短者名次列前。

②如比赛分预赛、复赛和决赛，则以决赛成绩决定名次，时间少者名次列前。

四、弃权与申诉

（一）弃权

①点名时超过检录时间3次呼叫未到者按弃权论。

②中途退出比赛者视为弃权，无成绩。

（二）申诉

①对运动员参加比赛资格提出异议，应在大会开始前向仲裁委员会或裁判长书面提出，在未有结果前，应允许该队员参加比赛。

②参赛运动员若对比赛结果有异议，可以在比赛结束后30分钟内，向仲裁委员会书面提出申诉意见，同时交纳申诉费。仲裁委员会依据仲裁条例做出裁决。

③大会竞赛组应负责将所有成绩宣告的时间记录下来。

第五节　高脚竞速运动裁判法

一、裁判人员及其职责

（一）裁判人员

比赛设裁判长1人，副裁判长1～2人，裁判员、检录员、计时员、记录员、宣告员等若干人。

（二）裁判人员职责

1. 裁判长

①全面负责高脚竞速比赛的裁判工作，保证竞赛规则和大会规程能够顺利

贯彻执行；处理发生在大会期间以及本规则未做出明文规定的问题。

②检查所有相关的比赛成绩，处理有争议的问题。

③对有关比赛的抗议或异议做出裁决。有权对有不正当行为的运动员提出警告或取消其比赛资格。

④有权做出重赛的时间安排决定。

⑤对每日的工作进行检查和总结。

2. 副裁判长

①协助裁判长领导裁判工作，做好裁判员队伍的事务管理。

②裁判长因故缺席时，应代理其职责，或受裁判长的委托处理有关问题。

③根据裁判长的建议，负责编排、记录和公告工作，负责场地、器材等设施的检查管理。

3. 检查主裁判、检录员

①根据竞赛日程安排的检录时间，召集运动员到检录处点名。

②根据规则规定，检查运动员的参赛证、服装、号码和比赛用具等是否符合规则规定。

③准时安全按预定时间和路线将运动员带入赛场，交发令员控制。

4. 发令员、助理发令员

①检查运动员所参加的比赛或组别是否有误，号码佩戴是否正确，各道次应面向跑进方向，由左至右按道次排位。

②组织运动员按道次正确地排列在起跑线后 3 米远的集合线上。

③同终点主裁判取得联系完毕，向运动员发出“各就位”“预备”口令，以鸣枪方式发出起跑口令。

④有权对运动员违反起跑规则的行为给予警告和判罚。

5. 终点主裁判、裁判员

①判定每组比赛运动员到达终点的名次。

②若判定不一致应由主裁判做出最后裁定。

③若遇名次与成绩不一致，应同计时主裁判联系并最后裁定。

6. 计时主裁判、计时员

①各道次计时员接受计时主裁判的统一领导。

②计时员使用全自动或手动电子秒表计时。

③每组计时员负责本道次的计时工作，并将成绩写在成绩记录表格内，签字后交主裁判，必要时，主裁判可以核查秒表，以核实成绩。

④主裁判判定每名运动员的最后成绩。

7. 检查主裁判、检查员

①全面监督运动员在比赛中的行为。

②检查员如发现运动员或其他人员犯规，应立即以书面报告形式交给检查主裁判。

③若出现犯规情况，应举旗示意。

④接力赛中接力区应有足够的检查员负责监督。

8. 编排员

完成编排记录和成绩公告工作。准确记录由裁判长提供的每个项目的全部成绩，并转交宣告员。最后将成绩表交竞赛部门。

9. 宣告员

对比赛中各种信息予以宣告，对成绩的宣告应该记录宣告时间。

二、裁判人员工作程序及要求

（一）裁判长

1. 比赛前的工作与要求

①领导裁判组学习竞赛规则、竞赛规程、竞赛日程和场地器材设备，研究确定各裁判组的工作方法，制订工作流程和计划。

②了解对所领导的主裁判和裁判员的业务和工作情况，以便在分配工作时，充分发挥他们的特长和能力。

③了解编排情况，重点审查比赛秩序和各项目在每单元的安排情况，精确估计时间，保证各项比赛按时开赛和结束。

④根据高脚竞速比赛的实际需要，学习研究裁判方法，统一要求和旗示的运用。各裁判组根据统一要求和实际条件，做到人员定岗、定位、定任务，并写出裁判工作实施细则。

⑤领导各裁判组检查各自的场地器材、设备和所需用具物品。组织和领导各裁判组进行现场实习。重大比赛，要亲自对计时组（包括电动计时组和手工计时组）的工作过程进行检查，使其符合比赛要求，能够在比赛中公平公正地执法。

⑥按照各组裁判工作细则，组织裁判员现场实习，使每个裁判员明确自己的岗位、任务和规范化要求，熟练地掌握裁判方法，以及了解裁判员之间、裁判组之间的工作配合。

⑦赛前向编排记录公告组领取最后确认过的秩序册、竞赛成绩记录卡、各组检录与比赛时间表等材料，及时发给裁判员。根据各阶段裁判工作的需要和裁判员工作情况，及时做好裁判员的人事调整，用人得当，人尽其才，使全体裁判员以饱满的热情、熟练的裁判技术投入到比赛期间的工作中。

2. 比赛中的工作与要求

①每单元比赛开始前，按规定时间（一般提前40～60分钟）到场，检查各裁判组到场情况，督促各裁判组准时开始检录和检查场地、器材准备情况，并组织裁判组入场。

②掌握比赛进程，根据规则精神解决比赛中的有关疑难问题，一旦发现问题，立即处理，以免影响比赛的顺利进行。如遇特殊情况比赛不能进行，应与竞赛委员会负责人或技术代表或仲裁委员会成员共同研究停赛或继续比赛的时间。

③裁判长的工作位置一般设在能够全面观察比赛情况处，对可能发生问题的项目和地点，应多加注意，或亲临现场，以利于出现问题及时准确地处理。每项（组）比赛结束后，审核计时成绩记录卡。每张成绩卡（表）都应有裁判长的签名。对犯规或有不正当行为的运动员，可依据规则对该运动员进行警告、取消其录取资格或比赛资格的判罚。如收到运动员本人或其代表的口头抗议，根据实际情况当场做出裁决。

④每日比赛结束后，应召集各组主裁判及相关负责人举行会议，及时了解当天的比赛情况和问题，对存在的问题提出解决办法和应对措施，对于比赛中的问题确属裁判工作的失误，应及时修正。

⑤决定规则中没有明文规定而难于处理的问题，做最后裁决。

3. 比赛后的工作与要求

①全部比赛结束后，宣布比赛结束和成绩。

②领导全体裁判员做好总结，根据大会要求，写出书面总结。

③做好善后工作，有关资料上报存档。

（二）副裁判长

①协助裁判长组织领导裁判工作，是裁判长的助手，副裁判长的工作对裁

判长负责。

②当裁判长缺席时，代理裁判长职务，或受裁判长的委托处理有关问题。

③根据裁判长的建议，分工负责编排、记录和公告工作，负责场地、器材等设备的检查管理。

④检查各种通信设备、路线，发现问题及时处理。

⑤协助裁判长做好裁判队伍内部的事务管理。

⑥每单元比赛组织裁判组入场。

⑦比赛开始后，负责检查比赛秩序，加强赛场的安全措施。

⑧协助裁判长组织各种裁判工作会议。

(三) 检录主裁判、检录裁判员

1. 任务

①根据竞赛日程安排的各项比赛时间和技术手册规定的各项检录时间，召集运动员到检录处检录。

②根据规则规定，做好对运动员的各项检查工作，如参赛证、身份证、号码服装、比赛用具等是否符合规则规定。

③准时安全地沿着合理路线将运动员带到比赛场地，交发令员监督安排。

2. 职责

(1) 检录主裁判

①主裁判组织裁判员学习规则和规程，安排人员分工，制定检录工作细则和工作流程；掌握进程，对外协调。

②接受副裁判长的直接领导，全面负责检录处的各项工作，与编排记录公告组密切联系。

③检录前准备好工作所需的各种检录器材和用品，包括检录处标志牌、检录时间公告牌、文具、各种表格、手提喇叭、裁判桌椅、运动员休息凳、安全别针、针线、卡尺等。

④采用终点电动计时，还需准备道次小号码。

⑤向编排记录组索取已经确认的竞赛日程表、运动员分道分组表（或卡片）。根据比赛日程制定检录时间流程表。

⑥准确掌握检录时间，保证按时将运动员带到比赛场地，处理检录工作中出现的问题。

⑦特别检查参赛运动员自备器材（高脚杆是否符合规则的要求）。

（2）检录裁判员职责

①利用广播和张贴形式及时宣布检录地点、本单元各比赛项目时间表和注意事项。将各项比赛实到人数与秩序册核对，填写检录表、记录缺席运动员统计表，调整比赛卡片和比赛成绩表。

②按规则要求对运动员进行逐项细致检查，检录时应检查运动员的身份、号码、服装、比赛鞋、携带物等是否符合规则规定。如采用终点电动计时，分发道次小号码，提示运动员正确佩戴，防止脱落、颠倒等。检录员应事先准备充足的别针、针线等物品，便于运动员使用。在规定的时间内将运动员按预先选定的合理路线带入比赛场地，交发令员监督安排。检录时间截止，未到达的运动员均以比赛弃权论。每项比赛后，服务员或检录员回收小号码。

（四）发令员、助理发令员任务与职责

1. 任务

根据竞赛规则的规定和运动会的比赛日程，组织各项目运动员合理地、机会均等地起跑，准时开始比赛。全面主持比赛的起始工作，负责对每组运动员的起跑发出指令。

2. 职责

（1）发令员职责

①按大会规定的时间和要求带领发令员进入起点，安排发令员进入各个工作位置。

②同终点主裁判取得联系，在准备就绪后，对运动员发出“各就位”“预备”口令，待运动员处于稳定状态后，以鸣枪方式发出“起跑”口令。

③有权对运动员违反起跑规则的行为给予警告和判罚。

（2）助理发令员职责

①检查运动员所参加的比赛或组别是否有误，号码佩戴是否正确，各项目道次应面向跑进方向，由左至右按道次排位。

②组织运动员按其道次正确地排列在起跑线后 3 米远的集合线上，完成工作后，向主发令员表示准备就绪。如遇有运动员起跑时犯规跑出，应立即鸣枪召回。并在参加本次比赛的所有运动员面前出示黄卡以示警告，以此通知他们之后任何起跑犯规的运动员都将被取消比赛资格。记录犯规运动员，填写起跑

犯规情况登记表。

（五）计时主裁判、计时裁判员任务与职责

1. 任务

准确、迅速地计取高脚竞速竞赛项目的比赛时间，确定比赛成绩。

2. 职责

（1）计时主裁判职责

计时主裁判是组织和实施计时工作的核心，负责主持和协调计时组的工作并判定比赛运动员的成绩。

①赛前领导全体计时员认真学习竞赛规则与规程，根据计时员的工作能力及具体情况，明确分工与职责；根据大会日程安排，组织计时员进行计时方法的实习，并统一工作方法，制订工作细则；确定与有关裁判组的分工协作方法；准备好各项比赛所需器材、表格等，了解场地设置和器材的准备情况。每组应设 3 名裁判员，其中之一应为小组长，负责记录成绩。

②比赛中按大会规定的时间和要求带领计时员入场，并按顺序定位就座；再次明确工作分工和方法，检查秒表，接收并审核终点成绩记录卡；向计时员宣布单元比赛的项目、顺序和时间，各项比赛开始前 3～5 分钟，向计时员宣读本单元比赛项目及顺序，将成绩记录卡交给最下面的计时员并迅速向上传递。

③每项比赛开始前，要向计时员指出发令员的位置，每组比赛前分发该组的比赛记录卡，并及时提示计时员注意（如“回表”“上道”“举枪”等）。

④比赛中，一旦某计时员的秒表没有开启或发生故障，应立即给予解决。

⑤每组比赛后，迅速收回成绩记录表，核对有无差错，并按规则判定运动员的正式成绩，确定无误后交裁判长，然后提示计时员回表并用手势示意终点主裁判准备就绪。

⑥计时主裁判要计取每一组比赛第一名的成绩，凡破纪录时必须及时检查秒表，同时请裁判长复核。每单元比赛结束后，计时主裁判组织计时员进行工作小结，使工作精益求精。清点计时表等物品，办理归还手续。

（2）计时裁判员职责

①赛前认真学习规则、裁判法和工作细则，熟悉秒表性能，掌握计时方法和成绩记录方法。

②每名计时员均应独立工作，不得让其他任何人看表，或讨论其所计的成绩。计时员填写成绩时应将每名运动员的成绩按1%秒填写在分表栏中，然后按规则换算成1/10秒填写在决定成绩栏中。

③回表：任何时候计时员不能擅自回表，只有由计时主裁判统一发出“回表”的提示后才能回表。听到主裁判“回表”提示后，及时回表，并立即注意起点，辨认所计运动员特征。

④开表：在听到“上道”的提示后，应立即注视起点发令员的动作；在听到“举枪”的提示后，立即将秒表置于腰腹部位稳定，计时员要高度集中注意力，目视烟屏，准备开表。当看到枪烟或闪光时，立即开表。

⑤查表：开表后首先检查秒表开启和走动情况，一旦出现问题要立即报告计时主裁判，以便采取补救措施。此外，还要注意本身所计道次的运动员的特征和号码以及邻道运动员相对位置的变化，避免错计或漏计。

⑥停表：当所计运动员的身体躯干（不包括头、颈、臂、腿和脚）的任何部位触及终点后沿垂直平面的瞬间立即停表。此时，目光继续跟踪观察本道次运动员的号码及特征是否与成绩记录卡上的号码相同。

⑦读表：注意不同类型秒表的显示方法，注意进位。如果出现破纪录情况，应立即报告计时主裁判。

⑧记录：填写成绩记录卡和计时存查表。3只秒表所计成绩各不相同，应以中间成绩为准；如其中2只秒表成绩相同，则以相同成绩为准，如果只有2只秒表，所计成绩不同，则以较差的成绩为正式成绩。一旦出现破纪录的情况，应在备注栏中做出说明。如果所计运动员中途退场或罚下场，应在备注栏中做出说明。将每一名计时员所计成绩按1%秒填写在分表栏中，然后，按规则换算成1/10秒填写在成绩栏中，并将所看名次填写在成绩记录卡上，以供终点裁判员参考。

⑨传递：计时员填好成绩记录卡后，迅速由上至下传递给计时长，然后，听计时长的“回表”提示，进行下一组次计时。

（六）终点主裁判、终点裁判员任务与职责

1. 任务

准确、迅速地判定每组比赛运动员到达终点名次，遇判定不一致时应由主裁判裁定。

2. 职责

(1) 终点主裁判职责

①领导终点裁判员判定运动员到达终点的名次。遇到裁判员判定名次不一致时，终点主裁判可做出裁决。按大会规定的时间和要求带领终点裁判员入场，并按顺序定位就座。

②负责终点裁判员的分工，明确每名裁判员的职责。向终点裁判员宣布单元比赛的项目、顺序和时间。

③每个项目开始前要向裁判员提示，以便集中注意力，名次的观察应从比赛开始就注意，观察直到终点。

④每组比赛结束后，经核查无误填入名次表，同计时主裁判取得联系，指导记录员将成绩填入成绩记录表，送编排记录组。

⑤遇名次同计时不一致时，终点裁判员应同计时主裁判联系并最终裁定。

⑥每组比赛成绩确定无误并送记录员登记后同计时主裁判取得联系，准备就绪后以旗示同主发令员取得联系进行下一组比赛。如比赛时采用电动计时时，就不要使用旗示。全体裁判员应以宣告员所按下的铃声为准，各裁判组均应全神贯注做好比赛准备（宣告员受副裁判长指令后方可启动铃声）。每组比赛结束后，收齐名次报告表、记录表，核实签名后交终点记录员。

(2) 终点裁判员职责

①准确、迅速地判定自己所认看的运动员名次。通常每人主看一个名次，兼看一个名次。以观察自己所负责道次的运动员为主，如运动员的道次号码未看清楚，应注意观察自己所分看的运动员的体形或服装等特点，待运动员到达终点时可上前询问清楚后再填名次表，与此同时，该裁判员应兼顾邻近道次运动员的名次。

②每组比赛应始终保持高度的注意力，准确无误地做出判定。如遇名次判定不清时，应及时地、实事求是地向终点主裁判报告。

③遇有问题应向终点主裁判提出，由主裁判做出最终裁定。认真填写终点名次报告表。

(七) 检查主裁判、检查裁判员任务与职责

1. 任务

全面负责监督运动员在比赛过程中的行为，对违反规则的行为以书面报告

交终点主裁判。

2. 职责

(1) 检查主裁判职责

①组织全体检查员学习比赛规则和规程，明确任务、职责和分工，制定检查工作细则。

②按大会规定的时间和要求带领检查员进入场地，向检查员宣读单元比赛的项目、顺序和时间，检查员进入各自位置。

③每组比赛前后以旗示同每一检查员保持联系。

④接力赛中重点注意接力区内的交接棒是否符合规则规定。

⑤迅速准确地核实运动员犯规的情况，对于违反规则的运动员，以书面报告的形式交裁判长。书面报告只能建议是否取消比赛或录取资格。

⑥与终点主裁判商定好比赛中的联络方式。

(2) 检查裁判员职责

①在检查主裁判带领下提前就位。

②比赛中注意观察所管区域内运动员的犯规和违例行为，如发现犯规情况，应立即记录犯规运动员号码，准确标明犯规地点，迅速通知检查主裁判，及时填写检查报告表。

(八) 编排记录主裁判、记录员任务与职责

①编排记录主裁判负责领导和分配记录员的工作，提示裁判长在成绩单上签字。

②比赛前，应根据规则、规程、报名单、大会日程及有关材料，编制竞赛日程及每单元竞赛分组表，以便编制秩序册。

③比赛开始后，要准确记录和及时公布由裁判长提供的每项、组比赛成绩；预赛后，按成绩编排决赛秩序。

④比赛结束后，应尽快编制成绩册，经裁判长签名后送交大会。

(九) 宣告员任务与职责

1. 任务

在裁判长领导下，将比赛项目和进行情况，及时向观众介绍，并宣布比赛成绩。

2. 职责

应宣告参加每项比赛的运动员姓名、号码以及所有有关信息，如分组名单、排定的道次或站位等。收到有裁判长签名的每项成绩后应尽快宣告，并记录宣告时间。

（十）赛后控制中心裁判员任务与职责

①及时组织比赛场上完成比赛项目的运动员退场，确保赛场的良好秩序。

②及时归还运动员的衣物和证件等个人物品。

③及时将各项获奖运动员引领到颁奖台。

④协助新闻媒体对运动员进行采访。

三、高脚竞速比赛中易出现的问题

（一）个人比赛

因为高脚竞速比赛距离相对较短，比赛中竞争激烈，每名运动员的比赛水平参差不齐，跑进中有时会发生串道，如是直道，在不影响其他道次运动员的前提下，可不给予判罚。如在弯道跑进中，串入内道，因缩短了跑进距离，应给予判罚；如串入外道，在不影响其他运动员的前提下，可不判罚。

到达终点时，有些运动员从高脚杆上跳下来撞线，应给予判罚。

（二）接力比赛

接力比赛虽然是集体项目，但也是由每个运动员独立跑动中完成交接杆的，所以易出现的问题同个人比赛的要求一样。重点是在接力区易出现的问题，接力区为 10 米，杆和人同时在接力区内完成交接就可以。但有些运动员在接力区外就跳下来，把高脚杆交到下一棒的运动员手中，应给予判罚。

（三）器材

不管是个人比赛或接力比赛出现跑进中高脚杆折断的情况，折断杆的运动员不能重赛。

复习思考题

1. 什么是高脚竞速运动？

2. 高脚竞速的基本技术有哪些？

3. 试述高脚竞速运动的专项体能训练的练习方法与手段。

第十一章

民族健身操

【内容提要】

本章主要介绍民族健身操的运动方式及项目分类，着重分析民族健身操的基本技术及民族健身操的教学和训练方法，并简述民族健身操的竞赛规则。

【学习目标】

1. 了解民族健身操的运动方式

2. 掌握民族健身操的基本技术与教学方法

3. 了解民族健身操的竞赛规则

【关键词】

民族健身操；基本技术；教学方法；竞赛规则

第一节 民族健身操项目概述

一、起源与发展

为了进一步推动全民健身并弘扬少数民族文化，第十届少数民族传统体育运动会的竞赛项目中增加了民族健身操，这一项目成了本届民族运动会一个新的亮点。

民族健身操是由国家民族事务委员会为第十届全国少数民族传统体育运动会民族健身操比赛组织创编的规定套路。这套操以众多民族典型的舞蹈元素为动作素材，把健身作为第一要素，将民族舞蹈的柔美与健身操的力度自然、流畅、合理地结合在一起，突出动作的健、力、美，使民族传统文化与现代健身完美结合。健身操的音乐改编自具有民族特点的歌曲《我们共同的家》，节奏欢快流畅，律动感强。

整套民族健身操时长 3 分 30 秒（±10 秒），共有 56 个八拍，寓意为 56 个民族。民族健身操虽然只有短短几分钟，却融合了维吾尔族、蒙古族、傣族、土家族、藏族等20多个少数民族的舞蹈元素，每一个动作都具有民族的风格和韵味，将健身操的韧性与民族舞蹈进行了完美的融合。

二、场地

比赛场地为木质地板、地毯或其他材质平整地面，周边至少有2米的空间，室内、室外均可。根据参赛人员规模划定比赛区域，其中，上场运动员16人的，比赛区域为16米×16米。场地四周设有标记带，并清楚地标出比赛区域，带宽为5厘米，标记带属于比赛场地的一部分。

三、比赛器械及比赛服装

(一) 比赛器械

自选套路可根据需要使用比赛轻器械，器械必须是安全的，不允许使用刀、枪、剑等较锋利、具有伤害性的器械，器械应体现本民族特点，并具有健身作用，一套动作只能选用1种器械，且须自始至终持有。

(二) 服装

比赛服装可在保持民族特色的基础上进行改良，使之便于运动；服装可有图案但禁止有描绘战争、暴力、色情等不健康的内容；男女队员之间服装允许存在差异，但应保持风格统一。

参赛者可以佩戴表现本民族特色的饰物，饰物的材质、形状必须是安全的；参赛者身体禁止涂抹油彩；比赛时不允许露出内衣。领奖时必须穿着比赛服。

第二节　民族健身操基本技术教学与练习方法

一、民族健身操的教学任务

(一) 掌握与运用知识、技术、技能

民族健身操教学是教师有计划地传授和学生逐渐掌握民族健身操的知识、技术、技能，并加以运用的过程。随着现代科学技术的飞速发展，知识不断更新，学科交叉渗透，体育教学面临更新、更高的要求。民族健身操教学不仅要求学生掌握民族健身操的基本知识、基本技术、基本技能，还要将与之有关的

内容引入教学，使学生学会在实践中灵活运用。

（二）全面提高身体素质

身体素质是指学生在体育运动中，各器官、系统表现出来的各种能力，包括速度、力量、耐力、协调性、柔韧性等方面。身体素质是所有运动能力的基础。在完成民族健身操动作的过程中须表现出柔韧、协调、灵敏、力量、速度，使完成的动作具有一定的幅度，并能协调地完成民族健身操各种难度动作。

（三）完善体形，塑造正确的姿态

体形健美，姿态端正、优美，既是身体发育的要求，也是美育的要求。完美的身体形态在某种程度上反映了机体功能的完善，而姿态的端正、优美更使形态美在活动的状态中展现出来。它从外部特征证实了人的生命力，也由此表现出美学的价值。

（四）进行审美教育

审美教育是指使受教育者形成科学的审美观念，较强的美感和创造美的能力的教育过程。民族健身操教学具有进行美育教育的广阔空间。因此，应充分利用这一有利条件，培养学生正确的审美观念，健康的审美情趣和较强的审美能力。审美教育不仅可以提高学生的民族知识、审美修养、促进身心健康发展，而且反过来使学生以审美的情趣和审美观念指导民族健身操学习。

（五）培养能力

能力是构成素质的重要方面，它是一种无形的、促使人不断发展的潜在品质。现代体育教育早已不只是单纯传授体育知识、技术、技能，培养学生的能力已成为体育教育的重要目标之一。

二、民族健身操的教学特点

（一）针对性与实效性相结合

民族健身操教学内容、教学形式、编排方式不受规则、时间、场地、人数、难度等方面的限制。因此，须在教学中根据教学对象来确定练习的目的、内容和方法。

学校开设民族健身操教学是以学生为教学对象，以全面锻炼身体为目的，使学生在一种集体欢乐的气氛中获得民族知识，产生健身、健美、健心的整体效应。

工厂、企业开展民族健身操活动，教学对象以职工为主体，教学目的是消除疲劳，引导职工积极休息，从而提高身体素质和工作效率。

社会性民族健身操活动，教学对象主要是中、青年女性。练习者大多通过锻炼增强体质、增加活力，形成良好的体形体态，培养优雅的气质风度等。

因此，针对性、实效性相结合是民族健身操教学的主要特点之一。

（二）注重身体全面锻炼

民族健身操坚持全面锻炼身体的原则，根据人体解剖学特征，选择上肢、下肢、头颈和躯干各部位有助于增强肌肉力量、关节的灵活性、身体的柔韧性等各种不同的方向、幅度、频率、节奏的动作，并选择一些能加深呼吸、增强心血管系统功能的跳跃动作，使内脏器官系统得到充分的锻炼，达到身体的全面锻炼，以增强体质。

（三）强调对身体的健康意识教育

“生命在于运动”的教育是民族健身操教学的重点。通过锻炼，健身不仅能学会动作，掌握套路，塑造健康美丽的身体，还能从锻炼中培养战胜困难、坚韧不拔的精神，获得健康美、形体美，并在对动作美、姿态美、形体美、气质美的追求中提高对美的鉴赏能力和对体育精神的充分认识。

（四）提高艺术修养

民族健身操是建立在高度艺术性的、优美的基础上。它是在民族舞蹈、民族音乐、民族服饰、民族美术、杂技、民族武术等结合的基础上提炼的精华，是自然美和社会美的统一，因而，每一个动作、造型、队形都具有艺术的内涵和价值。教师在教学中从民族性、音乐、动作等多角度启发锻炼者抒发情感，在动作中表现自我，并从优美的动作和音乐中感受民族自豪感，注重形体美、姿态美。

三、民族健身操的教学方法

除了常规体育教学方法，如语言法、直观法、练习法、分解法、重复法、示范法、简化法、正误对比法外，民族健身操教学还有以下不同的方法。

（一）讲解法

教师运用语言向学生说明教学任务、动作名称、作用、要领、做法及要求等，以指导学生掌握民族健身操的基本知识、技术、技能，进行练习的方法。

（二）示范法

示范法是指教师以自身完成的动作作为教学的示范动作，用以指导学生进行练习的方法。该方法可以使学生了解所要学习动作的具体动作形象、结构、要领和方法。

（三）提示法

提示法是教师以提示的方式指导学生进行练习的一种方法。这种提示可以是语言的，也可以是非语言的。

（四）带领法

带领法是指学生在教师带领下，连续完成单个动作、组合动作、成套动作练习的一种方法。该方法能使学生在较短的时间内建立正确的动作概念，掌握动作间的连接及音乐节奏感，在民族健身操教学中带领法被普遍采用。

（五）分解法与完整法

分解法是指把结构比较复杂的动作或组合动作按身体环节合理地分解成几个局部动作分别教学，最后使学生全部掌握动作的方法。完整法是指从动作的开始到结束，不分部分和段落，完整地进行教学的方法。该方法不破坏动作结构的完整性，不割裂动作各部分或动作之间的内在联系，可使学生建立完整的动作概念，迅速地掌握动作。

（六）重复法

重复法是指不改变动作结构，按照动作要领进行反复练习的方法。民族健身操的教学可重复单个动作，也可重复组合动作和成套的动作。该方法既有利于学生在反复练习中掌握和巩固动作技术，又有利于指导和帮助学生改进动作技术，并对锻炼身体、发展体能等有较好的作用。

（七）欣赏法

欣赏法是指通过欣赏活动，使学生在认识所学事物的价值后产生积极的情感反应，培养学生正确的态度和理想的教学法。在民族健身操教学中，欣赏的内容主要有两类：一是“形”的欣赏，如学生对各种优美姿态和动作的表现、集体表演中的队形变换形式、各民族舞蹈动作的特点及音乐的风格；二是“入神”（心领神会）的欣赏，如动作的难度、速度的快慢和力量的强弱等。

（八）意念教学法

人的意念是人脑中的一种思维现象，是人体神经传导的特殊反应形式。民族健身操教学要讲究艺术，它要求教师启发性地将自己的经历或感觉过的所掌握的知识，如对民族舞蹈动作的领会、民族文化本身的理解、内心活动和情感需要等，讲授给学生，从而调动学生对动作的想象，提高学习的积极性。

第三节 民族健身操训练方法与手段

民族健身操的运动训练是指为培养民族健身操运动员所进行的有计划的专门教育过程，其目的是在教练员的指导下，全面提高民族健身操运动员的身体素质、竞技能力和表演技能，进而提高其竞赛成绩和表演技巧与观赏性。

一、民族健身操运动的训练原则

训练原则是指依据运动训练活动的客观规律确定的组织运动训练所必须遵循的基本准则，是运动训练活动客观规律的反映，对运动训练实践具有普遍的指导意义。民族健身操运动训练原则是指在民族健身操运动训练的实践活动中必须遵循的基本准则。

（一）任务需要原则

任务需要原则是指根据训练的任务和所要达成的目标从具体情况出发，科学地安排训练的阶段划分和训练的内容、方法、手段、负荷等因素的训练原则。民族健身操内容丰富、形式多样，根据不同类型民族健身操所要达到的主要目的和侧重完成的任务，可将民族健身操分为推广类、表演类、竞赛类。推广类民族健身操以健身为目的，表演类民族健身操以展示与观赏为目的，竞技类民族健身操以竞赛为目的，这就决定了民族健身操训练的目标任务是不尽相同的。因此，教师在组织民族健身操训练时，要贯彻任务需要原则，紧紧围绕民族健身操训练所承担的任务和将要实现的目标，安排好训练计划，选择好训练内容，实施好训练方法，控制好训练负荷。

（二）适宜负荷原则

适宜负荷原则是指根据学生的现实可能和人体功能的训练适应规律，以及提高学生竞技能力的需要，在训练中给予相应的负荷量，以取得理想训练效果的训练原则。学生在承受一定的运动负荷后，必然会产生相应的训练效应。但并非施加了运动负荷，就一定会产生良好的训练效应。负荷过小，不能引起机体必要的应激反应；过度负荷，则会出现裂变反应。人体只对适应的运动负荷量产生适应，过大过小都不好。因此，在民族健身操训练中，要贯彻适宜负荷原则，控制好学生负荷量，合理安排运动负荷，渐进式地增加运动量和运动强度；同时处理好运动负荷量与恢复的关系，并加强医务监督。

（三）区别对待原则

区别对待原则是指针对不同的学生、不同的训练状态、不同的训练任务、不同的训练条件、不同的训练阶段有所区别地组织、安排相应的训练过程，选择相应的训练内容，给予相应训练负荷的训练原则。进行民族健身操训练的学生个人的特点具有多样性，个体差异很大。因此，要想取得理想的训练效果，必须贯彻区别对待原则，针对不同学生在训练中的个体差异、不断变化的训练环境条件和训练内容，认真处理好民族健身操训练过程中共性和个性之间的关系。特别是展示个人难度与集体难度的关系，及时准确地掌握学生的具体情况，实施区别对待，选择好训练方法和手段有针对性地组织运动训练。

（四）内外兼顾原则

内外兼顾原则是指在训练中，不仅注重学生外形、动作的表现，而且注重内在气质的培养，达到形神兼备、内外统一的训练原则。民族健身操作为民族传统体育项目，具有非常丰富的民俗文化内涵，尤其是作为表演和竞赛形式出现的民族健身操更是蕴含着深厚的民族艺术特质。因此，在民族健身操训练中，要贯彻内外兼顾原则，注重学生外在的“形”与内在的“神”相互结合。这要求民族健身操教师在平时的训练中，一方面要注重一般的身体素质训练，为学生的专项训练打下坚实的基础；另一方面应加强学生的专项训练，突出展现民族健身操的风格特色和文化内涵。

二、民族健身操运动的专项训练

（一）柔韧性训练

柔韧性是指人体各关节活动幅度的大小和肌肉、韧带的伸展能力。它是参与民族健身操学习的重要素质之一，直接影响完成动作的质量和对高难度技术的掌握情况。良好的柔韧性有利于动作到位，避免学生发生损伤。发展柔韧性的训练有两种，即动力拉伸和静力拉伸。在使用这两种拉伸方法的过程中，都有主动拉伸和被动拉伸两种不同的训练方式。在民族健身操训练中，一般将这几种拉伸方法结合使用，主要发展肩、腰、胸部的柔韧性及腿部的前、后、侧肌群的伸展性和髋、踝关节的灵活性，需经常采取前、侧、后等不同方向的压、扳、控、踢等方式进行训练。

(二) 灵敏度和协调性训练

灵敏度和协调性是指在各种复杂变化条件下，学生迅速、合理、敏捷、协调地完成各种技术动作的能力。它是人体的运动技能和各种身体素质在运动过程中的综合表现。该项训练有助于提高学生反应、协调、变换方向的速度，使其能更快、更准确、更有效地掌握各种复杂的运动技术，充分发挥机体的速度、力量和耐力，促进运动成绩的提高。

第四节 民族健身操竞赛通则

一、宗旨

民族健身操是彰显和弘扬少数民族传统体育文化精神和内涵的运动方式。民族健身操将民间传统健身活动中带有浓郁民族特色和鲜明地域特点的元素融入其中，通过新颖的编排设计，徒手或运用器械与身体运动巧妙结合，挖掘富有创意性民族特色和亮点的动作元素，汲取多元健身文化内涵和精华，创新和丰富少数民族人民群众体育健身活动内容和形式，促进各民族之间的学习与交流。比赛是推广民族健身操项目的舞台。比赛能促进各民族平等团结、繁荣进步，提高少数民族人民群众的健康水平。

二、比赛项目分类

①民族健身操规定套路。

②民族健身操自选套路。

三、比赛办法

(一) 成套动作时间

①规定套路时间按民族健身操规定套路的时间执行。

②自选套路时间为 3 分 30 秒±10 秒（不包括提示音），计时由第一个可听到的声音开始，到最后一个可听到的声音结束。

(二) 比赛音乐

1. 规定套路

民族健身操规定套路音乐由主办单位提供并播放。

2. 自选套路

自选套路音乐要体现该套健身操的民族风格和特点，且与成套动作的主题相吻合，音乐剪接流畅、自然、完整，要求节奏鲜明、韵律感强，音乐内容不得有任何暴力、低俗等不健康因素。

参赛队需向主办方提供符合要求的音乐文件。

四、评分方法

（一）记分方法

满分 10 分，由裁判员按评分标准进行评定。每位裁判员的评分最小单位精确到 0.1 分。在所有裁判员评分中去掉 1 个最高分和 1 个最低分，计算所剩分数的平均分，平均分精确到 0.001 分，再减去“裁判长减分”，为该项目的最后得分。

（二）规定套路评分

规定套路的评分因素包含动作编排、动作完成、表现力与团队协作三部分。

1. 动作编排（2 分）

①场地空间运用及队形变化（1 分）：成套动作应充分、均衡地利用场地、空间，动作变化方向、路线及身体姿态变化要清晰、流畅；队形设计新颖合理，体现团队配合意识，成套动作中至少展示 5 个不同的队形变化。

②前四个八拍和后两个八拍的动作改编新颖、连贯及与成套动作的和谐统一（1 分）。

动作编排减分标准：不符合上述要求，轻微减 0.1～0.2 分，明显减 0.3～0.4 分，严重减 0.5 分。

2. 动作完成（6 分）

①动作的准确性（4 分）：动作完成尊重原创，不得改变动作性质、数量、节奏、顺序，可改变动作方向。

②动作的力度感（0.5 分）：关节屈伸要有明显的弹性、有控制；动作完成要有力量和速度。

③动作的流畅性（0.5 分）：动作之间的连接自然、流畅，动作的转换及方向的变化干净利落，无多余动作。

④动作的协调性（0.5 分）：全身协调运动、动作轻松、有弹性，不过分

松弛或过分紧张。

⑤动作的节奏感（0.5 分）：动作节拍和韵律应与音乐节奏和旋律相吻合。

动作完成减分标准：动作完成不符合上述要求，轻微减 0.1～0.2 分，明显减 0.3～0.4 分，严重减 0.5 分。

3. 表现力与团队协作（2 分）

（1）表现力（1 分）

①运动员必须表现出健康向上的精神风貌，自始至终展现出自身的热情、活力与激情。

②运动员应以优美、协调、高质量的动作完成全套比赛。

（2）团队协作（1 分）

比赛过程中，运动员之间的配合（肢体配合、眼神交流等）协调一致。突出集体动作整齐划一，展示出一个团队不同于个人的优越性。

表现力与团队协作减分标准：不符合上述要求，1～3 人减 0.1～0.2 分，4～7 人减 0.3～0.4 分，8～16 人减 0.5 分。

（三）自选套路评分

自选套路的评分因素包含动作编排、动作完成、表现力与团队协作三部分。

1. 动作编排（4 分）

①创编动作风格（1 分）：主题健康、民族特色突出，符合本民族风俗习惯，体现民族健身操特点，健身操与民族舞蹈动作完美结合，成套动作的创编与音乐的理念相一致，动作设计与音乐节奏完美统一，有较强的艺术感染力。

②创编动作内容（1 分）：成套动作内容丰富、新颖、多样；合理运用轻器械，发挥其健身功效；充分展现成套动作的健身性、观赏性及安全性。不提倡竞技健美操难度动作，不允许出现 0.5（含 0.5）分以上的竞技健美操难度动作。

③场地队形与空间利用（1 分）：成套动作应充分、均衡地利用场地、空间，动作变化方向、路线及身体姿态变化要清晰、流畅；队形设计新颖合理，体现团队配合意识，成套动作中至少展示 5 个不同的队形变化。

④选取音乐要求（1 分）：音乐要体现本套动作民族风格特点，音乐剪接流畅、自然、完整，要求节奏鲜明、韵律感强，音乐内容不得有任何反映暴

力、低俗等不健康因素。

动作编排减分标准：不符合上述要求，轻微减 0.1～0.2 分，明显减 0.3～0.4 分，严重减 0.5 分。

2. 动作完成（4 分）

①动作的准确性（1 分）：基本姿态和技术正确，动作完成中对身体和器械有控制。

②动作的流畅性（1 分）：动作熟练、张弛有度，轻器械运用娴熟，动作之间连接自然、流畅。

③动作的力度感（1 分）：关节屈伸要有明显的弹性，有控制。动作完成要有力量和速度。

④动作与音乐的合拍性（1 分）：动作与所选音乐的节奏、结构、动效等方面相吻合。

动作完成减分标准：不符合上述要求，轻微减 0.1～0.2 分，明显减 0.3～0.4 分，严重减 0.5 分。

3. 表现力与团队协作（2 分）

①表现力（1 分）：运动员自始至终展现出热情、活力、激情与健康向上的精神风貌。运动员必须通过优美、协调、高质量的动作完成给人留下耳目一新的印象，在成套动作中要体现轻器械的合理使用及健身价值。

②团队协作（1 分）：比赛过程中，运动员之间的配合（肢体配合、器械互动、眼神交流等）协调一致。突出集体动作整齐划一，展示出一个团队不同于个人的优越性。

表现力与团队协作减分标准：不符合上述要求，1～3 人减 0.1～0.2 分；4～7 人减 0.3～0.4 分；8～16 人减 0.5 分。

（四）违例动作

为保持民族健身操健身性、安全性的特色，应时刻强调安全的重要性，易造成损伤的动作应禁止使用。

①任何马戏或杂技动作，如过度背弓动作。

②技巧动作，如前后手翻、空翻、侧手翻、倒立。

③抛接动作。

④托举（超过两人的站立高度）。

⑤使用伤害性器械。

⑥竞技健美操 0.5（含 0.5）分以上的难度动作。

（五）裁判长减分

①参赛队在宣布上场后，超过 20 秒出场，减 0.2 分；超过 60 秒未出场，视为弃权。

②上场人数多于或少于规定人数，减 0.2 分/人；男运动员每少 1 人，减 0.2 分。

③着装不符合规定，减 0.2 分。

④比赛过程饰物或装束散落，减 0.1 分/人/次，减至 0.5 分。

⑤比赛过程中运动员身体触及标记带以外的地面，判为出界，减 0.1 分/人/次。

⑥比赛过程中运动员失去平衡（跌倒），减 0.3～0.5 分/人/次。

⑦音乐长度不足或超过规定时间，时间偏差（允许范围±1～5 秒）减 0.2 分，时间错误（允许范围±6 秒或更多）减 0.5 分；音乐质量差、不清晰，减 0.2 分。

⑧器械种类超过 1 种，减 0.5 分。

⑨替换器械必须放在场外，如不符合规定，减 0.5 分。

⑩器械掉地，捡起继续完成动作，根据情况减 0.1～0.3 分/人/次。

⑪器械掉地，未捡起，每人减 1.0 分。

⑫每出现一次违例动作，减 0.5 分。

⑬在编排过程中应该体现民族健身操操舞结合的特点，如全部或部分出现舞蹈、健美操或情节化的编排（4×8 个八拍以上）减 0.3～1 分。

⑭不允许从场外开始，如从场外开始减 0.2 分。

（六）特殊情况处理

参赛队若遇到以下特殊情况，应立即停止做动作并向裁判长反映，问题解决后可重新比赛，原先分数无效，成套动作完成后提出的要求将不被接受。

①音乐播放错误。

②因设备等问题而出现的干扰。

③参赛队责任以外的情况而引起的比赛中断或终止。

第五节　民族健身操裁判法

一、裁判人员及其职责

（一）裁判人员

比赛设裁判长1名，副裁判长2～3名，裁判员、助理裁判员若干名。

（二）裁判人员职责

1. 裁判长

裁判长负责主持整个裁判工作，监督全部比赛情况，处理影响比赛进程的特殊问题；查看裁判员的评分，对在裁判工作中表现不佳或有倾向性打分的裁判员提出警告。

（1）比赛前的工作

①组织或协助赛事组委会赛前抽签。

②明确裁判组人员分工，召开裁判组赛前准备会议。

③组织裁判员学习规程、规则、裁判法，统一评判尺度，研究评分细则。

④组织裁判员进行试评工作，发现问题，及时纠正。

⑤指导和检查裁判组各岗位人员的准备工作情况。

⑥主持、召开教练员联席会议，向教练员讲明判罚尺度及赛场注意事项。

⑦负责检查落实场地器材，安排训练场地日程表和助理裁判员的工作分工。

⑧检查比赛和检录场地、裁判用具。

（2）比赛中的工作

①全面领导和组织裁判组的各项工作。

②掌握比赛过程中的动态信息，对出现的问题及时进行调控。

③依据规则解决比赛中出现的问题。

④按照规则中的“减分因素”对参赛队进行评判。

⑤监督、检查裁判员的评分偏差，对裁判员出现的不合理评判进行警告。

（3）比赛后的工作

①审核并签署竞赛成绩记录表。

②配合仲裁现场解决或处理有异议的问题。

③主持召开裁判工作总结会议，认真总结经验教训，分析典型案例，帮助裁判员提高评判水平。

④布置下一阶段工作及分工。

2. 副裁判长

副裁判长协助裁判长开展工作并做好分管工作，当裁判长不在时代行其职务。

（1）比赛前的工作

①协助裁判长组织裁判员进行规程、规则、裁判法的学习，统一评分标准，研究评分细则。

②协助裁判长做好试运转工作。

③组织安排发放裁判员用品，检查记录处和检录处的准备工作。

④协助裁判长检查场地设施，做好比赛的后勤工作。

⑤组织裁判员在赛前30分钟到达比赛场馆，做好各项准备工作。

⑥每场比赛开始前负责组织裁判员入场。

（2）比赛中的工作

协助裁判长检查裁判员评分工作，对相关技术问题予以解决。

（3）比赛后的工作

①协助裁判长做好赛后总结工作。

②每场比赛结束后组织回收发放的裁判员用具。

3. 裁判员

①尊重并服从裁判长指挥，做好赛前准备工作。

②认真学习、熟练掌握竞赛规程、规则和裁判法。

③准备好裁判员所需服装和用具，做好赛前准备工作。

④执裁中独立进行评分工作，认真、准确填写评分记录。

⑤在赛会期间，不得与教练员、领队、参赛者及观众交谈有关评分及名次评定情况，更不能将裁判组内有关评分的讨论情况向外泄露，一经发现，视情节轻重给予严肃处理。

⑥裁判员不得兼任领队、教练职务。

4. 记录长

①负责全部比赛评分统计的组织工作。

②审核记录员录入和统计的成绩记录表。

③督促及时张贴成绩公告。

④协助竞赛处编制成绩册，负责比赛资料和归档工作。

5. 记录员

①准备竞赛用表，做好竞赛记录工作。

②负责竞赛过程中成绩录入，快速、准确统计参赛队得分。

③审核每场比赛评分表、记录表，签字后交裁判长封存。

④每项比赛结束后，请裁判长在成绩记录表上签名。

⑤协助记录长整理、填写和装订成绩册，负责比赛资料的整理归档工作。

⑥及时张贴成绩公告。

6. 检录长

①熟悉比赛程序，全面负责检录的组织工作。

②明确各检录员的工作分工。

③向参赛队讲解有关注意事项，发现和纠正不符合参赛要求的行为并报告裁判长。

④指导、监督检录员工作，及时解决工作中出现的问题。

7. 检录员

①服从检录长的指挥。熟悉比赛程序，提前做好检录的各项准备工作。

②召集参赛队按照竞赛场次、出场顺序准时检录。

③发现无故弃权、参赛人数有变动或更换运动员等情况，及时报告检录长。

④严格执行赛场纪律，负责引导运动员入、退场，不允许非比赛人员入场。

⑤组织引导领奖参赛队，协助颁奖工作。

8. 计时员

①熟悉竞赛规则和自选套路的规定时间。

②赛前熟悉计时器性能及使用方法。

③比赛时记录参赛队自选套路时间，该项比赛结束确认无误后交裁判长。

9. 放音员

①收存各参赛队比赛音乐CD、MP3或WAV格式音乐文件，对每首参赛

曲目进行试听检查，根据比赛顺序排列编号并做记录。

②比赛前，与裁判长、检录员、记录员确认比赛顺序。

③比赛时，根据各参赛队出场顺序，准确播放音乐。

④比赛中，不得向任何人提供或复制音乐。

⑤预赛结束后，根据决赛出场顺序及时排列编号并做记录。

10. 宣告员职责

①熟悉竞赛规程和规则，具有较好的普通话语言表达能力。

②负责宣布比赛开始和结束，赛前介绍仲裁员及裁判员，播报比赛出场顺序、成绩和项目介绍。

③赛前检查播音设备，参加裁判组学习。撰写的广播稿经裁判长审阅后，不得随意更改，不得播报未经批准的内容。

④参加试评工作并进行试播，检查播音效果。

⑤利用比赛间隙播报民族健身操知识介绍（运动员比赛中不得播音）。

二、比赛程序及任务

（一）比赛开始前阶段

①召开裁判员会议，组织裁判工作人员学习规程、规则和裁判法。

②裁判工作人员提前40分钟到场，检查比赛场地、设备、器材和用品。

③布置比赛场地，摆放裁判用品。

④试运转。

⑤开赛前5分钟，所有人员到岗候场。

（二）比赛阶段

①检录。赛前30分钟第一次检录，赛前15分钟第二次检录，赛前5分钟将参赛队带入候场。

②比赛前，宣告员介绍裁判员。

③宣告员宣告比赛开始，按抽签顺序开始比赛。

④参赛队完成动作后，裁判员迅速填写评分表交裁判长。

⑤裁判长检查、确认所有评分表后，交记录员计算得分。

⑥宣告员宣告下一个参赛队比赛，该队比赛结束后，宣告员公布上一个队比赛成绩，以此类推。

⑦宣告员宣告本场比赛结束。

（三）赛后阶段

①记录员整理比赛总成绩表、排列名次，交裁判长确认。

②裁判长检查比赛总成绩表，确认无误后签名。

③竞赛处编制成绩册。

复习思考题

1. 什么是民族健身操运动？
2. 民族健身操的基本技术有哪些？
3. 试述民族健身操的专项体能训练的练习方法与手段。

参考文献

[1] 白晋湘．民族传统体育文化学 [M]. 北京：民族出版社，2004.
[2] 肖光来．健美操教程 [M]. 北京：人民体育出版社，2004.
[3] 王洪．健美操教程 [M]. 北京：北京人民体育出版社，2001.
[4] 李鸿江．中国民族体育导论 [M]. 北京：中国书籍出版社，2000.
[5] 邱丕相．民族传统体育概论 [M]. 北京：高等教育出版社，2008.
[6] 刘少英．民族传统体育学 [M]. 北京：民族出版社，2011.
[7] 徐万邦．中国少数民族文化通论 [M]. 北京：中央民族大学出版社，1996.
[8] 周伟良．中华民族传统体育概论高级教程 [M]. 北京：高等教育出版社，2003.
[9] 绕远，刘竹．中国少数民族传统体育文化通论 [M]. 北京：人民体育出版社，2009.
[10] 苏学良．中国式摔跤教程 [M]. 北京：人民体育出版社，2004.
[11] 傅永均，满宝珍．中国跤术 [M]. 北京：人民体育出版社，1983.
[12] 赵昌毅．民族传统体育教学与训练 [M]. 北京：华文出版社，2002.
[13] 张涛．中国少数民族传统体育概览 [M]. 北京：中央民族大学出版社，2008.
[14] 徐玉良，韦晓康．中国少数民族传统体育文化研究 [M]. 北京：民族出版社，2005.
[15] 徐玉良．中国少数民族传统体育史 [M]. 北京：民族出版社，2005.
[16] 国家民族事务委员会文化宣传司，国家体育总局群众体育司．少数民族传统体育项目竞赛和表演规则及裁判法 [M]. 沈阳：辽宁民族出版社，2014.
[17] 郭颂．少数民族传统体育 [M]. 北京：北京师范大学出版社，2009.
[18] 威廉·米克勒姆．马术全书 [M]. 廖艳，熊前莉，译．北京：北京科学技术出版社，2019.
[19] 孙卓．马术骑乘教程 [M]. 武汉：华中科技大学出版社，2020.

[20] 崔乐泉．中国少数民族传统体育［M］．贵阳：贵州民族出版社，2011.
[21] 徐菊生，余汉桥．龙舟运动高级教程［M］．北京：中国电力出版社，2015.
[22] 中国龙舟协会．中国龙舟竞赛规则与裁判法［M］．北京：人民体育出版社，2021.
[23] 林小美，周之华，邱丕相，等．武术套路基础教程［M］．北京：高等教育出版社，2010.
[24] 康戈武．中国武术实用大全［M］．北京：中华书局，2014.
[25] 段全伟．民族民间体育概论［M］．北京：北京体育大学出版社，2015.
[26] 柴荣国．板鞋竞速运动［M］．北京：北京体育大学出版社，2016.